Dragan Debeljevic · *Ein Leben mit* LISA DELLA CASA

Dragan Debeljevic

Ein Leben mit LISA

DELLA CASA

oder

«In dem Schatten ihrer Locken»

Atlantis Musikbuch-Verlag

CIP-Titelaufnahme der Deutschen Bibliothek

Debeljevic, Dragan:

Ein Leben mit Lisa Della Casa oder «In dem Schatten ihrer Locken» / Dragan Debeljevic. – 2., korrigierte u. erg. Aufl. – Zürich ; Freiburg i. Br. : Atlantis Musikbuch-Verl., 1990

ISBN 3-254-00164-8

2., korrigierte und ergänzte Auflage, 1990

Schutzumschlag: Heinz Unternährer, Zürich
Druck und Bindung: C. H. Beck'sche Buchdruckerei, Nördlingen
Printed in Germany

ISBN 3-254-00164-8

Wir laufen halt so mit

Unsere von Selbst- und Künstlerbiographien überflutete Zeit scheint mir nicht sehr geeignet für ein Buch über Lisa Della Casa.
Aber dreißig Jahre auf den Brettern, die ihr zwar nie allein «die Welt bedeuteten», berechtigen zu einem Rückblick auf ihr Leben. Drei Jahrzehnte Arbeit auf vier Kontinenten – und keinen Augenblick vergaß sie Mutter und Frau zu bleiben.
Es ist nicht üblich, daß der Mann einer Sängerin zu ihrer Lebzeit ihre Biographie schreibt. Nun, dies ist keine eigentliche Biographie; solche Versuche wurden bereits einige Male unternommen, aber wir lehnten sie alle ab. Das eine Manuskript erschien uns zu akademisch, das andere hielten wir für die reinste Steuererklärung, das dritte wiederum war zu überschwenglich und das vierte einfach nicht nach unserem Geschmack. Und dann kam eines Tages meine Frau mit der unerwarteten Frage: «Warum schreibst du nicht selber über mich?»
«Unmöglich. Erstens bin ich nicht sicher, ob ich es überhaupt könnte, außerdem wäre es lächerlich, wenn ausgerechnet ich über dich schriebe.»
«Was ist lächerlich daran?»
«Weil wir, die Sängerinnenmänner, von der Umwelt nicht ernst genommen werden, ‹wir laufen halt so mit als etwas zweifelhafte Existenzen› – obwohl Hofmannsthal damit nicht uns meinte.»
Der Status eines Sängerinnenmannes, der keinen Beruf ausübt, ist tatsächlich etwas zweifelhaft. Man nennt uns Prinzgemahle, Luxuspferde und auch Zuhälter. Mit dieser Ansicht über die Überflüssigkeit seiner Existenz muß jeder von uns auf seine Art fertigwerden: man kann verzweifeln, resignieren, rebellieren, man kann sich zu ernst nehmen und erhöhten Geltungstrieb entwickeln. Aber was immer man tut, man ist und bleibt im Schatten seiner Frau. Am besten trägt man es mit Würde.
Ich halte diese Epitheta für witzig, gerade weil wir in Wirklichkeit nichts vom Glanz der echten Prinzgemahle haben; auch fehlt uns die Verruchtheit eines Zuhälters, mit dem sich das Gesetz befaßt. Uns gegenüber verhalten sich die Gesetze gleichgültig, wir könnten als Luxuspferde friedlich überschattet leben, wenn es nicht unsere Frauen gäbe, Gott segne ihre großzügigen Seelen; sobald es um uns oder an unsere Ehre geht, werden sie im Handumdrehen aus sanften Wesen wahre Tigerinnen, die mit allen Mitteln, kleine Lügen eingeschlossen, um das Ansehen ihrer Männer kämpfen.

Die Wohlgesinnten nennen uns auch noch Manager, was geheimnisvoll und wichtig klingt, aber wenig bedeutet. Man spricht davon, daß der Mann seine Frau richtig managt, daß sie ohne ihn nie *das* geworden wäre, oder auch, daß er sie überhaupt gemacht habe. Unsinn. Zu einer großen künstlerischen Laufbahn gehört mehr, als nur einen ehrgeizigen oder geldgierigen Mann an der Seite zu halten. Ich glaube, ein solcher Mann ist noch nicht geboren worden, der die Erfolge seiner Frau auf sein persönliches Konto – ausgenommen ein Bankkonto – buchen könnte. Der witzige Kollege meiner Frau, Erich Kunz, sagte in diesem Zusammenhang: «Aus einem Klodeckel hat noch niemand eine Stradivari gebaut.»
Schwerwiegender waren meine Zweifel, ob ich ein solches Buch schreiben könnte. Deutsch ist nicht meine Muttersprache, nicht einmal die erste erlernte Fremdsprache. Ich verlor während des Zweiten Weltkrieges die Heimat, kehrte nie zurück und blieb zuerst nicht nur staatenlos, sondern war auch bald in keiner Sprache mehr zu Hause. Zudem habe ich das bestimmte Gefühl, daß meine religiöse, bürgerliche Mutter als erste an meiner Wiege die mich küssenwollenden Musen verscheuchte; sie hielt nicht viel von ihnen.
«Bring mir lieber eine Zigeunerin ins Haus als eine vom Theater», pflegte sie zu sagen.
Aber fünfundzwanzig Jahre später küßte mich eine mir vom Schicksal bestimmte Muse. Ich danke dem Himmel für diesen Kuß, der mir auch den Mut zu diesen Zeilen gegeben hat.

Nedda. Oder doch eine Zigeunerin?

Am 28. September 1921 zufällig in der serbischen Provinz geboren, wuchs ich in gutbürgerlichen Verhältnissen in Belgrad auf.
Wenn die Erinnerungen nicht trügen, war schon meine früheste Kindheit durch drei Arten von Liebe geprägt; ich liebte Tiere, Frauen und mich selbst, in dieser Reihenfolge. Daran hat sich kaum etwas geändert. Es begann mit den Hühnern. Genauer gesagt, mit brütenden Hennen und ihrer verblüffenden Fähigkeit, plötzlich winzige flauschige Wesen ausschlüpfen zu lassen – ein aus der Sicht des dreijährigen Kindes unheimliches Erlebnis, das zum Nacheifern trieb. Man fand mich auch immer wieder neben den Hennen auf den zusammengetragenen, run-

den Steinen liegend. Ich ließ mich weder durch das sonderbare Gelächter der Erwachsenen noch durch die notwendigen, aber lästigen Säuberungen abschrecken und brütete friedlich weiter, bis ein aufgebrachter Gänserich mich unrühmlich davonjagte; dieser alberne Zwischenfall beendete meinen Brutdrang. Von da an zog ich einen Bogen um den Hühnerstall.

Unsere Katzen gingen mir mißtrauisch aus dem Wege, Hunde hatten wir keine; kurzentschlossen schlich ich mich in die Stallung ein – ein unvergeßlicher Eindruck von förmlicher Atemberaubung!

Durch neue Dimensionen überwältigt, drückte ich mich zuerst in angemessener Entfernung und klopfenden Herzens an die Rückwand. Der Stallbursche half mir, Mut und Liebe zu fassen; ich schwebte im siebten Pferdehimmel. Pferde freuten sich über meine Besuche, schüttelten ihre Mähnen zur Begrüßung, ließen mich unter ihren prallen Bäuchen hin- und herlaufen, kauten ungestört, und so herrlich laut, weiter, dampften und dufteten wohlig, und – was hätte ich dafür gegeben, selber einen solchen langen, immerzu schlagenden Schweif zu haben! Mein sehnlichster Wunsch war, mich in ein Pferd zu verwandeln; auf alle Fälle versuchte ich, mich als ein solches zu benehmen. Mitten aus dem Pferderausch verliebte ich mich in die Sekretärin meines Vaters. Ich weiß nicht, ob sie hübsch war, aber sie hieß Lepa (die Schöne), das genügte, um Herz und Kopf zu verlieren. Ich aß, trank, nahm Medikamente nur noch aus ihrer Hand. Dieses Glück war von kurzer Dauer, ich verlor sie durch ihre Heirat. Kurz darauf stürzte ich mich in ein neues Abenteuer. Eine betagte, stattliche, mit meinen Eltern befreundete Jungfer wurde mein Opfer; vielleicht, weil sie fröhlich war und (gut) duftende Spitzenkleider trug, wahrscheinlich aber, weil sie denselben, seltenen Vornamen wie meine Mutter hatte, Persa. Meinetwegen mögen scharfe Analytiker davon halten, was sie wollen!

In die gleiche Zeit fielen die ersten Bemühungen meiner religiösen Mutter, mir ihre Welt zu erschließen. Der theatralisch-pompöse orthodoxe Gottesdienst brachte mich durcheinander, statt in Andacht zu versinken, wollte ich unbedingt Bischof werden. Alle Versuche meiner Mutter, mir Demut und Ehrfurcht beizubringen, führten nur zu einer blasphemischen Steigerung: ich beschloß nun, Gott zu werden. Ich deutete die Allmächtigkeit Gottes auf meine Art und strapazierte die Umwelt durch Eigensinn und Tyrannei.

Wahrscheinlich um mich auf andere Gedanken zu bringen, setzte man mich mit dem Stallburschen auf das Pferd; das war aufregend. Ich

versuchte von nun an, Gott und Pferd unter einen Hut zu bringen, in einer Art zentaurischer Mésalliance blieb ich halb Gott, halb Pferd bis zu meinem fünften Geburtstag.
Der Himmel allein weiß, was meine Großeltern dazu bewogen hatte, mir an diesem Tag eine halbe Geige in die Hände zu drücken und damit mein Leben zu verändern. Während meine Altersgenossen fröhlich miteinander spielten, kratzte ich stundenlang auf der Geige. Zu gleicher Zeit lernte ich das Alphabet, stand als erster morgens auf und verschlang flüsternd die Zeitung, um am Frühstückstisch mit Neuigkeiten aus dem Gesellschafts- und Hoftratsch und den meist unverstandenen politischen Nachrichten aufzutrumpfen.
Die Eltern fanden mich hinreißend, die Verwandtschaft hielt mich für einen Wunderknaben; ich war eine Pest. Ich geigte, spielte autodidaktisch Klavier, zeichnete Familienmitglieder, sang in der Kirche, gab mich fromm und las alles, was mir unter die Finger kam. Die Herzen meiner Eltern schwollen über den Taten ihres vielversprechenden Sohnes bis zur Hypertrophie, aber das Schicksal war uns gnädig – es warf mir eines Tages einen Fußball vor die Füße. Bald bluteten nicht nur meine Knie, sondern auch die Herzen meiner Eltern; ich verfiel dem Fußball, geriet dadurch in Konflikte und wurde bis zur Lüge erfinderisch. So beschloß ich in aller Stille, als ich ungefähr zehn war, den Geigenunterricht zu eliminieren. Von dem Geld, das für den Musiklehrer bestimmt war, spendete ich großzügig den teuersten Fußball und stärkte dadurch mein Ansehen auf der Spielwiese. Zu Hause erzählte ich ein Märchen über den unheimlichen Musiklehrer, der sich züchtigend, ja sadistisch an mir vergriffen habe. Die Geschichte wirkte niederschmetternd, die Eltern blieben sprach- und ratlos, ich atmete auf. Meinem Vater aber schien meine weitere Ausbildung von großer Wichtigkeit zu sein. Ich wurde an die Musikakademie geschickt, geprüft, in die Klasse für Fortgeschrittene aufgenommen, und als ich zur ersten Stunde erschien, brach ich fast ohnmächtig zusammen: Mein alter Lehrer lächelte mir entgegen! Auf dem Heimweg schwor ich, nie mehr zu lügen; dieser leichtsinnige Schwur machte mir das Leben zur Hölle...
Ein Leben ohne Lügen war immerhin möglich, aber ein Leben ohne Liebe unvorstellbar, ich brauchte sie zum Ein- und Ausatmen. In der Schule fieberte ich für jede der Lehrerinnen, buhlte unverschämt um ihre Aufmerksamkeiten und war überzeugt, daß sie meine Gefühle, jede auf ihre Art, erwiderten. Die Liebe zu ihnen wirkte anregend, in jedem ihrer Fächer war ich vorzüglich. Mit den Lehrern tat ich mich

schwer, sie hatten nicht den richtigen Blick für mich, ich hielt sie für stumpf, hart, trocken, undurchsichtig und überflüssig. Auch rochen sie meist abstoßend.
Als ich dreizehn war, trat eine mein ganzes Leben bestimmende Wendung ein: Ich brach mir in der Turnstunde das Bein.
Sieben endlose Wochen lag ich im Bett, bei schönstem Frühlingswetter. Nur ein Radioapparat brachte Abwechslung. Anfänglich drehte ich planlos an der Senderskala, dann gezielt und erwartungsvoll: Ich hatte die weibliche Singstimme entdeckt, eigentlich deren zwei. Von nun an lag ich in doppeltem Sinne gefesselt. Rückblickend stimmt mich die damalige Faszination bedenklich, die Zauberinnen hießen Erna Sack und Amelita Galli-Curci; dennoch küsse ich ergeben ihre Hände und bin dankbar, daß ich fürs Turnen so tolpatschig geschaffen wurde.
Denn kaum des Gipses entledigt, raste ich zum erstenmal in die Oper, die mir eine fremde Welt war. «Die Fledermaus» wurde gegeben. Als einer der letzten verließ ich das Theater; mein erstes Opernerlebnis endete damit, daß ich mich über beide glühenden Ohren in die Sängerin, die die Rosalinde sang, verliebte. Ich blieb ihr lange treu und ging durch ihr ganzes Repertoire mit – bis sie eines Tages erkrankte, eine andere kam, sang und mein Herz eroberte; bald entdeckte ich eine dritte, dann eine vierte, wechselte innerhalb von einigen Jahren die «Fächer», verehrte, zitterte, glühte, kühlte ab und lernte gründlich Opernwerke kennen.
Während mein Vater es gelassen nahm, zeigte die Mutter ihr Unbehagen, das sie dann zu jenem Spruch «lieber eine Zigeunerin als eine vom Theater» veranlaßte, obwohl ich immer noch in der kurzen Hose steckte; meine beachtliche Länge von 1.80 hätte zwar in eine lange Hose besser gepaßt, aber die Mutter sah mich lieber in der Minibekleidung, die ich mit unterdrückter Verzweiflung und aufgesetzter Nonchalance trug.
Man hatte überhaupt etwas gegen meine Männlichkeit und ihre Attribute. So verweigerte man mir das überfällige Rasiermesser; niemand schien sich an meinem im Flausch panierten Gesicht zu stoßen.
Man mißachtete einfach meine Entwicklungsveränderungen. Die Moralbegriffe meiner Mutter waren eng, unerschütterlich und tonangebend. Sobald ein Besuch von Scheidung, Betrug, Ehebruch zu reden begann, verbannte man uns in unsere Zimmer. Und solche Worte wie Pubertät, Aufklärung, Erotik, Sex waren in unserem Wortschatz nicht vorhanden – eine unerhört sittsame puritanische Familie.

Mit Fünfzehn erzwang ich endlich die verdammte lange Hose, und als ich eines Morgens säuberlich rasiert erschien, brach eine Grabesstimmung aus.
Als ich Sechzehn wurde, bekam ich von einem Freund meiner Eltern ein Büchlein mit dem geheimnisvollen Titel «Woran stirbt unser Schüler?» Der Verfasser führte diesen frühen, haarsträubenden Tod auf die Masturbation zurück. Ich hätte einige brennende Fragen gehabt, aber die Eltern erwähnten das sonderbare Geschenk mit keiner Silbe, und ich brachte es nicht fertig, von mir aus ein solch sündhaftes Thema zu berühren.
Mit Siebzehn ging ich unvermindert oft in die Oper.
Aber nicht nur diese Opernbesuche beunruhigten die Mutter; ich verschwand immer eiliger nach hastig verschlungenen Mahlzeiten. Die im Hause verbrachte Zeit beschränkte sich nur noch auf französische Konversationsstunden mit der alten Madame, die einschläfernd wirkte; um mich wachzuhalten, versetzte meine jüngere Schwester mir dauernd Fußtritte, so daß meine Schienbeine sich allmählich blau verfärbten.
Sonst verbrachte ich jede freie Minute mit einem rothaarigen Mädchen. Wir gingen Hand in Hand und ich küßte ihre Smaragdaugen. Ich war siebzehn, sie um zwei Jahre älter – meine erste, wirkliche Liebe – lebhaft, gebildet, reif und mir überlegen. Nach fünf Monaten verließ sie mich wegen einer dubiosen Existenz; er war ein Boxer. «Aber wie ist es möglich? Was findest du an seinem Gesicht mit dieser zerquetschten Nase? Und überhaupt, ist er nicht ein bißchen beklopft?» wollte ich wissen.
«Ha. Er ist halt ein Mann und nie langweilig.» Und dann verächtlich: «Er ist kein eingebildeter Affe und schon gar nicht ein fader Narziß», und weg war sie.
Das tat weh und erschütterte mein Selbstbewußtsein. Unglücklich, verletzt, aber unfähig, sie zu vergessen, suchte ich Trost im Sport und in der Gesellschaft, in einem neuen Lebensrhythmus; die Tage wurden kürzer, die Nächte länger. Anschließend an die Oper ging ich meist zu den Abendgesellschaften. Man trank, tanzte, flirtete, pokerte ausgiebig und unterhielt sich endlos über Politik und Literatur. Vor allem waren es literarische Kenntnisse, die wie Pingpong-Bälle hin- und herflogen; Rimbaud, Verlaine, Baudelaire, de Vigny trug man sozusagen in der Westentasche, die Russen schüttelte man aus dem Handgelenk, die Anglo-Saxen bedeuteten uns das tägliche Brot: Fitzgerald, Thomas Wolfe, Upton Sinclair, Sinclair Lewis, Galsworthy,

Oscar Wilde, Jack London und besonders Aldous Huxley mit seinem «Point Counter Point».
Tagsüber besuchte ich die Schule, las, ruderte aktiv, fuhr im Winter Schlittschuh, versuchte mich ohne Erfolg im Skifahren, schlenderte wieder verliebt durch die Straßen, bestand im Juni 1940 mit Auszeichnung die Matura, fing an, Jura zu studieren und... Am 6. April 1941 erwachte ich unter dem Geheul der deutschen «Stukas». In unserem schwachen Keller fühlte ich, wie eine Welt – meine ganze Welt – unter den todsähenden Bomben langsam zerbrach, ich saß auf den Trümmern der Vergangenheit, der Gegenwart und der Zukunft. Benommen und verängstigt entstieg ich dem muffigen Keller. Das Herz schlug an die verstopften Ohren, im Kopf tickten nur zwei Gedanken: Es ist alles aus, und: Überleben.
Vor dem Haus ein Bild des Weltunterganges. Der Himmel brannte und rauchte, über die mit Schutt und Splitter bedeckten Straßen legte sich ein eitergelber Staubnebel nieder. Menschen, darunter viele blutverschmiert, rannten mit entstellten Gesichtern in alle Richtungen, stöhnten, weinten, schrien, fluchten, schleppten Kinder und Hausrat, stolperten, stießen kopflos gegeneinander. Aus Todesangst, und weil sie ahnten, daß sie hinter ihrem Leben nachliefen. Ein böswillig zertretener Ameisenhaufen.
An den Linden vor dem Hause hingen zerfetzte Vorhänge, darunter stand unser Chauffeur bereit, uns mit dem Wagen in Sicherheit zu bringen. Als meine neunzigjährige Großmutter als erste den Wagen bestieg, tauchte eine Militärstreife aus dem Chaos auf, schrie uns an, zerrte die Großmutter aus dem Wagen heraus, requirierte das Auto und fuhr davon.
«Vater, das ist ja ein glatter Diebstahl! Sie haben uns nicht einmal eine Quittung gegeben. Warum hast du nichts dagegen unternommen?»
«Mach dich nicht lächerlich, mein Sohn. Wir sind im *Krieg,* wenn du dir darunter überhaupt etwas vorstellen kannst. Beeilt euch jetzt, bevor der nächste Angriff kommt, ich gehe ins Büro.»
Wir sahen ihn erst in drei Wochen wieder; als Direktor der Bundesbahnen irrte er mit dem Hauptquartier der Armee kreuz und quer durch das Land und schaute gebrochenen Herzens dem galoppierenden Zerfall des Landes zu.
In knappen drei Wochen war der Spuk beendet. Wir kehrten in das ausgeplünderte Haus zurück und fanden eine entfremdete Stadt vor; man war zu Hause, aber man fühlte sich im Ausland. Die deutschen Soldaten und ihre Fahrzeuge verstopften die Straßen, der Himmel

hing voller Hakenkreuzfahnen; sie hatten uns völlig im Griff: Radio Beograd wurde über Nacht durch den Soldatensender Belgrad ersetzt, aus den überall aufgestellten Lautsprechern dröhnten die Nachrichten und Verordnungen in deutscher Sprache, begleitet von den Soldatenliedern und Marschklängen, bis man davon Gänsehaut bekam. An Zeitungen gab es nur den *Völkischen Beobachter* und die neugegründete deutschsprachige *Donauzeitung*. Ab 17 Uhr herrschte das absolute Ausgehverbot; wer sich nicht daran hielt, bezahlte den Leichtsinn mit dem Leben; auch mußten alle Fenster während der Polizeistunde verschlossen bleiben, sonst schoß man in sie hinein. Die erste Zeit rieselte zwischen Entbehrungen und Gefahren dahin; man duckte sich nur noch.

Die Deutschen bemühten sich, eine Normalisierung des Lebens herzustellen, wenigstens nach außen hin, bildeten eine serbische Marionetten-Regierung, erlaubten eine Zeitung in serbischer Sprache, verkürzten allmählich die Polizeistunde, öffneten die Schulen wieder, ließen Schauspiel und Oper spielen, führten Lebensmittelkarten ein, was völlig sinnlos war, da alle Geschäfte leer standen und die Versorgung überhaupt nicht funktionierte.

Unbeschäftigte Jugend – in Belgrad gab es nur solche –, Juden und Zigeuner wurden in sogenannte Arbeitskolonnen eingeteilt und gezwungen, Trümmer zu räumen, Straßen zu kehren und Kehricht abzuführen; die Deutschen schätzten die Ordnung.

Der Besitzer und Herausgeber der serbischen Zeitung *Novo Vreme* (Die Neue Zeit) war ein alter Freund unserer Familie. Er stellte mich als Volontär an, um mich durch den Mitarbeiterausweis vor der deutschen Ordnungswut zu schützen. Dafür mußte ich im Archiv helfen, das alte Material zu ordnen, eine recht verstaubte Arbeit. Um die Langeweile zu töten, fing ich an, in den Redaktionsräumen herumzuschnuppern, fand die journalistische Luft prickelnd und die Sportredaktion verwaist; der Redaktor und sein Stellvertreter verbrachten einen unfreiwilligen Urlaub bei der Gestapo. Ich wurde als Sportreporter angestellt.

Im April 1942 ließ mein schwer erkrankter Vater mich an sein Bett kommen, nahm meine Hand, trug mir ruhig auf, für Mutter und beide Schwestern gut zu sorgen, und – schlief für immer ein. Meine Mutter verlor fast den Verstand, ich gänzlich die Fassung. Noch nicht volljährig, verwöhnt, verträumt, stand ich plötzlich vor einem Legat, mit dem ich nichts anzufangen wußte. Ich versuchte und versagte. Meine ältere, dynamische Schwester übernahm stillschweigend diese

Aufgabe und brachte uns mit großem Einsatz und viel Geschick über die Runden.
Nach außen nahm ich es gelassen hin; ich schrieb weiter Sportberichte, las, büffelte das Römische Recht, lernte Englisch und Deutsch, ruderte, ging in die Oper, liebte, und, durch die Polizeistunde bedingt, blieb oft über Nacht bei Freunden. Ein Leben, das der Vorstellung meines Vaters gewiß nicht entsprach. Das lag mir schwer auf der Seele, ich fing ernsthaft an, an mir selbst zu zweifeln, suchte nach einer Lösung und fand sie nicht.
Bevor ich aber im Trübsinn völlig versank, lief der Ballettmeister Ristic mir zufällig über den Weg, er suchte nach einem Stück, in dem seine Partnerin nicht nur tanzen, sondern auch spielen und singen könnte. In knappen, groben Zügen entwarf er die Skizze eines Singspieles. Innerhalb von zehn Tagen schrieb ich ein kleines Werk, das vor Originalität nicht gerade strotzte, welches aber drei Monate lang en suite in einem Boulevard-Theater aufgeführt wurde; ich war hauptsächlich darauf bedacht, jede Rolle für die beliebten, erfahrenen Darsteller nach Maß zu schneidern und damit den Erfolg zu sichern. Der plötzliche Ruhm und das viele Geld, das ich stolz bis auf die letzte para (Rappen, Pfennig) zu Hause ablieferte, hatten mein erschüttertes Selbstbewußtsein wieder hergestellt. Kurz darauf verlangte der Chefredaktor von mir, zum Feuilleton zu kommen; jubelnd wechselte ich das Redaktionszimmer und füllte über ein Jahr Spalten, ja ganze Seiten, mit Artikeln, Reportagen, Interviews und – Kritiken!
Dies stärkte das Selbstvertrauen, nährte die Selbstgefälligkeit und zerstörte das ohnehin schwache Verantwortungsgefühl. Anfang 1944 beschloß ich, nach Wien zu fliehen!
Meine Mutter und beide Schwestern waren fassungslos, meine Feunde betrübt. Auf die entsetzten Fragen «Warum und wieso jetzt?» wußte ich keine Antwort und sang verlegen «Frühling in Wien».
Belgrad war ohnehin in chaotische Zustände geraten. Auch wurde die Lage im Lande von Tag zu Tag verworrener, zwei Untergrundbewegungen kämpften erbittert gegen die Deutschen, aber auch untereinander, die Deutschen bekämpften wiederum gemeinsam mit den von ihnen mobilisierten «Quisling»-Serben die beiden Freiheitsbewegungen; man wußte nicht mehr genau, wer gegen wen, vor allem aus was für Motiven, kämpfte.
Der Verstand sagte mir, daß die Flucht ins feindliche Ausland, und zu diesem Zeitpunkt, nicht die vernünftigste Lösung sei. Aber eine starke innere Stimme trieb mich dazu.

Ich fühlte mich weder als Patriot noch als Held, obwohl ich meiner Abstammung nach ein solcher hätte sein müssen; wir stammen von dem in der serbischen Geschichte des Mittelalters als Held gefeierten Starina Novak Debelic ab. Als Führer einer vorzüglich organisierten Straßenräuberbande machte er den Türken, die Serbien unterdrückten, das Leben sauer. Hajduk (Räuber) Starina Novak war sozusagen der Vater des Untergrundkampfes.
Seine Heldentaten ließen mich kalt. Entscheidenderen Eindruck machte mir dagegen das Beispiel meines Vaters, der sein Leben pflichtbewußt, tapfer und völlig sinnlos in drei Kriegen (im Balkankrieg und den beiden Weltkriegen) aufs Spiel gesetzt und dadurch verkürzt hatte. Seinem Beispiel wollte ich auf keinen Fall folgen. Außerdem war ich immer für den Weg des kleinsten Widerstandes. Damit begann das Abenteuer.
Es gelang mir, zwei meiner besten Freunde, Pop und Milos, für diese Don-Quichotterie zu gewinnen. Mit gefälschten Ausweisen traten wir die waghalsige Reise an. Gleich am Anfang unseres Wiener Aufenthaltes wurde Milos aus nie geklärten Gründen verhaftet, in ein Konzentrationslager eingeliefert und nach vier Wochen ohne Haare aber wackliger Knie entlassen. Sobald wir uns von diesem Schrecken erholt hatten, begannen wir das kulturelle Leben von Wien zu erforschen. Tagsüber lernten wir die urbanistischen Schönheiten kennen, abends gingen wir entweder in die Staats- oder Volksoper, ins Burgtheater oder in die Josefsstadt, in Konzerte. Reichlich mitgebrachte Goldstücke und unzählige Flaschen von Sljivovica ermöglichten uns ein sorgloses Leben, bis zu meinem Geburtstag am 28. September. Ich gab eine kleine Gesellschaft, wir lasen uns Gedichte des russischen Dichters Jessenin (der mit Isadora Duncan verheiratet war), die «Chansons de Bilitis» und auch Teile aus der «Welt von Gestern» von Stefan Zweig vor, als es an der Tür klopfte und die Vermieterin mit aufgerissenen Augen einen Fremden ins Zimmer führte.
«Geheime Staatspolizei», sagte er trocken, zeigte den Ausweis, schnüffelte herum und griff nach dem Buch von Zweig: «Das ist ja verbotene Schundliteratur, wußten Sie das nicht?»
Er zog sein Notizbuch heraus und wollte wissen, wer von uns Dragan Debeljevic sei. Ich meldete mich und gab ihm meinen teuer erkauften, falschen Fremdenpaß, er stellte unzählige zermürbende Fragen und als ich ganz nah dran war, die Nerven zu verlieren, wandte meine Freundin ihren ganzen Charme an. Auch holte sie schnell noch zwei Flaschen Sljivovica und Zigaretten und schob ihn sanft hinaus.

«Ich gebe ihm eine Woche Zeit, er muß entweder tatsächlich studieren, oder dann für die Rüstung arbeiten», sagte der Mann an der Tür. «Ich werde dafür sorgen, daß er seinen Status legalisiert.»
Statt dessen wechselten wir eiligst die Wohnung, die sich zwei Tage nach unserem Auszug durch einen Volltreffer in die Luft aufgelöst hatte. Gestapo als Schutzengel!...
Die Kriegsereignisse überstürzten sich, die Stimmung war gedrückt, man begegnete uns überall nur noch mißtrauisch und feindselig, alle Theater waren schon seit Monaten durch den sogenannten totalen Kriegseinsatz geschlossen. Pop und ich besorgten uns wieder falsche Papiere und zogen zuerst nach Triest.
Nach dem kriegsmüden, verwüsteten Wien kam uns Triest wie eine soeben dem Meer entstiegene, verführerische Nymphe vor. Aber unser Endziel war die Schweiz, außerdem ließ das Niveau der Triester Oper einiges zu wünschen übrig; somit erstanden wir erneut gefälschte Ausweise, diesmal als serbische Offiziere, die den Fronturlaub in Mailand verbringen sollten. Kaum hatten wir einen Zug der deutschen Wehrmacht bestiegen, als eine Streife der Feldgendarmerie erschien und uns aufforderte, das Abteil unverzüglich zu räumen.
«Erlauben Sie mal», und wir zogen unsere Ausweise gelassen heraus. Der Streifenführer rührte sie nicht an. Sein Blick blieb an meiner quecksilbernen Thermosflasche hängen, die mir meine Mutter mitgegeben hatte und die ich groteskerweise immer noch um den Hals trug. Er fand es nicht komisch. Im Gegenteil, er regte sich entsetzlich auf und brüllte uns an. Inzwischen setzte sich der Zug in Bewegung. «Bei der nächsten Station schmeiße ich euch hinaus, verstanden?» Seine Drohung erwies sich als überflüssig, bald mußten alle den Zug verlassen, da die nächste Brücke gesprengt wurde. Wir setzten die Reise nach Mailand mit verschiedenen Lastwagen fort, es waren drei aufregende, von märchenhaftem Glück begleitete Nächte (tagsüber fuhr man nicht); kaum verließen wir eine verschlafene Stadt, schon stand sie in Flammen durch Bombenangriffe – eine unvergeßliche, geisterhafte Reise.
Mailand war eine solche Reise wert. Man konnte kaufen, was das Herz begehrte, Seide, Stoffe, Schuhe, Fleisch, Eier, Butter, Schokolade. Es gab Pferderennen und natürlich die Scala, die allerdings in einem anderen Gebäude spielte, da das eigene durch die Bomben zerstört war. Pederzini, Nicolai, Caniglia, Castellani, Gigli, Merli, Pertile, Volpi, Pasero, Becchi und viele andere zogen uns Abend für Abend in die Oper, so daß wir schon ernsthaft überlegten, ob wir nicht in

Mailand bleiben sollten, zumal wir nicht wußten, was uns in der Schweiz erwartete. Ich besaß zwar einen Empfehlungsbrief an den damaligen jugoslawischen Gesandten in Bern, aber er war inzwischen durch die Kommunisten abgesetzt worden, wir standen schon am Anfang des Jahres 1945.

Ende März dieses Jahres beschlossen wir, schwarz über die Grenze zu gehen. Meine Freundin Ljiljana, die inzwischen aus Wien in Mailand eingetroffen war, vermittelte uns die richtigen Kontakte. Ich verkaufte letzte Goldstücke, kaufte dafür Seidenhemden, Seidenpyjamas, ließ Anzüge machen, rüstete mich mit Schuhen aus und wartete nun darauf, wie Pop es scherzhaft formulierte, «als eine ungeduldige Braut mit ihrer teuren Aussteuer» abgeholt zu werden.

Unser Weg war gründlich durchdacht, gut vorbereitet und ebenso gut bezahlt. Die von den *contrabandieri* organisierten Kanäle führten über Como auf verschiedenen Spuren in die Schweiz. Como wimmelte von Spitzeln, Schwarzhemden und deutschen Soldaten. Während der Schiffahrt nach Argegno schlief ich stehend ein, dafür konnte ich in der düsteren Hütte eines contrabandiero die ganze Nacht kein Auge schließen. Am nächsten Tag machten wir uns zu Fuß auf den Weg, es waren etwa fünfzehn Kilometer zurückzulegen.

Unmittelbar vor der Grenze tauchten unerwartet drei Schwarzhemden auf und verlangten unsere Ausweise. Während ich versteinert stand, sagte Pop, von dem ich nie davor und auch nie danach die kleinste Lüge hörte, seelenruhig: «Noi siamo tedeschi.» (Wir sind Deutsche).

«Bist du wahnsinnig? Sie können doch lesen», zischte ich auf serbisch durch die Zähne.

«Ah, was. Der Vogel mit dem Hakenkreuz steht auf den Pässen zuvorderst, sobald sie das sehen, schauen sie nicht weiter.» Pop antwortete auch auf serbisch, immer noch in Anwesenheit der Italiener, die uns allem Anschein nach tatsächlich für Deutsche hielten, denn sie entschuldigten sich überaus höflich, uns inkommodiert zu haben.

Unser italienischer Führer, der uns etwa hundert Schritte vorausgegangen war, hielt sich während dieser Szene hinter einem Baum versteckt, kam uns schließlich entgegen, fuchtelte nervös mit den Armen, behauptete, deutsche Stimmen gehört zu haben und weigerte sich, uns wie ausgemacht bis zum Grenzdraht zu führen.

«Dieses letzte kurze Stück können Sie auch ohne mich machen. Sie können die ‹arreta› unmöglich verfehlen. Gehen Sie nur der arreta entlang, etwa nach fünfhundert Metern finden Sie das Loch. Also viel Glück, buon viaggio!»

Lisa Della Casa, Kinderjahre in
Burgdorf/Kanton Bern

Mit dem Vater, Francesco Della Casa, im Dialektschauspiel
DE STEIBRUCH von Albert J. Welti, Burgdorf 1942

Im Film FÜSILIER WIPF mit Paul Hubschmid, 1938

Ich hielt ihn am Ärmel fest: «Moment, Moment. Wo ist unser Gepäck?»
«Das haben meine Männer schon längst hinübergebracht, Ihre Sachen erwarten Sie hinter dem Zaun.»
Er hatte den Satz kaum beendet, als drei Männer mit unseren Koffern aufkreuzten, worauf unser Führer außer sich geriet und die Kofferträger arg beschimpfte, diese wiederum antworteten gereizt; sie stritten und uns brannte der Boden unter den Füßen!
«Was ist denn los? Wozu die Aufregung? Es ist ja alles in bester Ordnung, wir haben unsere Sachen...»
Der Führer nickte hastig, verdrehte die Augen und seufzte, als ob er sagen wollte, leider, leider. Pop schien als erster die Situation zu erfassen, obwohl die contrabandieri sich im Patois unterhielten, und sagte zu mir: «Wir haben eigentlich nur einer Panne zu verdanken, daß wir unsere Sachen wieder haben. Es war geplant, uns ohne Gepäck hinüberzuschicken.»
«Um Gottes Willen! Die Geige, wo ist die Geige?» rief ich aus. Wir waren nämlich zu dritt, Pop und ich hatten den Geiger und späteren Konzertmeister der Wiener Symphoniker Zlatko Topolski mitgenommen, und die Männer trugen auch seine kostbare Guarnieri.
«Psst», zischte der Führer, «die Deutschen!»
Die Italiener warfen die Geige und alle Koffer ins Gras und verschwanden im Dickicht. Wir warteten, bis es oben auf der Straße wieder still wurde, überquerten sie vorsichtig und standen nun vor dem Grenzdraht. Pop hielt sich nicht an die Anweisung des contrabandiero, sondern fing an, den Draht abzutasten, und entdeckte schon nach wenigen Schritten ein Loch im Zaun. Wir schlüpften durch. Der contrabandiero hatte uns davor gewarnt, nach der ersten arreta stehen zu bleiben, das sei noch Niemandsland, erst nach der zweiten arreta wären wir in der Schweiz.
Der Anblick des wie ein Christbaum glitzernden Lugano am anderen Ufer, tief unter uns, war atemraubend. Wir blieben wie verwurzelt stehen und bewunderten diese märchenhafte Mondscheinlandschaft. Plötzlich erfaßten uns die Strahlen eines starken Scheinwerfers, der von dem gegenüberliegenden Gandria-Ufer hin- und herwanderte; trotz seiner großen Entfernung warfen wir uns auf die Erde.
«Die dämliche Thermosflasche reflektiert das Licht!»
Ich ließ sie wortlos in den dunklen Abgrund rollen.
Wir wanderten die Nacht hindurch, ohne auf diesen zweiten Draht zu stoßen. Als es Tag wurde, standen wir in der Nähe einer verfallenen Hütte, in der wir uns bis zum Abend aufhielten. Lugano bei Tag

erschien uns noch schöner, die Stadt spiegelte sich im Wasser, Segelboote glitten auf dem See, Schiffe fuhren munter kreuz und quer. Bevor wir in der Dämmerung unsere mühsame Wanderschaft fortsetzten, mußten wir zuerst das Gewicht der Koffer verringern; ich legte schweren Herzens einige Lieblingsbücher in eine Ecke, in der ich dann einen schäbigen Geldbeutel mit achtzig Schweizer Franken entdeckte.

Wir stolperten durch die zweite Nacht hindurch und fanden immer noch nicht den zweiten Draht. Entmutigt, erschöpft, hungrig und fast verdurstet – seit zwei Nächten hatten wir nichts zu essen und zu trinken – faßten wir verzweifelt den einzig möglichen Entschluß, hinunterzusteigen.

Fünf Stunden rutschten wir die felsigen Steilhänge hinab, überschlugen uns mehrmals, und als wir endlich das Ufer erreichten, knieten wir uns hin und tranken aus dem See. Gut fünfhundert Meter rechts von uns wehte eine Schweizer Fahne: Wir waren also in der Schweiz. Wir liefen zum Grenzhaus, der Zöllner begrüßte uns freundlich: «Sie müssen sehr müde sein, ich mache Ihnen schnell Kaffee. Möchten Sie auch Brot?»

Wir tranken den Kaffee, er wunderte sich über unser Gepäck.

«Die meisten kamen mit leeren Händen.»

Nachdem er uns kurz verlassen hatte, kam er lachend zurück: «Alles in Ordnung, ich habe soeben mit Bellinzona telefoniert, Ihre Namen stehen nicht auf der schwarzen Liste, Sie können in der Schweiz bleiben. Ich fahre Sie jetzt mit dem Ruderboot nach Pugerna, wo ich Sie leider den Soldaten übergeben muß, die Sie internieren und morgen nach Bellinzona begleiten werden.»

Ich fühlte keine Müdigkeit mehr:

«Erlauben Sie, daß ich rudere, es wäre gegen meine Ruderehre, mich rudern zu lassen.»

Das Boot glitt durch die Dämmerung, Lugano badete wieder in abendlichem Lichterschaum. In Pugerna erwarteten uns zwei bewaffnete Soldaten. Im Hintergrund lag eine typische Tessiner Gartenwirtschaft; wir luden die drei zu einem Glas Wein ein, und als ich die Rechnung begleichen wollte, sagte die Kellnerin, das sei schon erledigt; ein Herr nickte freundlich: «Viel Glück! Seien Sie froh, daß Sie aus dem Dreck draußen sind.»

Wir machten uns auf den Weg.

«Das Dorf liegt in der Höhe, wir müssen leider bergauf laufen», sagte ein Soldat.

«Oooh», stöhnte ich unter der Last des Gepäcks.
«Hören Sie», sagte der Soldat, «geben Sie mir Ihren Koffer.»
«Nein, bitte.»
«Geben Sie ihn doch her und nehmen Sie mein Gewehr!»
Ich hielt es ungeschickt in beiden Händen.
«Ich halte zum erstenmal eine Waffe in den Händen. Ich weiß überhaupt nicht, wie man sie trägt...»
Der Soldat bog sich vor Lachen. «Hängen Sie es einfach über die Schulter!»
Auf dem halbstündigen Weg bis zum Schulhaus, wo wir über Nacht blieben, ergänzten sich die Soldaten gegenseitig in schlichten, aber sehr aufschlußreichen Erläuterungen über den Sinn der Schweizer Neutralität, über die Verfassung und die Geschichte ihres Landes. Nicht ohne Stolz, jedoch ohne Pathos, unaufdringlich und in leicht zu fassenden Zusammenhängen hielten sie uns einen eindrucksvollen Vortrag. Der eine Mann war ein gewöhnlicher Maurer, der andere Mechaniker.
Am nächsten Morgen auf der Fahrt nach Bellinzona stürzte ich mich während des kurzen Zwischenaufenthalts in Lugano auf den Kiosk, um echte Schweizer Schokolade zu kaufen.
Ob ich Coupons hätte, fragte die Verkäuferin.
«Was für Coupons?»
«Rationierung.»
«In der Schweiz?!»
Natürlich, alle Lebensmittel waren streng und knapp rationiert.
«Leider habe ich keine Coupons, ich bin soeben schwarz über die Grenze gekommen.»
«Ah, sooo.» Sie packte einige Tafeln Schokolade hübsch ein und ließ mich nicht bezahlen.
In Bellinzona wurden wir als schriftenlose Flüchtlinge aufgenommen. Jugoslawien war inzwischen als kommunistischer Staat auferstanden, und für uns kam eine Rückkehr nicht mehr in Frage. Nach der dreiwöchigen Pflichtquarantäne wurden wir in ein Flüchtlings- oder auch Arbeitslager eingewiesen.
Durch freundschaftliche Beziehungen, vor allem durch die Unterstützung der Schweizerischen Flüchtlingshilfe, konnten Pop und ich im Herbst 1945 das Lager verlassen, er ging nach Lausanne, ich nach Zürich, um unsere Studien fortzusetzen. Während Pop an der juristischen Fakultät blieb und sein Studium erfolgreich später an der Yale-University in Amerika abschloß, zögerte ich. Meine in Belgrad begonnenen Studien hätten mir als Sprungbrett für die diplomatische

Karriere dienen sollen. Unter den neuen Umständen schien mir die Rechtswissenschaft unangebracht. Ich hätte gern Medizin studiert, aber das war für einen Flüchtling unerschwinglich. Für Technik hatte ich weder Interesse noch Begabung, somit belegte ich Kunstgeschichte als Hauptfach, Archäologie und Journalistik mit dem musikwissenschaftlichen Seminar als Nebenfächer.

Kaum hatte ich in Zürich Fuß gefaßt, suchte ich das Opernhaus auf. Damals hieß es noch Stadttheater.

Man führte «Bajazzo» und «Cavalleria» auf. Meine Erwartungen waren nicht zu hoch gespannt, nach Wien und Mailand war das auch nicht möglich.

Während des Prologs dachte ich: Eben, eben...

Und dann traf mich der Blitz aus heiterem Himmel. Natürlich war es die Nedda, die mich aus der Fassung brachte, aber nicht ihre Stimme, sondern sie selbst, die junge Frau, ihre edel geformten Beine, ihre graziösen Arme, ihr Körper, ihre tänzerisch geschmeidigen Bewegungen und das klassische, bildschöne Gesicht, von schwarzen, lockigen, fliegenden Haaren umrahmt. Sie wirkte wie ein graziles Mädchen und ein vollblütiges Weib zugleich, eine ätherische Fee und eine katzenhafte, verführerische Zigeunerin. Ich raschelte aufgeregt im Dunkeln im Programmheft: Lisa Della Casa. Der schöne, melodische Name war mir unbekannt. Meine Ohren blieben taub, die Augen unersättlich. Jede ihrer Bewegungen, jede kleinste Regung ihres offenen Gesichtes verfolgte ich gefesselt.

Ich hatte noch nie eine solch faszinierende Mischung von entfesseltem Temperament, Erotik und einer bezwingenden, geradezu klirrenden Verhaltenheit erlebt. Sie schien mir bewußt mit ihrer kaum zu bändigenden Unbändigkeit zu spielen. Sie spielte nicht nur diese teuflisch verführerische Nedda, sie spielte mit ihren Partnern, mit uns, und auch mit sich selbst, ganz verzaubert und ohne einen Augenblick den Bogen zu überspannen.

Im Laufe des Abends glaubte ich immer deutlicher die echten Schwingungen dieses sonderbaren Wesens zu erfühlen. In ihrer beherrschten Ekstatik, in diesem knisternden Spiel im Spiel lag eine geheimnisvoll vibrierende Macht. Sie war stolz, aber kokett, verführerisch aber vornehm, die zigeunerischste, edelste aller Zigeunerinnen.

Ich verliebte mich natürlich in diese glühende Zigeunerprinzessin, wie gern hätte ich sie meiner Mutter ins Haus gebracht!

Die drauffolgenden Tage verbrachte ich wie in einem Trancezustand. Ich bezog eine unmittelbar hinter dem Opernhaus gelegene und von den Sängern und Schauspielern bevorzugte Hotel-Pension, einige von ihnen kannte ich, es wäre ein leichtes gewesen zu erreichen, daß man mich ihr vorstellte. Aber ich wollte und konnte es nicht, die Gewalt meiner Gefühle für sie war zu groß, ich fürchtete eine Begegnung. Um so heftiger kreisten meine Gedanken um sie wie um ein Epizentrum. Ich versuchte mehr über sie zu erfahren.

«Ja, das ist wirklich ihr echter Mädchenname.»

«Nein, sie ist keine Italienerin; gebürtige Tessinerin, allerdings geboren in Burgdorf bei Bern.»

«Ja, sie ist eine wohlhabende, verwöhnte, langweilige (?!), verheiratete Frau, nichts für Sie!»

Aus war der Traum. Aber nicht meine Gefühle.

Eines Tages ging ich von der Universität nach Hause und sah sie aus der Ferne vor dem Bühnentürl mit einigen Kollegen stehen. Ich streckte mich um zwei Köpfe höher, blähte den Brustkorb auf und ging etwas steif und mit dem besten Sonntagsgesicht auf die lachende Gruppe zu. Auch sie lachte. Dieses Lachen! Die großen, schönen Augen lachten mit, aber sie glitten über mich hinweg, als ob ich Luft wäre. Ich schrumpfte auf meine normale Größe zurück; vergebliche Mühe...

Selbstverständlich ließ ich keine ihrer Vorstellungen aus. Allmählich entdeckte ich auch ihre Stimme, was meinen Zustand noch verschlimmerte.

Meine selige Großmutter hätte sicher geschworen, ich wäre verzaubert; sie hätte mir einen Trank aus Ziegenbart, Fledermausdreck und Knoblauch zubereitet und mir ein Hühnerbrustbein in die Tasche gesteckt...

Nicht nur ihr Bild, ihr Leben beherrschte meinen Alltag, ich forschte unermüdlich in ihrer Vergangenheit und Gegenwart. Bald verfügte ich über fünf, sechs Varianten. Aus den zahlreichen, teilweise boshaften, neidischen, aber auch naiven, wohlwollenden Bemerkungen wuchs vor meinen Augen das feine Mosaikbild dieser noblen, scheuen, eigenwilligen, außergewöhnlichen, und, wie mir schien, trotz ihrer Jugend bedeutenden Frau, die man irrtümlicherweise für undurchsichtig, unnahbar und arrogant hielt.

Künstlerisch vielseitig begabt, zur Disziplin und zum Pflichtbewußtsein erzogen, feinfühlend, flüchtete sie vor Banalitäten des Alltags und des Berufes in das Innere ihres stillen Elfenbeinturmes, in dem sie für sich lebte. Sie spannte um sich ein Netz von zartem, doch starkem Gewebe.

Diese nach außen so kühle, stolze, noble Donna Lisa!
Die Vorfahren ihres Vaters waren in der Tat vor Jahrhunderten aus Spanien über Italien in die südliche Schweiz gekommen und hatten sich im Dorf Stabio niedergelassen, das nach außen ebenfalls trügerisch still wirkte; in seinem Innern siedete ein aufregendes Schmugglerleben. Der Vater Francesco Roberto, Franz in Bern und Burgdorf, blieb ein typischer Vollblutsüdländer. Wie ich später erfuhr, träumte er als junger Mensch von einer künstlerischen Laufbahn, aber seine Eltern erwarteten von ihm einen «anständigen» Beruf. Er wurde Arzt.
Als Student gehörte er der schlagenden Verbindung «Helvetia» an und flickte hilfsbereit und mit leichter Hand damals wie auch später die Schmisse vieler Generationen der jungen Helveter. Nach den abendlichen Studentensitzungen, bei welchen Bier in Bächen floß, suchte er in den warmen Monaten Abkühlung in den mit Geranien geschmückten Brunnen der Berner Altstadt. Er trug im Sommer unter dem Anzug immer eine Badehose; im Handumdrehen entkleidet tauchte er in der Nachtstille unter die Eisengitter, schwamm einige Kreise im kalten Wasser, holte meistens einen Blumentopf herunter und überreichte ihn am Morgen seiner Mutter.
Oft kletterte er nachts durch das die große Aarebrücke tragende Eisengerüst, sich halsbrecherisch von Stange zu Stange schwingend, bis zur Mitte der Brücke, wo er noch gerade genug Platz fand, um bäuchlings durchzukriechen. Dort gab er den Couleur-Pfiff, worauf sein auf den Tag gleichaltriger Freund den Handstand auf dem Brükkengeländer mit dem Rücken nach außen machte. Nach dem vollbrachten Handstand pfiff der Freund, und Francesco setzte seine affenartige Kletterpartie abwärts fort. Dieser gefährliche Jux dauerte über eine Stunde.
Nach der großen Enttäuschung seiner ersten Liebe fand er in der stillen dunkeläugigen Schönheit Grete aus München mit dem edlen Gesicht einer Römerin sein Lebensglück. Der Ehe entsprang zuerst ein Sohn, Francesco Roberto, Frano genannt. Fünf Jahre später, an einem eisigen, düsteren 2. Februar, kündigten die glücklichen Eltern die Geburt der Lisa Elsa an, mit den Begleitworten: «Ein lichter Punkt im G'stürm».
Der Vater, allgemein Deli genannt, war ein Vulkan, dessen Eruptionen die nähere und weitere Umgebung in Atem hielten. Musisch, geistig anregend, temperamentvoll, sportlich, fortschrittlich, mutig, ja tollkühn, naiv, despotisch, gütig, eigenwillig, gesellig, sprengte er den bürgerlichen Rahmen und galt als ein geliebtes, bewundertes und

beneidetes enfant-terrible. Die einfühlende, zurückhaltende Mutter bildete den richtigen Ausgleich. Der Vater saß am Steuer des ungestümen Familienbobs, die Mutter zog behutsam die Bremse an und verhinderte, daß der Schlitten in hohem Bogen aus der Bahn flog.
Als leidenschaftlicher Bergsteiger und Wanderer nahm er die Familie auf diese oft abenteuerlichen Touren mit, als passionierter Autofahrer machte er jedes Wochende rastlos Ausflüge mit ihnen, auf schmalen, holprigen Bergstraßen, knapp an Seitengräben und Abgründen vorbei. Versuchte die Mutter ihn sanft zu warnen, «Nicht so am Rand, bitte...», antwortete er: «Dummes Zeug», und landete meist doch im Graben. Man lachte, lief zum nächsten Bauernhof, holte Pferde und zog den Wagen heraus.
Die üblichen Fahrten ins Tessin, wo seine Mutter und Schwester lebten, führten immer über drei Pässe, St. Gotthard, Grimsel und Furka. Die engen Kurven waren unmöglich in einem Mal auszufahren; während des Manövrierens mußte man Steine unter die Hinterräder schieben, die Steigungen waren zu steil, die Bremsen zu schwach. Bei einer dieser Reisen rollte der Wagen an den äußersten Straßenrand und rutschte mit einem der Hinterräder ab. Er befahl der Familie auszusteigen, die Mutter weigerte sich: «Wenn du im Wagen bleibst, dann bleiben wir auch.»
Er war ein Wirbelwind, hielt sein gastfreundliches Haus immer offen und den Haushalt in Aufregung; man wußte nie, wie viele Gäste er unerwartet zum Tisch bringen würde.
Im Tessin, wenn man abends ausging, sprang er plötzlich auf den Stuhl oder gar auf den Tisch, sei es in einem schlichten Grotto, sei es mitten auf der Luganeser Piazza, und sang. Die Kinder, die sich am liebsten unter den Tisch verkrochen hätten, verstanden nicht, daß ihre Mutter es mit Ruhe und Stolz hinnahm.
«Kinder, Euer Vater ist halt kein fader Kleinbürger, sondern ein ganzer Kerl», sagte die Mutter.
Vater Deli war ein Theater- und Musikbesessener. Er führte Mundartstücke auf, inszenierte, spielte und sang Klassiker und Romantiker. Nach einer gigantischen Freilichtinszenierung von «Wallensteins Lager» mit vierhundert Mitwirkenden, darunter hundert Berittenen, heißt das Tal bei Burgdorf heute noch Wallensteintal. In der Altstadt inszenierte er und spielte «Jedermann». In unzähligen Opernaufführungen, in denen er Regie führte, sang er zugleich Bariton- oder Baßpartien. Und er sang Lieder, wann immer und wo immer sich eine Gelegenheit bot. Sein Liederrepertoire war unerschöpflich, sein Bari-

ton von besonderer Klangfarbe. Er sang, übte, und die kleine Tochter lallte mit, bevor sie noch richtig sprechen konnte.

Die Kinder fingen sehr früh an, in den Stücken mitzuwirken, die Freunde schüttelten die Köpfe. Und man fand es ungehörig, daß der Vater die neunjährige Tochter mit nach Bern in die «Salome» nahm. Aber die kleine Lisa fand die Aufführung mit Else Schulz hinreißend.

«Päpser, ich möchte mal Sängerin werden, damit ich die Salome spielen und tanzen kann», sagte sie nach der Vorstellung mit glühenden Wangen zu ihrem Vater. Deli strahlte.

In der ersten Schulklasse nannte die alte Lehrerin sie «unser Singvögelchen». Auch sagte sie: «Aus unserer Lisa wird mal eine große Sängerin.»

Der Salome-Eindruck verblich schnell, und der «kleine Singvogel» träumte keineswegs von einer sängerischen Karriere, sie wollte Säuglingsschwester werden, im Ernst. Selbst noch ein Kind, entführte sie die vor den Geschäften abgestellten Kinderwagen mit Säuglingen nach Hause, was anfänglich die Burgdorfer Mütter in größte Aufregung versetzte; bald wußte man, wo man vermißte Kinder finden konnte.

Aber sie spielte weiter Theater mit Vater, Bruder, Tante. Noch heute zählt sie ihren Vater zu ihren liebsten Regisseuren, obwohl diese Zusammenarbeit nicht ohne Spannungen verlief. Er blieb ein genialer Dilettant, ein großer Improvisator und Draufgänger. Sein Spruch: «Nur frech darauf los, es wird schon gehen», hemmte sie damals, wie auch später, als sie schon im Beruf stand; das war nicht ihre Art.

Sonst liebte er Ordnung und war Perfektionist und Systematiker ohne Starrheit; er war spontan, aber er haßte planlose Verschwendung und Halbheiten. Tennis war für die Kinder kein Gesellschaftsspiel, ein Trainer und er sorgten für Disziplin und Fortschritt; auch ritt man nicht nur zum Vergnügen durch die Wälder, sondern man übte stundenlang mit dem Lehrer Dressurreiten.

Sie durfte sich die kostbarsten französischen Stoffe aussuchen, aber die Bedingung war, daß sie sich die Kleider selbst nähte. Sie nahm einen Nähkurs, entwarf Modelle und fertigte sie eigenhändig an. Einige ihrer großen Kleider, die sie später auf dem Konzertpodium oder vor der Kamera trug, stammten aus ihrem eigenen «Atelier».

Der Vater hielt die Tochter für begabt und wollte dieses Talent nicht auf der kleinen Burgdorfer Laienbühne versiegen lassen. Er fuhr mit der Fünfzehnjährigen zu Frau Margarethe Haeser, einer außergewöhn-

lichen, weisen Frau, die als Gesangslehrerin in Zürich und Bern unterrichtete. Frau Haeser war von dem Stimmaterial angetan:
«Ich würde sie gerne ausbilden, aber nur, wenn sie es als Beruf nimmt; für den Hausgebrauch ist die Stimme und die Arbeit zu schade.»
Frau Haesers Ultimatum war nach dem Wunsch des Vaters, nicht aber nach dem der Tochter.
«Das muß ich mir zuerst überlegen», sagte sie.
Auf der Heimfahrt sprachen sie kein Wort, jeder war in seine eigenen Gedanken und Hoffnungen versunken. Am Abend zu Hause trat sie in sein Arbeitszimmer:
«Päpser, dann werde ich halt Sängerin.»
Das sorglose junge Leben erhielt durch diesen plötzlichen Entschluß einen neuen, tieferen Sinn. Frau Haeser war unermüdlich und anspruchsvoll, und dies nicht nur als Gesangslehrerin. Mit großer Menschenkenntnis, Erfahrung und pädagogischer Fähigkeit formte sie Sänger *und* Menschen. Singen war für sie klingender Atem, singende Seele. Nach acht Jahren Arbeit sagte Frau Haeser:
«So, jetzt wärst du soweit. Geh nach Zürich und sing vor!»
Im Frühjahr 1943 ging sie nach Zürich, sang im Stadttheater vor und wurde engagiert. Im Herbst stand sie auf der Bühne.
Man sagt, jeder Anfang sei schwer. Auch ihr Anfang war es. Nicht die künstlerische Arbeit, die ihr von jeher vertraut war, aber sie hatte Schwierigkeiten, sich in den Geist eines Opernbetriebes einzuleben. Ihre Erziehung, ihre Schönheit, die innere Haltung und ihr Lebensstil errichteten eine Schranke um sie, die weder sie noch die anderen zu überspringen vermochten; man verstand sie nicht.
Eines Tages traf ich den Bariton Kolazio, der zu dieser Zeit in Zürich engagiert war und den ich von Beograd her kannte. Wir sprachen über alles Mögliche, plötzlich sagte er:
«Ich kann diese Della Casa nicht ausstehen, sie ist so hochnäsig und so betont unterspielt. Heute während der Probe stieß ich bei der Umarmung mit der Hand an ihre kostbare Brillantbrosche, sie flog im Bogen auf den Boden. Es war mir peinlich und ich rief aus: ‹Um Gottes Willen!› Sie fragte: ‹Haben Sie sich verletzt?› – Ich sagte, ‹Nein, aber die Brosche!› – ‹Ah, das ist unwichtig, es hätte mir leid getan, wenn Sie sich verletzt hätten.›»
«Ja, und?»
«Oh, sie wollte zeigen, daß ihr eine teure Brosche überhaupt nichts bedeutet.»
«Wäre es nicht möglich, daß sie nur ehrlich war?» fragte ich.

In einer größeren Gesellschaft sprach man über ihre Schönheit, ihre Herkunft und am Rande auch über ihre Begabung. «An sich müßte sie ja nicht singen.»
«Aber eine künstlerische Tätigkeit ist nicht nur Beruf, mit dem man das tägliche Brot verdient, sondern auch Berufung», warf ich ein.
«Oh, unser verliebter Philosoph», spöttelte eine Freundin von mir.
«Mit ihm darf man über diese Frau überhaupt nicht reden; er muß sein südliches Feuer an der kalten Marmorschönheit abkühlen, scheint mir.»
Ihre Schönheit! Sie brachte ihr zwar, bevor sie zur Oper kam, zwei schöne Filmrollen, mit Paul Hubschmid und Heinrich Gretler als Partner, sonst stand sie ihr seltsamerweise eher im Weg; zu oft sprach und schrieb man über ihre Schönheit. Schon ganz am Anfang sagte sie: «Herrgott, ich singe außerdem auch noch!» Und: «Ich kann ja nichts dafür.»
Das klang nach Resignation und Entschuldigung zugleich; ihre Schönheit blieb lange geradezu anstößig.
Der Wiener Musikkritiker Heribert Schneiber sagte in ihrem ersten Liederabend in Wien, hörbar für unsere Freunde, zu seiner Begleiterin: «Die Frau ist schön genug, um auch anderswo ihr Brot zu verdienen, warum muß sie singen!»
Sein Kollege Karl Löbl fand in seiner Kritik, sie sei auf ihre Schönheit so sehr bedacht, daß sie nicht einmal bei schwierigsten Stellen ihre Züge verziehe.
Er ahnte nicht, wie sehr Frau Haeser darauf geachtet hatte, daß ihre Schüler keine Grimassen schnitten und technische Schwierigkeiten mühelos überwanden.
Nach «Capriccio» an den Salzburger Festspielen 1950 war die Pianistin Clara Haskil von der Della Casa und ihrer Gräfin entzückt. «Finden Sie?» sagte eine ältere Kollegin. «Sie hat doch nur eine hübsche Fratze.»
Erst später in Amerika machte sie die erfreuliche Erfahrung, daß ihr Aussehen auch Vorteile haben kann; es ist schön dort, schön zu sein, die Schönheit erfreut die Menschen. Man verglich sie, auch in der Presse, mit Gina Lollobrigida, Sophia Loren, Ava Gardner.
Im Laufe der Jahre verwandelte sich dieses Bild der unnahbaren Schönheit in das «image» der Grande dame. Man behandelte sie überall mit Respekt statt mit Herzlichkeit. An der New Yorker Met wurde sie fünfzehn Jahre lang nur per «Madame» angesprochen, während viele ihrer genauso berühmten Kolleginnen, ausgenommen vielleicht die

Callas, die Milanov oder die Tebaldi, von Dirigenten, Regisseuren, Inspizienten, Garderobieren, «darling», «Miss» oder einfach mit Vornamen gerufen wurden. Nur der Met-Direktor Rudolf Bing nannte sie «die schöne Lisa», aber auch er sagte Madame, wenn er über sie zu den anderen sprach, er verwendete nie das in Amerika für die Künstlerinnen übliche «Miss».

Aber auch ein solches nobles Etikett wie «Grande dame» hat wieder Nachteile. Das Publikum hält an seinen Vorstellungen fest, es läßt sie ungern verrücken.

Nach ihrer ersten Salome im Sommer 1961 in München schrieb ihr ein vornehmer Verehrer aus der berühmten New Yorker Park Avenue, der in München dabei war, einen vorwurfsvollen Brief.

«Ich war zutiefst erschüttert, *Sie* als Salome zu sehen! Eine Lady wie Sie darf nicht solche widerliche, unwürdige Frauen verkörpern. Es ist absurd, wenn Sie ein solches ordinäres Wesen darstellen. Bitte, bitte tun Sie es nie wieder und bleiben Sie die Lady, die Sie immer sind...»

Nach einer viel Staub aufwirbelnden «Zigeunerbaron»-Premiere in New York, in der sie die Saffi sang, meinte der Kritiker der *Herald Tribune:* «Die hüftenwiegende Zigeunerin paßt einfach nicht zu einer Della Casa...»

Das war Unsinn. Es gibt auch edle Zigeunerinnen. In Beograd gab es eine Zigeunerin Rabuschka, die tagsüber vor unserem Haus die Schuhe putzte und uns sonst die Wäsche wusch; sie war in Haltung und Schönheit eine Prinzessin, ich hätte am liebsten ihr die Schuhe geputzt.

Arabella. Oder: die Richtige

Ohne die Oper «Arabella» zuvor gesehen zu haben, fand ich diesen Namen so schön, daß ich wiederholt sagte, wenn ich je eine Tochter haben sollte, würde ich sie Arabella taufen.

Am Abend der Ankunft in Wien während des Krieges spielte man in der Staatsoper die «Arabella», aber ich ging nicht in die Vorstellung, Strauss war mir damals noch fremd. Nur aus Verehrung für die auch von Richard Strauss als Salome geschätzte Bahria Nuri-Hadzic sah ich einige «Salomes» in Beograd. Außerdem war ich in drei «Rosenkava-

lier»-Aufführungen mit ihr als Octavian (in serbischer Sprache: Kavaljer s ružom!), das war alles – wenig, um Strauss zu entdecken.
Im Frühjahr 1946 stand Zürich in fiebernder Erwartung einer Neuinszenierung der «Arabella» mit der unvergeßlichen Maria Cebotari in der Titelpartie und der Della Casa als jüngere Schwester Zdenka. Ursprünglich hatte man mit der Cebotari gar nicht gerechnet, die Reisebedingungen des ersten Nachkriegsjahres waren zu chaotisch. Der Direktor Karl Schmidt-Bloß, der einzige in diesem Opernhaus, der von der jungen Della Casa viel hielt, ließ sie am Anfang der Spielzeit kommen und beauftragte sie mit dem Studium der Titelrolle. Kaum hatte sie die Arbeit begonnen, als sich überraschend herausstellte, daß die Cebotari nach Zürich kommen würde, worauf der Direktor selbstverständlich die Arabella mit ihr, die Zdenka mit der Della Casa besetzte. Die junge Della Casa war enttäuscht, aber ein folgsam Kind, beugte sie sich wortlos dem Wunsche des Direktors.
Die Cebotari kam, die Proben fingen an. Schmidt-Bloß führte Regie, Richard Strauss überwachte persönlich die letzten Proben, hilfsbereit und immer liebenswürdig. Die Qualität der ersten Aufführung übertraf alle Erwartungen, das Publikum jubelte, die Kritiker waren hingerissen. Die Ovationen am Abend für den greisen Komponisten, für die Cebotari, aber auch für die Della Casa nahmen kein Ende.
Sie bestand nicht nur diese Prüfung, sich neben einer Cebotari behaupten zu können, sondern sie bekehrte die Ungläubigsten der Ungläubigen; sie wurde neuentdeckt, und sicher nicht nur, weil Richard Strauss nach dem letzten Vorhang sagte: «Die Kleine wird eines Tages *die* Arabella sein!»
Diese Aufführung mit Cebotari und Della Casa blieb tagelang Stadtgespräch, man riß sich um die Eintrittskarten, die Vorstellungen waren ausverkauft.
Cebotari war vielleicht keine ideale Arabella, besonders im zweiten Akt im großen Kleid wirkte sie trotz ihrer Jugend um eine Spur zu damenhaft, zu reif; sie legte überhaupt die ganze Figur etwas elegisch an. Aber das einzigartige, unverwechselbare Timbre ihrer warmen Stimme war von berückender Schönheit, ihre Ausstrahlung bezwingend. Die Aufführungen erlebten einen neuen Höhepunkt: Paul Schöffler sang als Gast zweimal den Mandryka. Er brachte alles, was diese heikle Partie von einem Künstler verlangt, die Stimme, das Spiel, die Intensität, die Intelligenz. Hätte er Mandryka öfter gesungen, wäre auch diese Rolle, wie sein Hans Sachs, legendär geworden.

Der rührende Stimmklang der Zdenka kam wie von einem einsamen toscanischen Campanile, die Darstellung des verzweifelten jungen Mädchens ergriff.
Sie blieb nach diesem ersten bedeutenden Erfolg unverändert, in sich gekehrt, ein wenig einsam wirkend, sang ihre Vorstellungen, verließ unauffällig das Opernhaus, ging immer allein und leichten Schrittes... Wohin?
Die Frage, wo und wie sie wohnte, beschäftigte mich mehr aus romantischer Träumerei als aus Neugier. Eines Abends entschloß ich mich, ihr in großem Abstand zu folgen. Um drei Ecken ging ich ihr nach, benommen wie ein Schlafwandler, stolperte über eine Hundeleine, der Hundehalter murmelte ungehalten, «Sie, können Sie nicht aufpassen»; ernüchtert kehrte ich ins Hotel zurück.
Diese Hotel-Pension stand vor der Renovierung, und uns allen von den letzten zwei Etagen wurde auf einen bestimmten Termin gekündigt. Zwei Monate lang ging ich auf Zimmersuche, jeden Abend kam ich müde und entmutigt zurück. Es war nicht einfach für drei Jugoslawen, mich, Milos und Miksic, eine Wohnung zu finden. Entweder war sie für uns unerschwinglich, oder dann tragbar, aber mit Bedingungen verknüpft, die wir nicht annehmen konnten. Mein fremdländischer Akzent trug zu einer erfolgreichen Lösung nicht bei.
Eines Tages kam ich an die Steinwiesstraße und fand dort eine kleine, für uns in jeder Hinsicht ideale Wohnung vor. Die Hausbesitzerin zögerte und stellte viele Fragen. Ich sagte: «Wissen Sie, das ist einfach zum Verzweifeln, so geht es seit zwei Monaten. Ich sehe uns schon am Seeufer ein Zelt aufschlagen.»
«Ach, Mutti, gib ihnen die Wohnung», mischte sich die junge Tochter ins Gespräch, aus Mitleid oder Sympathie, und ihre Mutter gab nach. Ich eilte ins Hotel.
«Kinder! Ich habe eine Wohnung.»
Zwei Tage später fuhren wir mit einem kleinen Lastwagen an die Steinwiesstraße. Die Wohnung war zwar möbliert, aber ich besaß einige unbedeutende Möbelstücke, von welchen ich mich nicht trennen wollte. Ich stand im Innern des Wagens, als einer meiner Freunde, Davorin Miksic, aufgeregt herbeistürzte.
«Dragane, haben Sie gesehen, wer aus dem Haus nebenan herausgekommen ist?»
«Wer?»
«Die Della Casa!»
«Weeer?»

«Die Lisa! Sie muß in diesem Haus wohnen.»
Meine Knie wurden weich, ich setzte mich auf den Boden.
«Behaupten Sie nur nicht, Sie hätten das nicht gewußt», sagte Miksic.
«Doktore, ich schwöre, ich hatte keine Ahnung.»
Ich blieb für den Rest des Tages erschlagen. Zwei lange Monate hatte ich vergeblich die Zürcher Straßen mit Zickzacknähten gesteppt, und nun zogen wir ausgerechnet in das Haus neben dem ihrigen.
«Was für ein Zufall!» meinte Miksic.
«Nein, Doktore, das ist kein Zufall... Das ist eine Schicksalsfügung.»
Ich hatte keine Ruhe, bis ich herausfand, «welche ihre Fenster sind». Ich sah sie bald an einem und starrte von meinem Sitzplatz im Garten hinauf. Sie warf mir einen leeren Blick zu, verschwand, kam später wieder zurück, ich saß immer noch wie angewachsen im Gartenstuhl, unsere Augen begegneten sich, und bevor sie das Fenster zugemacht hatte, glaubte ich den leichten Ansatz zu einem Lächeln zu erraten. Sie hat mich endlich *gesehen!* Ich ging pfeifend ins Haus.
Wenn es nicht zu stark regnete – jener Frühling war Gott sei Dank schön und trocken – und wenn ich nicht in den Vorlesungen saß, verbrachte ich meine Zeit im Garten. Ich las, studierte, schrieb am Gartentisch, wartete geduldig und träumte. Sie erschien auch immer wieder an ihrem Fenster, sonnte ihre Kopfkissen, bürstete die Kleider, lüftete – und immer mußte sie mit mir wie mit einer Gartenfigur unter der üppigen Kastanie rechnen. Ihr Gesicht verriet nichts von ihren Gedanken, ich wußte nicht, ob sie mich töricht, lästig, lächerlich oder nett fand.
Ins Theater fuhr sie meist mit dem Fahrrad an unserem Gartenzaun und mir vorbei und verschwand gleich um die Ecke, ich konnte sie aber, wenn ich mich beeilte und um das Haus raste, nochmals zwischen den Häusern auf der anderen Straße sehen. Das tat ich auch jedes Mal und merkte, daß ihr dieses Spiel nicht entging.
An meinem Zaun befand sich ein Briefkasten, in den sie ohne abzusteigen, nur mit einem Fuß auf dem Boden, ihre Briefe einzuwerfen pflegte. Eines Tages saß ich wie üblich unter der Kastanie mit einer guten Bekannten, als sie vor dem Briefkasten anhielt, und, wahrscheinlich durch meine Blicke etwas irritiert, das Gleichgewicht verlor und mit dem Rad stürzte.
Ich grinste.
«Aber, Dragane», sagte meine Bekannte vorwurfsvoll, «statt hinzulaufen und ihr zu helfen, kichern Sie albern. Sie benehmen sich nicht besonders gewinnend. Das war doch *die* Gelegenheit, sie kennenzulernen!»

Sie war inzwischen aufgestanden, warf mit einer zackigen Kopfbewegung die Haare aus dem Gesicht, stieg auf das Rad und fuhr stolz davon, ohne uns einen Blick zu schenken.

Zu dieser Zeit wünschte ich mir einen Hund. Zum erstenmal. Bis zu diesem Augenblick hatte ich keine besondere Beziehung zu den Hunden. Plötzlich wollte ich unbedingt einen Irischen Setter, ich war von dem Hundegedanken besessen.

«Er hat völlig durchgedreht!» meinte ein Freund.

«Was sollen wir mit einem Hund anfangen?» fragte der andere.

Aber wir holten eine zauberhafte, erst sieben Wochen alte Setterhündin, die im Handumdrehen aus drei trockenen, im Tierumgang unerfahrenen Junggesellen drei sich an Zärtlichkeit überbietende Narren machte und sie in der Pfote hatte.

Ich mußte nicht mehr allein im Garten träumen, Hulda (sie kam aus der französischen Schweiz), Puscha genannt, träumte mit, als unerwartet ein prachtvoller Gordon-Setterrüde an dem Zwischenzaun auftauchte, aufgeregt die Luft einzog und die kleine Puscha, die neugierig zu ihm lief, freundlich bewedelte. Während die Hunde abwechselnd die Köpfe zwischen die Eisenstäbe klemmten, erschien sie in ihrem Garten und rief ihren (?!) Hund zurück. Sie murmelte irgendeine Entschuldigung.

«Aber das macht ja nichts, im Gegenteil... Das ist eine angenehme Überraschung... Ich glaube, Sie sollten mit Ihrem Hund zu uns herüberkommen, unser Garten ist nicht so gepflegt, hier können sie spielen...»

Sie lächelte, nahm ihren Hund am Kragen und kam zu uns.

Die Hunde drehten ausgelassen Pirouetten, jagten durch die Büsche und um unsere Beine, wälzten sich freudig auf dem Rasen, sprangen hoch, er warb um sie, mit stämmiger Brust, die Kleine führte sich kokett auf. Mir stieg das Blut in den Kopf, die Ohren sausten; ich sah wie durch einen Schleier nur ihre strahlenden Augen und ihr Lachen, trat verlegen von einem Fuß auf den anderen und tat so, als ob mich das Hundespiel fesselte.

Die Hunde warfen sich erschöpft und hechelnd vor unsere Füße.

«So, jetzt hast du dich genug ausgetobt», sagte sie zu ihrem Hund. Panik ergriff mich; nein, dachte ich, nur nicht sie schon fortgehen lassen.

«Ich wußte nicht, daß Sie einen Hund haben.»

«Er lebt auf dem Land.»

«Ach-ha... Wie heißt er denn?»

«Trim.»
«Ein schöner Kerl...»
«Und wie heißt Ihre Hündin?»
«Ich nenne sie Puscha.»
«Hübsch...» Und sie warf einen Blick auf die Uhr.
«Haben Sie es eilig?»
«Eigentlich nicht...»
Aber mir fiel nichts mehr ein, ich starrte sie stumm an; nimm dich doch zusammen, dachte ich, und rede, bevor sie anfängt zu gähnen. Aber ich war durch zwei einzige Gedanken blockiert: Sie ist wunderschön, und: Ich liebe sie. Das konnte ich unmöglich aussprechen, alles andere war entschwunden.
In diesem Augenblick erschien der ahnungslose Miksic, blieb überrascht stehen, lief rot an, kam auf sie zu, stellte sich formvollendet vor und küßte ihr die Hand:
«Welch eine Überraschung, gnädige Frau, was für eine Ehre!»
Er verwickelte sie gleich in ein lebhaftes Gespräch, überhäufte sie mit Komplimenten, sie lächelte etwas verlegen, er wurde immer wieder rot, und ich flüchtete zu den Hunden.
Ihr Hund ging schon am nächsten Tag aufs Land zurück.
Ich verlegte meinen Gartenstuhl in die Nähe des Zauns, den alten Platz hatte ich schon kahlgetreten. Außerdem war es vom neuen Platz aus leichter, Grüße und einige Sätze auszutauschen. Ich wagte nicht mehr, um das Haus zu rennen und sie mit Blicken zu begleiten; das war ja auch nicht mehr nötig, die kurzen Begegnungen am Zaun füllten meinen Alltag genügend aus.
Im Sommer fuhr sie zum erstenmal nach Salzburg. Dort hatte man für die Festspiele 1947 nach einer Zdenka gesucht, die Cebotari hatte sie wärmstens empfohlen: «Ich lege meine Hand ins Feuer für die Della Casa.» Daraufhin wurde sie verpflichtet. Ihr erster Schritt ins Ausland führte sie direkt nach Salzburg! Maria Reining sang die Arabella, Hans Hotter den Mandryka, Karl Böhm dirigierte. Sie kehrte mit einem Vertrag für die Wiener Oper nach Zürich zurück. Wir sassen in dem Garten, und sie erzählte uns gelassen davon.
«Wunderbar, gnädige Frau», ereiferte sich Miksic, «das ist ja großartig, der erste wichtige Schritt einer großen Weltkarriere, die Sie machen werden...»
«Ach was, hören Sie doch auf.»
Ich schwieg. Mit einem lachenden und einem weinenden Auge hörte ich zu. Natürlich war ich hocherfreut über ihre Erfolge, obwohl ich

In ARABELLA als Zdenka mit Maria Cebotari (Arabella), Zürich 1945

1

2

3

4

5

6

1 In Die Hochzeit des Figaro als Gräfin, Zürich 1950
2 In Bajazzo als Nedda, Wien 1947
3 In Porgy und Bess von Gershwin als Clara, Zürich 1947
4 In Die Schwarze Spinne von Willy Burkhard als Junge Frau, Zürich 1949
5 In Der Rosenkavalier als Sophie, Mailand 1951
6 In Der Rosenkavalier als Annina, Zürich 1943

genau wußte, daß mich vier Monate ihres Wiener Aufenthaltes der schönsten Augenblicke berauben würden.
Bevor sie nach Salzburg ging, hatte sie in Zürich ihre erste Sophie im «Rosenkavalier» unter Hans Knappertsbusch gesungen. Er erschien wie immer erst zu der letzten Orchesterprobe, sah sie zum erstenmal am Anfang des zweiten Aktes vom Pult aus und war schon von ihren ersten Tönen begeistert.
«Donnerwetter! Sehr schön... Das ist ein Evchen, das ist ein Evchen», rief er während der Rosenübergabe über die Schulter dem Studienleiter zu, aber für den Zuschauerraum hörbar. Vier Jahre später lud er sie als Eva nach Bayreuth ein. Bis zu seinem Tode verehrte sie den großen Mann inbrünstig.
Im Herbst 1947 entschwand sie und hinterließ an der Steinwiesstraße eine dumpfe Leere. Sie debütierte in Wien als Nedda und sang noch Mimi, Butterfly, Marie in der «Verkauften Braut», Gilda, Sophie.
Als sie nach Zürich zurückkam, mußte sie Miksic und mir genau erzählen, was und mit wem sie gesungen hatte. Sie wußte, was, aber sie erinnerte sich nie, mit wem.
«Es war aufregend und schön in Wien zu singen, fortwährend eine andere Partie, immer neue Partner, die ich manchmal erst während der Aufführung kennenlernte. Das Publikum ist verständig, kritisch, auch begeisterungsfähig. Nach der ersten Gilda, das heißt nach der Arie schon brach ein stürmischer Beifall aus; ich hatte am Schluß der Arie hinaufgetrillert, was offenbar in Wien nicht üblich ist, und ging auf dem hohen Ton trillernd von der Bühne weg. Ich wußte nicht, daß man sich nach der Arie verbeugen soll, ging also in die Garderobe und zog mich für den nächsten Auftritt um, als der Inspizient an der Tür klopfte, ‹Gnädige Frau, kommen Sie schnell, der Applaus hört nicht auf, bitte schnell›. Ich sagte, ich wäre schon umgezogen, aber er meinte, das sei unwichtig, ich müsse auf die Bühne zurück. Ich ging hinaus, und das Haus tobte...»
«Aber sicher nicht nur des hohen Trillers wegen?»
«Ich glaube schon, ich habe die Arie sicher nicht schöner gesungen als eine Cebotari zum Beispiel. Es lag wohl doch am Triller. Der Tenor sagte in der Pause: ‹Ihre Nerven möchte ich haben! Erstens trillern Sie hinauf, und dann laufen Sie noch trillernd die Stiegen hinauf.›»
«Wer war der Tenor?»
«Das weiß ich nicht mehr... Ich glaube Roswaenge, vielleicht war es auch Walter Ludwig, Patzak?»
Sie wußte auch nicht, wer den Rigoletto sang, nur: «Er schwitzte

übermäßig, als er sich in meiner Sterbeszene über mich beugte, tropften die Schweißperlen von seinem Gesicht auf mich.»
Gegen den Ruhm, den eigenen und auch der anderen, war sie immer schon immun. Berühmtsein und die Berühmtheiten bedeuteten ihr nichts, damals wie heute. Vor einem einfachen, klugen und ehrlichen Bauern kann sie tief bewegt stehen, der äußere Glanz berührt sie überhaupt nicht.
«Sie erinnern mich an den Maler Leibl, der einmal sagte: ‹Letzthin waren mehrere Bauern vor einem Bild und falteten unwillkürlich die Hände. Auf das Urteil der einfachen Bauern habe ich von je mehr gehalten als auf dasjenige der sogenannten Fachwelt!»
«Das hat er schön gesagt!» rief sie aus.
Im Winter konnte ich nicht mehr im Garten sitzen, aber ich führte die Hündin fortwährend aus, so daß sie mich gegen Abend flehentlich anschaute: «Schon wieder? Ich muß doch gar nicht!»
Aber ich mußte. Wir lebten weiterhin als höfliche Nachbarn, die Unterhaltungen wurden häufiger, länger, vielleicht auch herzlicher, aber sie blieben distanziert. Innerlich verbrannte ich, nach außen wirkte ich beherrscht, so glaubte ich wenigstens, obwohl ich das Gefühl bekam, daß ihr nichts entging. Nach jeder Begegnung dachte ich über jedes ihrer Worte, über jedes Lächeln, jede Geste nach und versuchte sie zu deuten, aber ich fand nichts Ermutigendes. Ich wartete, bis ein Wunder die Wendung brächte.
Der neue Frühling entführte sie wieder nach Wien. Ich beschloß nach Paris zu fahren, Zürich ohne sie wurde immer unerträglicher, und meine Doktorarbeit befaßte sich mit Delacroix. Der Zufall wollte, daß meine langjährige Freundin, an die ich mich seit Jahren trotz der trennenden Kriegsereignisse gebunden fühlte, ohne eigenes Verschulden am Rande in eine Goldschmuggelaffäre verwickelt wurde und über Nacht aus Paris spurlos verschwand. Trotz der Sorge um ihr Schicksal atmete ich auf; ich hatte ihr sagen wollen, daß ich nun eine andere Frau über alles liebte, wenn auch nur platonisch durch den Zaun. Die Wahrscheinlichkeit, daß sie mir ins Gesicht lachen könnte, war unangenehm gewesen. Ich blieb in Paris, aber in Gedanken lebte ich in Wien und zählte die Tage.
«Du, ich fahre morgen nach Zürich», sagte ich zu einem Freund, «die Della Casa kommt aus Wien zurück.»
«Ja und? Was hast du davon, ob sie in Wien, Zürich oder Thungusien ist», antwortete er.
Er hat recht, dachte ich; aber ich fuhr nach Zürich.

Zwei Tage nach meiner Rückkehr sah ich sie mit einer Kollegin und Miksic an der Ecke unserer Straße stehen. Ich wollte umdrehen, meine Augen waren durch den Durchzug der Pariser Untergrundbahn feuerrot und halb verklebt, obendrein hatte ich mir die Hälfte vom Eckzahn am Pariser Brot ausgebissen, aber man winkte mich herbei. Sie waren heiter gestimmt: «Hier kommt der verlorene Sohn!» – «Der erschöpfte Heimkehrer!» – «Kein Wunder, das Pariser Nachtleben soll anstrengend sein.»

«Dummes Zeug, ich habe nur gearbeitet. Wie ist es Ihnen, Frau Della Casa, in Wien gegangen?»

«Danke, Herr Debeljevic, ausgezeichnet.»

Woher kannte sie nun plötzlich meinen Namen? Ich sagte verlegen: «Ich bitte um Nachsicht, daß ich mich bis heute nicht selbst vorgestellt habe, aber bei diesem Namen ist es einfacher, wenn ich namenlos bleibe.»

«Sie sagen es», lachte sie. «Ich mußte das Telegramm wiederholt lesen, um mir den Namen zu merken.»

«Das Telegramm?»

Miksic gab mir ein verstohlenes Zeichen und erzählte mir später, daß er ihr gute Wünsche nach Wien telegraphiert und meinen Namen mitdaruntergesetzt habe.

Um diese Zeit tauchten Gerüchte über ihre unharmonische Ehe auf, man sprach sogar von Scheidung. Tatsächlich schienen Trübungen aufzutauchen. Ihr Mann mußte seinen Familienbetrieb in der Nähe von Bern führen, sie lebte in Zürich, neuerdings auch in Wien. Seine sonst regelmäßigen Wochenendbesuche, die ich genau verfolgte, wurden immer seltener.

Dieses Gerede und meine Beobachtungen trieben mich von der Linie der vorgenommenen Zurückhaltung ab. Ich glaubte plötzlich in ihren Augen, wenn sie mich in Gesprächen zu dritt, zu viert – allein waren wir nie – anschaute, einen ermutigenden Schimmer zu entdecken. Das tat wohl. Aber ich wagte keine überstürzten Handlungen, wollte nicht erobern, ich liebte. So sehr, so ernst, daß ich zuerst Klarheit in mein ungeordnetes Junggesellenleben bringen mußte. Meinem Wesen nach war ich ein «one woman dog».

Kleine Hinterlisten sind trotzdem erlaubt. Wenn ich wußte, daß sie zu Hause war, fragte ich Miksic: «Was glauben Sie, Doktore, ist sie wohl jetzt da?»

«Das läßt sich ohne weiteres feststellen», antwortete er und ging zum Telefon. Nach der üblichen Begrüßung fing das eigentliche Spiel an.

«Doktore, fragen Sie sie bitte, ob...», oder «Sagen Sie ihr bitte...», Miksic leitete meine Fragen weiter, sie antwortete, was mich zu täglichen Anrufen dieser Art ermutigte, für die Miksic immer freudig bereit war. Er und sie schienen das Spiel längst durchschaut zu haben, aber beide machten mit; sie wunderte sich nicht, er stellte keine Fragen. Am 6. Juni 1948 sah ich um Mitternacht das Licht in ihrer Wohnung. Ich war allein zu Hause, saß in drückender Stille mit der Hündin zu meinen Füßen und starrte unablässig auf das Telefon. Einige Male hatte ich schon den Hörer in der Hand und legte ihn immer wieder auf. Dann faßte ich Mut, wählte 24 24 36 und entschuldigte mich umständlich für den so späten Anruf.
Ihre Antwort verriet nicht die leiseste Verwunderung, daß sie nun meine und nicht die Stimme von Miksic hörte.
Nach ungefähr einer Stunde Geplauder überraschte ich sie und mich selbst:
«Könnten wir eigentlich nicht einen Spaziergang machen und diese Unterhaltung in der wunderschönen Sommernacht fortsetzen?»
Sie antwortete ruhig:
«Warum nicht? In einer Viertelstunde bin ich unten mit Ihnen», variierte sie Hofmannsthal.
Meine Hündin schlief fest, ich schlich auf Zehenspitzen aus dem Zimmer und ging in der lauen Nacht unruhig vor ihrem Hause auf und ab, bis sie vor mir stand, strahlend schön.
«Hier bin ich. Wohin führt der Weg?» fragte sie.
Wir wanderten durch die duftenden Parkanlagen und Wälder des Zürichberges, bis es heller Tag wurde. Das war die schönste Juninacht meines Lebens.
Auf dem Rückweg hielten wir uns an den Händen.
«Ich glaube, früher oder später hätte es zu diesem Augenblick kommen müssen...» sagte ich.
«Ja, dummer Bübsch, *früher* oder später», lachte sie.
«Was haben Sie eigentlich all die Zeit von mir gedacht?»
«Oh, zuerst dachte ich, ein eingebildeter, arroganter Kerl.»
«Komisch, mit denselben Worten hat mich meine erste Liebe verabschiedet.»
«Für einen Abschied schlimm genug. Für einen Anfang aber... Ich weiß nicht... Außerdem sind Sie in Wirklichkeit eher scheu...»
«Sagten Sie Anfang? Dieses Wort kann für Sie verhängnisvoll werden, ich bin allzu bereit, es wörtlich zu nehmen!»
«Philosophier Er nicht...»

Am gleichen Morgen fuhr sie nach Burgdorf, ihrer Mutter ging es nicht gut. Am Abend rief sie an.
«Ich wollte nur sagen, daß ich morgen mit dem Zug um halb zwölf komme. Gute Nacht, Moje!»
«Sagten Sie soeben Moje?»
«Ja, warum?»
«Nichts, nichts, ich sag's dir, hm, Entschuldigung, Ihnen morgen...»
«Gute Nacht, Moje!» sagte ich.
«Halt, Moje ist meine Erfindung. Und schlaf gut – keine Entschuldigung – schlaf gut, Moje...»
Ich schlief überhaupt nicht.
Am nächsten Tag holte ich sie an der Bahn ab.
«Grüß dich, Moje-Bübsch.»
«Wieso nennst du mich Moje?»
«Einfach weil's mir gefällt. Dir nicht?»
«Doch. Wußtest du, daß Moje ein serbisches Wort ist?»
«Nein, ist das wahr?»
«Moje bedeutet ‹mein› oder ‹das Meine›. Ist das nicht sonderbar?»
«Siehst du, siehst du?»
Wir setzten unsere nächtlichen Spaziergänge fort, und sie sprach von ihrer besten Freundin Melina, der sie mich unbedingt vorstellen wolle. Sie entwarf das Bild einer jungen, vornehmen, klugen, außergewöhnlichen Frau.
Dieses Bild stimmte. Melina war wirklich eine außergewöhnliche Frau, Dichterin, Übersetzerin, kultiviert und menschlich. Ihre prüfenden blauen Augen, ihre Gedanken, ihre Art Fragen zu stellen und zu antworten, die Gabe, das Wesentliche im Gespräch herauszugreifen, die absolute Beherrschung der Gesellschaftsregeln, die Treffsicherheit ihres Urteils, und diese formvollendete Sprache! Nein, das war zuviel des Guten auf einmal.
Es war auch das erste Mal in meinem Leben, daß sich ein Mensch dieses Formats mit mir abgab und ernsthaft versuchte, in mich einzudringen. Ich schwankte zwischen beklommener Bewunderung und einem noch beklemmenderen Unbehagen. Ich preßte die Hände zwischen die Knie, starrte auf meinen Teller, am liebsten wäre ich unter den Tisch gekrochen; ich fühlte mich nicht erwachsen.
Nachdem sich Melina verabschiedet hatte, schwieg ich beeindruckt und nachdenklich. Diese Frau sagte kein Wort zuviel, aber was sie sagte, und vor allem wie sie es sagte, hatte das richtige Gewicht und war geradezu druckreif.

«Du, Moje» – wir nannten uns gegenseitig so – «deine Melina ist umwerfend. Bei uns sagt man: Zeig mir deine Freunde, damit ich weiß, wer du bist. Ich bin noch ganz verwirrt... Ich habe das Gefühl, ich passe nicht zu euch, ja, ich verdiene euch nicht. Es wurde mir im Laufe des Gesprächs immer klarer, daß ich durch meine Herkunft, Erziehung, Bildung, überhaupt durch mein ganzes Wesen auf der anderen Seite des Grabens stehe.»
«Red' Er nicht zu viel und so wirr... Es war übrigens süß, wie du wie ein ‹verlegener Bub in der Mitten› gesessen bist...»
«Süß sagst du? Ich war niedergeschlagen, verzweifelt, als ich merkte, wie sich dieser Graben zwischen eurer und meiner Welt öffnete... Ich kann euch nichts bieten, ich bin ein verklemmter, ungebildeter Balkanese, das hat Melina auf den ersten Blick entdeckt. Was geschieht, wenn sie zu dir sagt: Lisa, dieser Mann ist unmöglich?»
«Aber Moje, du redest wirklich Unsinn. Warum sollte sie dich unmöglich finden? Bildung und Erziehung machen auf sie keinen Eindruck, sie sieht auf den Grund der Seele und erfaßt gleich das Wertvolle im Menschen. An der Fassade liegt ihr nichts. Du kennst sie noch nicht, sie ist wirklich ein hilfsbereiter, bedeutender Mensch.»
Kurz darauf erzählte sie mir von ihrem Gespräch mit Melina.
«Sie sagte mir, sie sei glücklich, daß es dich in meinem Leben gäbe. Du scheinst ihr der Richtige für mich zu sein, ich sagte ihr, auch ich sei glücklich und denke ununterbrochen an Arabellas Worte: Aber der Richtige, wenn's einen gibt für mich auf dieser Welt, der wird einmal da stehn, da vor mir...»
Mir war sonderbar zumute, als ob ich plötzlich Flügel hätte. Melina stand also an meiner Seite. Ich hatte Glück, sie hegte starke Zuneigung zu den Slawen im allgemeinen, zu den Serben im besonderen, nahm sich heroisch meiner an und arbeitete mit mir. Ihre Gabe, das Verkümmerte im Menschen zu entwickeln, die von ihm nicht erahnten Kräfte zu wecken und ihm Selbstsicherheit zu geben, war unermeßlich. Sie räumte Hindernisse unauffällig aus dem Wege, bevor man über sie stolperte, ließ aber ihren Schützling im Glauben, er selbst habe eine Hürde genommen. Sie breitete ihre Weisheit und ihre Liebe über uns aus.

Unser Glück wurde durch ihr Salzburger Engagement getrübt. Sie sang in diesem Sommer 1948 die Marzelline in «Fidelio» unter Wilhelm Furtwängler, was eigentlich ein Grund zum Jubeln gewesen wäre, wenn wir uns nicht hätten trennen müssen.

Furtwängler entdeckte in dieser begabten Marzelline auch eine bildschöne Frau; sein Interesse war groß, ihre Ehrfurcht vor dem großen Mann noch größer, sie zog sich scheu in ihr Schneckenhaus zurück. Wenn dies auch nicht die letzte Begegnung mit ihm war, so verlief die erste Zusammenarbeit doch ohne bedeutenden Einfluß auf ihre weitere Laufbahn. Es lag ihr fern, Zuneigung zu mißbrauchen und sie für ihre Karriere auszuwerten; Berechnung und Raffinement kannte sie nicht.

Jahre danach lasen wir kopfschüttelnd, wie Furtwängler in ihrem Liederabend zu Tränen ergriffen gesessen oder wie er sie hingebungsvoll am Flügel begleitet habe. Wäre dies nur wahr gewesen! Ich sah Furtwängler nie in ihren Liederabenden, nicht trockenen und auch nicht feuchten Auges. Das waren Erfindungen der auf Publicity bedachten Plattengesellschaft. Im Sommer 1950 in Salzburg mußte sie allerdings auf seinen Wunsch für die damals berühmte, wutentbrannt aus Salzburg abgereiste Ljuba Welitsch die Erste Dame in der «Zauberflöte» übernehmen. Nicht von heute auf morgen, sondern vom Mittag auf den Abend. In viereinhalb Stunden erlernte sie diese Partie mit dem Studienleiter Heinrich Schmidt und sang abends fehlerfrei die öffentliche Generalprobe.

Im Sommer 1948 konnte ich ihre Rückkehr aus Salzburg kaum erwarten.

«Moje, ich bin so froh, daß ich wieder zu Hause bin», sagte sie.

«Ich bin auch glücklich. Ich habe die Rundfunkübertragung gehört, ich fand dich ausgezeichnet. Und die Kritiken sind gut, es war also ein schöner Erfolg.»

«Aber Moje, es war ja nur die Marzelline...»

«Ja, immerhin unter Furtwängler und in Salzburg!»

«Ach was. Dein Furtwängler hatte für mich nur Augen und keine Ohren. Das ist nicht sehr schmeichelhaft für eine Sängerin. Ich wäre glücklicher gewesen, er hätte mich, so wie Knappertsbusch oder Böhm, als Sängerin, nicht als Frau entdeckt. Ich fand es peinlich.»

«Du bist ein braves, ernstes Mädchen...»

«Spotten Sie nicht, Dragan», warf Melina lächelnd ein. «Das ist die beste Basis für den künstlerischen Weg. Lisa hat ganz recht, eine Künstlerin soll nicht einen öffentlichen Parkplatz aus sich machen.»

Anfänglich begriff ich nicht, was Melina von mir erwartete und für uns wünschte. Ich argumentierte blindlings. Melina blieb geduldig und griff bei nächster Gelegenheit das durch meine Sprunghaftigkeit zerfetzte Gespräch in aller Ruhe wieder auf; es wurde mir allmählich klar, daß das, was ich für logisches Denken hielt, nur Argumentiersucht war. Der Unterschied zwischen Gespräch und Gerede wurde mir bewußt.

Das Schicksal war gnädig: Ich liebte einen warmherzigen, sanften Engel und wurde von ihm geliebt; über unserem Glück wachte Melina wie ein Schutzengel.

Der Herbst 1948 verlief nicht ohne Trübungen. Die Wiener Gastspiele brachten wieder eine Trennung. Ihre Mutter lag schwer krank im Spital, und ihr Scheidungstermin war festgesetzt. Die Sorgen standen ihr im Gesicht geschrieben, als ich sie bei ihrer Rückkehr am Bahnhof abholte.

Nach einer «Bohème» in Zürich weckte mich das Telefon aus dem ersten Schlaf, und ich hörte ihre ruhige Stimme:

«Moje, die Müe (so nannte sie ihre Mutter) lebt nicht mehr.»

Ich wußte, wie sehr sie ihre Mutter liebte, und wie es ihr in diesem Augenblick zumute war. Aber ich kannte sie noch nicht ganz: Sie suchte keine Hilfe und hatte eine unheimliche Kraft, Schicksalsschläge allein zu tragen, still und gefaßt. Sie zeigte ihren Schmerz nicht, nur ihre hellen Augen verfärbten sich dunkel; an der Augenfarbe konnte ich später im Leben ihren seelischen Zustand immer erkennen.

Vom Krematorium aus fuhr sie nach Zürich zurück, ging direkt auf die Bühne und sang wieder die Mimi. Eine übermenschliche Tat, die sich noch mehrmals auf dieselbe und ähnliche Weise wiederholte. Sie war eine Mimose und eine wuchtige Eiche zugleich, meine Bewunderung und Liebe wuchsen ins Grenzenlose.

Kurz nach dem Tode ihrer Mutter fand die sie sehr bedrückende Scheidung statt. Sie blickte uns tagelang mit ihren großen, dunklen Augen an; ich wartete geduldig, daß sie wieder hell und strahlend würden, und die ordnungsliebende Melina, die klare Verhältnisse für uns wünschte, sagte immer wieder, daß diese Scheidung ein wichtiger Schritt auf unserm Weg sei.

Melina war der Meinung, ich vergeudete die Zeit an der Universität, und riet mir, Kurzgeschichten aus dem Russischen und Serbischen zu übersetzen.

«Daß ich selbst nicht darauf gekommen bin! Das mache ich sozusagen aus dem Handgelenk.»

Ich rang verzweifelt mit der «Briefmarkensammlung» von Karel Čapek, die ich allerdings nicht aus dem Tschechischen, sondern von einer serbischen Übersetzung ins Deutsche übertragen sollte.

«Sooo, sooo, Ihr Handgelenk scheint ein wenig steif zu sein», sagte Melina freundlich ironisch und säuberte meinen von Fehlern übersäten Text, der auch stilistisch schwerfällig und zackig war; unter ihren geübten Federstrichen verwandelte sich meine lahme Übersetzung in eine fließende Erzählung.
«So, das schicken Sie jetzt an die Zeitung.»
«Aber doch nicht unter meinem Namen, das ist Ihr Werk», wehrte ich mich.
«Ach was. Alles muß gelernt werden, sogar wie man ein Handgelenk leicht bewegt, nicht wahr? Sie werden weiterüben und meine Hilfe immer weniger brauchen.»
Bevor sie sich in ihr Chalet nach Klosters zurückzog, wo sie sich einer unserer Freundinnen, die unerwartet erkrankt war, aufopfernd widmete, verschaffte sie mir bei einer Zeitung die Möglichkeit, Kritiken zu schreiben.
«Moje», sagte ich halb verzweifelt, halb begeistert, «ich fürchte, Melina und du erwarten zuviel von mir. Es kommt plötzlich zuviel über mich.»
«Es gibt nichts, was zuviel ist. Man kann alles, wenn man richtig will... Ich habe eine Neuigkeit für dich: Ich ziehe um... Keine Panik. Ich kann eine größere Wohnung hier an der Ecke mieten, wir können einziehen, bevor ich wieder nach Wien fahre.»
«Wir?»
«Ja, wir. Du wirst deine Junggesellenbude halt aufgeben und den Hund mitnehmen.»
Wir zogen in Eile um, die Wohnung lag im dritten Stock, aber im siebten Himmel. Und dann fuhr sie wieder nach Wien und ich mit Freunden nach Arosa. Dort erreichte mich gegen Ende des Aufenthalts überraschend eine für meine Begriffe beträchtliche Geldsendung; es war das Honorar für die übersetzte «Briefmarkensammlung».
Zum Empfang nach ihrer Rückkehr aus Wien verwandelte ich unsere Wohnung in einen japanischen Blütengarten, der ihr beim Betreten der Räume den Atem verschlug.
«Aber Moje! So viele Blumen...»
«Betrachte sie als eine Briefmarkensammlung.»
«Ein Verschwender! Es ist rührend, aber du solltest von deinem erstverdienten Geld lieber...»
«Psst, kein Wort mehr darüber.»
Wir schwelgten im Glück. In Wien hatte sie über Nacht für die unrettbar erkrankte Cebotari zwei neue Partien übernehmen müssen,

die Laura im «Bettelstudent» und die Frau Fluth in Nikolais «Lustigen Weibern».
Sie holte mich täglich vom Rudertraining ab, wir schlenderten durch die winkligen Gassen der alten Limmatstadt, oder, wenn Melina in Zürich war, eilten wir nach Hause, um bis tief in die Nacht zu reden.
Eines Tages blieb sie auf der Quai-Brücke stehen, betrachtete nachdenklich die schneebedeckten Alpengipfel, die im abendlichen Licht rosa schimmerten, und fragte, ohne mich anzuschauen:
«Glaubst du, daß ich meine Staatsangehörigkeit verliere, wenn wir heiraten würden?»
Am liebsten hätte ich sie in meinen Armen nach Hause getragen. Statt dessen sagte ich trocken: «Ich habe keine Ahnung.»
Vom Gefühl aus gab es nichts, was ich lieber getan hätte, aber die Ungewißheit meiner Lage bedrückte mich; sie war auch keine Basis für eine Ehe.
Ihren Wunsch, mich ihrem Vater vorzustellen, schlug ich ihr immer wieder aus.
«Schone deinen alten Herrn vor solchen Überraschungen, das könnte ihm den Schock seines Lebens geben.»
«Du kennst ihn halt immer noch nicht, sonst würdest du nicht einen solchen Unsinn reden.»
Im Juni 1949 sang sie in Zürich bei den Festwochen wieder die Sophie unter Knappertsbusch. Ihr Vater kam in diese Vorstellung, und Melina sollte mich nach der Aufführung mit ihm zusammenbringen. Er wußte noch nichts von meiner Existenz, Melina war die Richtige, ihn für diese Überraschung vorzubereiten. Ich wartete, wie besprochen, nachher vor dem Bühneneingang. Vater Deli und Melina kamen langsam, in angeregter Unterhaltung daher und gingen dicht an meinem Atem vorbei, ohne mich zu sehen. Ich schlich nach Hause.
«Moje, wo warst du eigentlich?»
«Dein Vater und Melina gingen an mir vorbei, trafen irgendwelche Bekannte vor der Tür und gingen mit ihnen ins Haus zu dir.»
«Das waren die Freunde, mit denen er nach Hause gefahren ist. Aber warum hast du nicht gewartet?»
«Vielleicht ist es besser so. Wir machen es halt ein anderes Mal, es eilt ja nicht.»
Ihr Vater fuhr mit den Freunden nach Hause. Während der Fahrt sagte er plötzlich:
«Lisa ist auf dem besten Weg, eine Karriere zu machen, sie braucht mich nicht mehr, in vierzehn Tagen bin ich nicht mehr da...»

Kurz nach dem «Rosenkavalier» legte er sich zu Bett, litt unter Atemnot und konnte tagelang nicht mehr schlafen. Die Tochter eilte nach Burgdorf und fand ihn schon sehr geschwächt vor.
«Verzeih mir, Stusle, aber ich mag nicht mehr...»
«Aber Päpser, was soll das. Ich brauche dich noch... Du hast mir das Fischen noch nicht beigebracht...»
«Nein, es ist vorbei, du brauchst mich nicht mehr, Müe ist weg, ihr seid jetzt erwachsen, Frano und du. Das Leben war schön...»
Das waren die letzten Worte, die sie von ihrem Vater hörte. Am drauffolgenden Morgen, in der Generalprobe für die Festspielaufführung von Othmar Schoecks «Erwin und Elmire», wühlte Goethes elegischer Text sie auf, sie verlor zum erstenmal die Fassung und verließ in einer Arie tränenwürgend die Bühne; fünf Minuten später sang sie weiter.
Vor Beginn der Premiere erreichte mich die Nachricht von seinem Tode. Nach dem letzten Vorhang sprach ich mit ihr. Sie nahm es gefaßt auf, schminkte sich langsam und nachdenklich ab und sagte fast unhörbar:
«Am Tag der ‹Soläte›...»
Burgdorf feierte jedes Jahr am letzten Juni-Montag die traditionelle Solennität, ein Fest der Jugend mit Kinderumzügen. An diesem Tag führte Vater Deli jahrzehntelang die Theaterstücke mit Gymnasiasten auf.
Dieser Mann lebte über siebzig Jahre wie er wollte, und er starb, wann er wollte!
Wieder ging die Tochter vom Krematorium aus direkt auf die Bühne; sie handelte in seinem Geist und Sinn, er wünschte nach seinem Tode kein häßliches schwarzes Trauern. Am liebsten hätte sie sich in Weiß für ihn gekleidet.
Ende Juli 1949 fuhr sie mit Melina nach Burgdorf zu ihrem Bruder, das Haus der Eltern sollte aufgelöst, die Erbschaft geordnet werden. Sie wollte mich bei dieser Gelegenheit mit Frano bekanntmachen, ich kam also nach.
Auf der Fahrt nach Burgdorf ging ich in den Speisewagen, in dem nur ein älterer Herr saß. Die feine Kopfform und die edlen Züge fielen mir auf; das Gesicht kam mir bekannt vor.
Schuricht? Nein, dachte ich, das kann nicht sein; ich hatte am vergangenen Abend ein Konzert aus Turin am Radio unter seiner Leitung gehört. Plötzlich erkannte ich sicher die Bewegungen seiner sensiblen Hände, faßte Mut und trat an seinen Tisch.

«Verzeihen Sie bitte die Störung. Sie sind doch Professor Schuricht?»
«Ja.»
«Ich war zuerst nicht ganz sicher, denn ich hörte gestern Abend die Übertragung Ihres Konzertes aus Turin. Das Publikum hatte allen Grund so zu jubeln, die ‹Zweite› von Beethoven...»
«Nehmen Sie doch Platz. So. Das Konzert hat Ihnen also gefallen, das freut mich.»
«Oh, nicht nur dieses Konzert, Herr Professor. Ich zähle mich zu Ihren dankbaren Verehrern. Ich glaube, Ihre Erste und Dritte von Brahms und die Zweite, Vierte und Achte von Beethoven sind nicht zu überbieten...»
«Interessant. Sind Sie Musiker?»
«Ein Pseudomusiker.»
«Was sind Sie denn von Beruf?»
Ich erzählte ihm in kurzen Zügen meinen Lebenslauf.
«Wohin fahren Sie denn jetzt?»
«Nach Burgdorf.»
«Burgdorf?»
«Jaa...»
«Aha... Ist sie hübsch?»
«Ja, Herr Professor. Nicht nur schön und liebenswert, sondern auch eine junge Künstlerin.»
«Instrumentalistin?»
«Sängerin.»
«Begabt? Bekannt?»
«Vielleicht kennen Sie sie, Lisa Della Casa.»
«Natürlich, ich habe sie, glaube ich, in Salzburg gehört.»
Er sprach dann mit Begeisterung von der englischen Altistin Kathleen Ferrier, er liebte diese Stimme und lobte ihren Ernst, ihre Intelligenz und Musikalität.
«Ich wünsche auch Ihrer schönen jungen Freundin einen solchen künstlerischen Weg...»
Jahre danach hatte sie in Wien eine Plattenaufnahme von Brahms' Requiem unter seiner Leitung. Nach der ersten Probe führte sie mich zu ihm.
«Herr Professor, ich möchte Ihnen meinen Mann vorstellen.»
«Das ist doch mein junger Freund aus dem Speisewagen! Das freut mich.»
Er wandte sich meiner Frau zu:
«Ihr Mann hat nicht nur musikalisch einen feinen Geschmack...»

Dann zu mir:
«Erinnern Sie sich noch an meinen Wunsch beim Abschied?»
«Die Ferrier?»
«Ja. Er scheint in Erfüllung zu gehen... Bravo!»
Bevor er starb, trafen wir uns noch in New York, und in Paris sang sie in einer unvergeßlichen «Neunten» unter ihm.
In Burgdorf empfingen mich Frano und seine Frau Hanni gastfreundlich, höflich und prüfend. Melina steuerte geschickt die Gespräche, der junge italienische Bildhauer Pelati, der den kunstvollen Grabstein für die Eltern anfertigte und an den Reliefs im Inneren des Hauses arbeitete, trug südländische Lebhaftigkeit bei.
Die Nacht verbrachten wir im verlassenen elterlichen Hause. Als ich durch die Räume ging, konnte ich mich in die Gefühle religiöser Menschen versetzen. Ich schritt pietätvoll von einem Zimmer ins andere und versuchte mir die Atmosphäre so vorzustellen, wie sie zu Lebzeiten der Eltern gewesen war.
Am nächsten Tag fuhren wir mit Melina auf ihr Schloß, wo wir einen Monat blieben und uns auf die erste gemeinsame Reise ins Ausland vorbereiteten. Lisa sang an der Pariser Oper die Sophie im «Rosenkavalier» in einer für mich aufregend illustren Gesellschaft: Risé Stevens, ein Star von der New Yorker «Met» war der Octavian, der berühmte, schon etwas betagte Emmanuel List sang den Ochs, die Reining war die Marschallin, Kahmann der Faninal. Die Aufführungen waren von hoher künstlerischer Qualität, die Presse ausgezeichnet. Wir fühlten uns wie in den Flitterwochen. Paris war mir noch nie so traumhaft schön erschienen. Glückseligkeit stand in unseren Gesichtern geschrieben, man schmunzelte wohlwollend über uns, die Stevens und ihr Mann waren liebenswürdig, List nickte uns väterlich zu, die Reining war voller Charme und Wärme.
Vor der zweiten Vorstellung wurde das Publikum ersucht, sich von den Plätzen zu erheben und mit einer Schweigeminute des großen Richard Strauss zu gedenken, der am Vorabend gestorben war.
Frano und Hanni kamen auch nach Paris, eine Geste für die Schwester, die er im Laufe ihrer dreißigjährigen Tätigkeit unzählige Male wiederholte; er und seine Frau reisten nach Amerika, England, Italien, Wien, Salzburg, München, Bayreuth, um dort zu sein, wo sie sang.
Von Paris aus fuhren wir nach Genf, wo sie die Pamina in der «Zauberflöte» unter Karl Böhm sang und mit der g-moll Arie die zurückhaltenden Genfer aus der Ruhe brachte; sie trampelten minutenlang, und ich schwelgte in den herabprasselnden Bravo-Rufen.

Ich weigerte mich, Karl Böhm und seiner Frau vorgestellt zu werden: «Du kannst mich einem Böhm nicht einfach als deinen Freund vorstellen.»
Nach Genf trennten sich unsere Wege, sie fuhr nach Wien, wohin ich sie als Staatenloser unmöglich begleiten konnte, ich wartete ihre Rückkehr bei Melina ab. Tagsüber las ich, schlug mich mit meiner Dissertation herum, übersetzte, abends saßen wir am Kaminfeuer. An einem dieser schönen Abende nahm das Gespräch eine unerwartete Wendung.
«Dragan, Sie sollten jetzt heiraten, glaube ich.»
«Aber Melina! Ich weiß nicht, wie lange ich noch in der Schweiz geduldet werde, vermutlich solange ich studiere, aber sobald ich die Doktorarbeit abgebe...»
«Ach, Dragan, wozu brauchen Sie den Doktortitel? Dadurch werden Sie auch nicht gescheiter. Sie sollten jetzt einfach nur für Lisa leben; sie ist ohnehin die Stärkere, aber sie braucht Sie dauernd um sich.»
Das war mir klar. Trotzdem schien mir eine Heirat absurd.
«Melina, stört es Sie denn nicht, wenn ich in die Ehe außer meiner Hündin nichts mitzubringen habe?»
«Aber Sie können durch Ihre Liebe und Hilfe doch viel mehr für Lisa sein als mit dem Dr. phil. und einem kleinen Gehalt!»
«Wollen Sie nicht lieber zuerst mit Lisa darüber reden? Vielleicht hält sie einen solchen Gedanken für unmöglich?»
«Lisa denkt darüber sicher anders als Sie. Sobald sie zurückkommt, können wir ja zu dritt darüber sprechen.»
Als sie zurückkam und klagte, sie hätte sich zu einsam gefühlt, nickte Melina.
«Lisa, Ihr solltet heiraten. Sie werden eine große Karriere machen, dazu gehört auch ein geordnetes Leben. Das hat mit ‹den Leuten› nichts zu tun, aber Sie brauchen unbedingt klare Ordnung in Ihrem Leben.»
«Moje, was sagst du denn dazu?»
Ich schwieg.
«Lisa», sagte Melina lachend, «jetzt müssen wir ihm helfen, er glaubt, er brauchte unbedingt eine Mitgift.»
Wir lachten und fuhren nach Zürich.
Auf unserer Etage lebte ein trunk- und streitsüchtiger Nachbar. Abend für Abend brachte ihn seine Frau mit dem Taxi nach Hause. Auf seinem schwankenden Weg die Treppe hinauf blieb er vor jeder stillen Wohnung stehen und pöbelte: «Was paßt dir nicht? Was? Komm nur heraus, ich werd's dir schon zeigen...»

Eines Abends hörte ich ihn vor unserer Tür. «Komm nur heraus, was glaubst du, wer du bist, Kaiser von China? Daß ich nicht lache... Ein ‹chaibe Usländer›... Ins Gefängnis gehörst du... Pfui... Lebst im Konkubinat!»
Erst lachte ich, aber das Wort Konkubinat stach mich ins Herz, es klang schmutzig, entwürdigend und – es stimmte!
«Moje, hast du das gehört? Er sieht nicht, daß wir uns lieben, nur, daß wir im ‹Konkubinat› leben. Und er hat ja recht! So sehen uns wahrscheinlich alle. Melina hat recht. Laß uns bitte sofort heiraten!»
Ich bekomme heute noch beim Wort «Konkubinat» eine Gänsehaut. Aber schon die ersten Schritte zur Legalisierung unseres Lebens brachten Schwierigkeiten. Mein Heimat- und Taufschein mußte übersetzt werden. Das Dokument war in zyrillischer Schrift, und ich, als ein bereits geübter Übersetzer, verfaßte freudig den kurzen deutschen Text. Leider galt eine notarielle Beglaubigung als unzureichend, das Gesetz verlangte eine Bestätigung durch das jugoslawische Konsulat. Ich bemühte mich vergeblich, der Fremdenpolizei die Sinnlosigkeit einer solchen Vorschrift zu erklären.
«Können Sie mir sagen, wie ich ein kommunistisches Konsulat dazu bewegen kann, mir behilflich zu sein? Ich habe doch die Staatsangehörigkeit freiwillig aufgegeben!»
«Irrtum, Sie sind nicht staatenlos. Sie sind ein schriftenloser Jugoslawe. Wir können Sie als staatenlos erst anerkennen, wenn Sie eine offizielle Entlassung durch den jugoslawischen Staat vorweisen können. Sie müssen einfach ein Gesuch in Belgrad einreichen!»
Mir schien das gar nicht so einfach. Aber ich erhielt auf Umwegen die Beglaubigung des Konsulats und warf die Papiere zufrieden auf den Schalter der Fremdenpolizei.
«Das ist leider noch nicht alles», sagte der Beamte. «Sie müssen jetzt entweder eine ‹Ehekaution› von 4000 Franken hinterlegen oder das Auswanderungsvisum für Sie und Ihre Braut vorweisen!»
«Aber die ‹Braut› ist doch eine Schweizer Sängerin, an das Zürcher Opernhaus vertraglich gebunden, wie stellen Sie sich eine Auswanderung überhaupt vor?»
Er zuckte mit den Schultern:
«Vorschrift!»
Ich ging verzweifelt nach Hause.
«Wir können erst heiraten, wenn wir entweder eine Ehekaution von 4000 Franken hinterlegen oder ein gemeinsames Auswanderungsvisum vorweisen! Was sagst du dazu?»

«Unglaublich. Dann gehen wir eben sofort auf die Bank, und du bringst gleich das Geld hin.»
«Das fängt schön an. Ich bin ein teurer Bräutigam!»
«Er hat Sie eher zu niedrig eingeschätzt, Dragan», bemerkte Melina.
Ich brachte die sogenannte Ehekaution zur Fremdenpolizei.
«Pressiert es so?»
«?!»
«Das geht aber schnell...»
«Wenn ich Sie richtig verstanden habe – Sie irren sich: Es eilt keineswegs. Aber wir möchten einfach so bald wie möglich heiraten.»
Wir teilten Frano, der im Militärdienst war, unseren Entschluß mit. Auch fuhren wir anschließend nach Bern zu Tante Elsa, der einzigen Schwester des Vaters. Ich begrüßte die Tante mit einem Handkuß und gewann damit ihr Herz und ihren Segen.
An einem trüben 5. Dezember 1949 gingen wir mit Melina und Pop als Trauzeugen ins Stadthaus, zwischen zwei Bühnenproben. Nach der Trauung verabschiedete sich meine Frau vom Zivilstandsbeamten mit einem freundlichen «Auf Wiedersehen!», worauf Pop lächelte: «Hoffentlich nicht!»
«Ich bin so glücklich!» sagte meine Frau.
«Ich auch, Frau *Debeljevic*», antwortete ich.
«O Gott, *daran* habe ich noch gar nicht gedacht.»
«Das ist auch gar nicht notwendig, nicht wahr, *Herr* Della Casa», warf Pop ein.
«So wird's wohl sein», antwortete ich lachend. So wurde es auch. Außer dem zungenbrecherischen Namen brachte ich noch meine ganze Liebe, Wahrheitsfanatismus, einen ausgeprägten Gerechtigkeitssinn und die inzwischen schwer erkrankte Hündin in die Ehe mit. Nicht viel «nach dem Maß dieser Welt», aber für unser Glück war die Mitgift groß genug.
Die Nachricht von unserer Heirat verbreitete sich wie ein Lauffeuer und löste schüttelnde Kopfbewegungen aus, die von Seismographen hätten aufgezeichnet werden können. Für die Schweizer zählte ich zu den geheimnisumwitterten Exoten, was nicht ohne gewissen Reiz war, in Wien sprach man von einem Strichjungen, den die Della Casa aufgelesen und geheiratet habe. Ein Hang der Wiener zum Romantischen ist nicht zu leugnen.
Neujahr feierten wir bei Frano und Hanni in Burgdorf. Bei dieser Gelegenheit ergab sich eine nachträgliche Bräutigamsschau in Bern; ein großer Freundeskreis der Familie musterte mich verstohlen von

FIDELIO mit Herbert von Karajan und Otto Edelmann (Rocco), Martha Mödl (Leonore), Wolfgang Windgassen (Florestan), George London (Don Pizarro), Erich Majkut (Jaquino), Hermann Uhde (Don Fernando), Mailand 1951

DIE MEISTERSINGER VON NÜRNBERG mit Hans Knappertsbusch, Otto Edelmann (Hans Sachs) und Rudolf Hartmann, Bayreuth 1952

Erste Weihnachten mit Vesna und Dycc in Gottlieben/Kanton Thurgau, 1951

Kopf bis Fuß. Man unterhielt sich untereinander, aber meistens über mich hinweg, ich kam mir wie bei einem Roßtausch vor.
«Ich glaube, ich entblöße jetzt meine Zähne, bevor man mir mit Gewalt den Mund aufreißt und hineinschaut», flüsterte ich meiner Frau zu.
Das neue Jahr 1950 war für uns von größter Bedeutung. Der neue Direktor des Zürcher Opernhauses, Hans Zimmermann, ermutigt durch Professor Rudolf Hartmann, der zu dieser Zeit in Zürich lebte, stellte meine Frau vor schwierige Aufgaben, die zu einem frühen Fachwechsel führten. Hartmann und Zimmermann waren überzeugt, daß hinter ihrem beweglichen, lyrischen Sopran mit leichter, leuchtender Höhe viel mehr steckte als nur eine Stimme für die Königin der Nacht, Gilda, Laura, Pamina, Sophie oder Zdenka.
Der erste kühne Versuch war die Partie der Donna Anna in «Don Giovanni», die sie zur allgemeinen Überraschung mühelos meisterte. Als nächste Neuinszenierung folgte «Ariadne auf Naxos» unter der Regie von Rudolf Hartmann, der meine Frau für die Titelpartie wünschte. Die Fachkreise hielten dies für ein gefährliches Experiment. Der Wiener Impressario Alfred Dietz, auf der Durchreise in Zürich, fragte in der Direktion: «Mit wem machen Sie die Ariadne?»
«Mit der Della Casa.»
Dietz mißverstand, daß sie die Zerbinetta singe:
«Ja, aber wer singt die Ariadne?»
«Die Della Casa».
«Das ist doch nicht möglich!»
Es war aber möglich, wenn auch ungewöhnlich für eine junge, lyrische Sängerin. Hartmann war nicht nur ein erfahrener Opernregisseur, sondern er verfügte auch über gründliche musikalische Kenntnisse und verstand von Stimmen mehr als die meisten Dirigenten.
Er hielt meine Frau für die legitime Nachfolgerin der Cebotari, die er über alles geschätzt hatte.
Sie war von der ersten musikalischen Probe berauscht.
«Die Partie ist gesanglich, die Musik ist himmlisch.»
Melina wies in vielen, oft bis tief in die Nacht dauernden Gesprächen auf Feinheiten und Besonderheiten des Textes hin. Man griff auf «Arabella» und «Rosenkavalier» zurück, man verglich, man diskutierte und lebte in der entrückten Welt von Hofmannsthal; wir wurden hofmannsthalsüchtig.
Gleich nach dem Beginn der Arbeit erkannte Hartmann, daß meine Frau nur eine unauffällige Führung brauchte, im übrigen ließ er sie allein gestalten. Bis zur Eigenwilligkeit unbeeinflußbar, aus einer bei-

nahe schöpferischen Intensität wuchs ihre durch die Musik und das Wort inspirierte eigene Darstellung.
Versiegte ihre Intuition, unterbrach sie die Probe:
«Herr Professor, ich bin nicht mehr sicher. Ist das nicht zu wenig, was ich mache?»
«Nur weiter, Frau Della Casa, es ist richtig. Wenn es zuwenig oder auch zuviel wird, sag ich's sofort, bitte weiter...»
Sie war unermüdlich, und voller Verachtung für Routine oder Klischee. Der Drang zum Schöpferischen, im großen wie im kleinen, gehörte zu ihren wesentlichen Zügen. Es war faszinierend zu beobachten, mit welcher Freude und welcher Ausdauer sie an die Arbeit ging, ob sie eine neue Partie lernte, ein Lied formte, ein Bild malte, Kleider oder Vorhänge nähte, Möbel polsterte, Lampenschirme machte, Böden belegte, zimmerte, mauerte oder Rosen stutzte; nichts tat sie nur halb. Sie kannte keine Gedankenlosigkeit, daher auch keine Sorglosigkeit; durch das unablässige Denken wirkte sie meist nachdenklich ernst. Erfinderisch und musisch, praktisch und gesammelt strebte sie die letzte Perfektion an, alles wurde mit höchsten Maßstäben gemessen, mit schwersten Gewichten gewogen. Um glücklich zu sein, mußte sie die schwindelerregenden Ansprüche, die sie an sich selbst stellte, erfüllen.
Mit Hartmann und seiner Frau kamen wir nach der Arbeit in Zürich oft zusammen. Eine tiefe und für uns fruchtbare Freundschaft entstand. Er schätzte ihre Unabhängigkeit von den Vorgängerinnen oder Zeitgenossinnen, die sie ebensowenig beschäftigten wie der geschmolzene Schnee des vergangenen Jahres.
Schon in den Anfängen faszinierten sie die Proben mehr als die Vorstellungen. Das Ringen um die Gestaltung, das Verbessern, Vertiefen, das Hinein- oder über sich Hinauswachsen fand sie an- und aufregend, die Aufführungen bedeuteten ihr weniger als die intensive Vorbereitungsarbeit. Ehrgeiz und beruflicher Exibitionismus waren ihr fremd, sie trat abends auf ohne den Wunsch, das Publikum zu erobern.
Vater und Lehrerin hatten sie zur Disziplin, Gründlichkeit und Gewissenhaftigkeit erzogen, sie selbst war ohnehin ernst, klug, und in sich hineinhorchend. Melina lenkte und vertiefte ihre geistigen Interessen. Sie konnte also nicht anders sein, als wie sie war, so daß mir ihre Einstellung zum Beruf als selbstverständlich, ja als die einzig mögliche erschien.
Vor der Generalprobe der «Ariadne» ersuchte mich Hartmann, draußen auf Karl Böhm zu warten und ihn in den Zuschauerraum zu füh-

ren. «Er weiß, daß Sie ihn vor dem Haus erwarten.»
Böhm stieg aus dem Wagen.
«Herr Doktor, ich bin der Mann von Frau Della Casa.»
«Ich kenn' Sie vom Sehen, waren Sie nicht in Genf dabei?»
Diese Dirigenten und ihr Gedächtnis! dachte ich.
«Sie müssen doch einen eigenen Namen haben, wie heißen Sie denn?»
Im Dunkeln flüsterte er, er sei auf die Ariadne gespannt. Meine Nervosität nahm zu. Die Oper fing an, und schon nach der Phrase der Ariadne, «Ein Schönes war», sagte er: «Großartig, alles auf einem Atem!»
Ich wußte nicht, warum das so großartig war, aber er mußte es wissen, ich glaubte ihm aufs Wort.
Hartmann hatte mir gesagt, daß Böhm nach dem zweiten Monolog der Ariadne wahrscheinlich weg müsse, aber er blieb sitzen.
Nach der Probe ging er auf die Bühne. Hartmann stand strahlenden Gesichtes bei meiner Frau.
«Na, Karli, was sagst du?»
«Famos! Seit Martha Fuchs habe ich eine solche Ariadne nicht mehr gehört!»
«Machen wir's also?» fragte ihn Hartmann geheimnisvoll schmunzelnd.
«Natürlich, unbedingt», antwortete auch Böhm sonderbar lächelnd.
Auf dem Weg nach Hause fragte meine Frau: «Haben die beiden sich über mich lustig gemacht? Wer ist denn Martha Fuchs?»
Am späten Nachmittag rief Hartmann an. «Frau Della Casa, ich habe eine Bitte: Würden Sie für mich ein Telegramm aufgeben?»
«Gerne, Herr Professor, ich muß mir nur ein Blatt Papier holen...»
Sie schaute mich im Vorbeigehen verwundert an. «Seltsam, er möchte, daß *ich* für *ihn* ein Telegramm aufgebe!»
Während des Schreibens wurde sie sichtlich erregt. «Aber Herr Professor!... Ich weiß gar nicht, was ich sagen soll... Vielen herzlichen Dank... Doch, doch...»
Sie reichte mir das Papier: «Sektionschef Dr. Egon Hilbert, Staatsoper Wien. Professor Böhm und ich schlagen Lisa Della Casa für ‹Capriccio›-Gräfin Salzburger Festspiele vor. Herzlichst Rudolf Hartmann.»
Am nächsten Tag kam die telegraphische Anfrage von Hilbert, und sie sagte zu.
Aus den Gesprächen mit Hartmann wußten wir, daß er im Sommer in Salzburg die Inszenierung des ersten Nachkriegs-«Capriccio» be-

treuen sollte, er erwähnte auch die Besetzungsschwierigkeiten, aber das Werk war uns unbekannt und wir schenkten diesen Erzählungen keine große Aufmerksamkeit. Ich wußte nur, daß Viorica Ursuleac, die Frau von Clemens Krauß, das Stück 1942 in München uraufgeführt hatte, daß die Cebotari später die Gräfin Madeleine in Wien sang und daß sich Clemens Krauß darum bemühte, «Capriccio» in Salzburg mit seiner Frau aufzuführen, aber auf Hilberts Widerstand stieß. Hilbert mochte Krauß nicht und vertraute diese Inszenierung Böhm und Hartmann an.

Hilbert war in den ersten Nachkriegsjahren sowohl in Wien als auch in Salzburg absoluter Herrscher und tat, was er wollte. Er war ein aufopfernder, fanatischer Bundestheaterleiter, nur entsprachen seine Fachkenntnisse nicht immer seiner Macht und den damit verbundenen Entscheidungen. Seine oft tragikomischen Irrtümer lieferten ausgiebigen Stoff für Anekdoten; ich persönlich erlebte ihn in mindestens vier solcher Situationen.

Da nun Hilbert Clemens Krauß und Ursuleac nicht wollte und die Cebotari nicht mehr lebte, suchte man nach einer Gräfin. Hilberts Absicht war, diese Rolle mit der damals auch in New York gefeierten Ljuba Welitsch zu besetzen. Es entzog sich meiner Kenntnis, ob die Welitsch ihrerseits an der «Capriccio»-Gräfin Interesse zeigte. Es ist kaum anzunehmen, sonst wären Hartmann und Böhm mit ihrem Vorschlag bei Hilbert nicht durchgedrungen.

Nach der «Ariadne» und mit dem Salzburger Vertrag für die «Capriccio»-Gräfin in der Tasche ging meine Frau an die nächste wichtige Rolle: die Gräfin in «Figaros Hochzeit» unter Fritz Busch im Rahmen der Zürcher Festwochen. Wieder eine Begegnung mit einem der noch lebenden Giganten, der sie sofort einlud, im nächsten Sommer unter seiner Leitung die Gräfin bei den Festspielen in Glyndebourne, England, zu wiederholen.

Ihr junger Ruf hatte sich bereits über die schweizerische und österreichische Grenze ausgebreitet. Vor der Zürcher Gräfin fuhren wir zum erstenmal nach Italien. In Turin sang sie das Sopran-Solo im Requiem von Brahms, außerdem hatte die Direktion der Mailänder Scala sie auf Wunsch von Issai Dobrowen, der zu dieser Zeit an der Scala dirigierte, zu einer Besprechung für die im Herbst unter ihm geplante «Ariadne» aufgefordert. Erst in Mailand erfuhren wir, daß die Titelpartie bereits an Victoria de los Angeles vergeben war und daß meine Frau den Komponisten singen sollte, was sie rundweg ablehnte. Dobrowen und ich versuchten sie umzustimmen, aber sie blieb bei ihrem Entschluß. Auch Otto Klemperer, an dessen Geburtstagstisch wir sitzen durften und der an der Scala eine italienisch gesungene «Zauberflöte» dirigierte, riet ihr vergeblich, das Angebot anzunehmen. Er gab uns seine Loge, wir hörten uns die herrlich dirigierte Aufführung an. Ich fand die Pamina mit einer Sängerin wie Carosio etwas unterbesetzt, aber Klemperer war anderer Meinung. «Ist die Carosio nicht entzückend?» fragte er sofort, als wir ihn nach der Vorstellung in seiner Garderobe aufsuchten.

«Entzückend ist sie, aber keine Pamina», sagte ich zum Entsetzen meiner Frau und zur Überraschung von Klemperers Tochter. Er reagierte nicht darauf, er hatte eine Antwort weder erwartet noch wahrgenommen.

Meine übereiligen Äußerungen beschäftigten meine Frau und Melina, sie fanden, daß ich manchmal schneller sprach als dachte. Auch Hartmann versuchte, mich zu mehr Diplomatie zu bewegen. Aber allen ihren Bemühungen und Ratschlägen zum Trotz verdrängte die Unbesonnenheit alle guten Vorsätze; es war nicht so einfach, den Weg von Belgrad nach Mitteleuropa zurückzulegen.

Ich verhielt mich auch nach wie vor wie ein dilettantischer Enthusiast; ich tat absolut nichts für ihren Beruf, außer daß ich schwelgte. Ihre Engagements überstürzten sich, ich kam kaum zur Besinnung, geschweige denn dazu, ihr zu helfen.

«Ich fürchte, Melina, in einem Punkt haben Sie sich doch getäuscht. Lisa braucht mich im Grunde überhaupt nicht, eine Aufgabe jagt die andere. Nach dem Zürcher ‹Figaro› kommt der ‹Rosenkavalier› in München, dann ‹Capriccio› in Salzburg, ihre erste Arabella in Zürich, die Gastspiele an der Scala, Wien und so weiter... Ich habe keinen Finger gerührt.»

«Das ist ja erst der Anfang, Dragan. Je höher sie steigt, um so mehr wird sie Sie brauchen. Aber Sie helfen ihr doch schon dadurch, daß Sie ihr den täglichen Kleinkram abnehmen.»

Bevor wir nach München gingen, wo sie sich unter Knappertsbusch als Sophie die Herzen des Publikums und der Kritiker ersang, sagte uns Melina, daß ihre Familie beabsichtige, den Schloßbesitz zu verkaufen.

Meine Frau und ich saßen im Schloßpark am Wasser.

«Moje, laß es uns übernehmen», sagte ich.

«Aber sonst geht's dir gut?»

«Ich habe mich selten so wohl gefühlt. Spaß beiseite, dein Vater wollte es ja schon tun, du hast deinen Anteil von ihm geerbt, wir könnten

es ja in seinem Sinn durchführen. Außerdem wäre ein solches Schloß die richtige Kulisse für eine kommende Primadonna.»
«Du hast also doch Fieber!»
«Nein, im Ernst, hier ist ein wahres Paradies, also warum nicht?»
«Aber Moje, die Größe, der Unterhalt, glaubst du wirklich, daß wir es schaffen können?»
«Spielend», antwortete ich.
Um ein Schloß mit großem Park über Nacht zu übernehmen, muß man entweder vermögend oder leichtsinnig sein; Leichtsinn war immer schon meine Stärke.
Wir kauften es, und bevor wir nach Salzburg fuhren, zogen wir um. Abgesehen von Melinas kurzen Sommeraufenthalten stand der Schloßbesitz seit über zehn Jahren unbewohnt. Die prachtvollen Baumriesen drohten im Efeu zu ersticken; Efeu umwucherte auch das Gebäude mit seinen beiden emporragenden Türmen, Blumenbeete waren unter Unkraut und Dorngestrüpp verschwunden, wohin man schaute, sah man eine verträumte, romantische Wildnis. Wir waren Stadtkinder, ich unterschied kaum eine Buche von einer Linde, aber wir entdeckten die Natur und das Landleben und stürzten uns begeistert in die Arbeit. Wir rodeten, sägten, schnitten, hackten, säuberten, schleppten; wir fühlten abends unsere Glieder und krummen Rücken nicht mehr, aber wir waren selig dem neuen Alltag verfallen.
Melina überließ uns wohlweislich unserem Schicksal, sie war der Ansicht, daß wir allein Fuß fassen und die neuen Bezüge, die auf unser Leben passen sollten, selbst nähen müßten.
Als wir einzogen, gähnten die meisten der dreißig Räume und der achtzig verschiedenen, romanischen, gotischen, neugotischen und einfachen Fenster leer. Diese Leere auszufüllen wurde uns fast zur Lebensaufgabe.
Suchten die Kollegen meiner Frau Erholung im Urlaub, so eilten wir jede freie Minute, bei Tag und bei Nacht, oft zwischen zwei Vorstellungen von weither nach Hause, wo Möbelsendungen auf uns warteten oder wir auf sie. In den Städten kannten wir bald neben den Hotels, Konzert- und Opernhäusern auch die günstigsten Antiquitätengeschäfte. Jedes neue Möbelstück verlangte endloses Umstellen der bestehenden Einrichtung; wir schoben, hoben, trugen die zentnerschweren Monstren durch die Räume, die Rücken krachten, und wir sangen und pfiffen dabei.
Das alte Gebäude war voller Überraschungen, jedes Fenster öffnete sich nach seinem besonderen System, jede Tür klemmte auf ihre Art,

die meisten Decken waren schief – wie soll man da Bilder und Vorhänge gerade aufhängen! Die prachtvollen Kachelöfen zeigten sich launisch und unersättlich, so daß wir sie pietätlos durch eine Ölzentralheizung ersetzten.
Noch nach Jahren entdeckten wir neue Schnitzereien an den Türen, in den Nischen, an den Holzdecken, in den imposanten Türmen. Es dauerte auch Jahre, bis wir uns mit den drei Wasserleitungen im Kellergewölbe und mit den sechs im ganzen Schloß verstreuten Sicherungstafeln auskannten.
Während sich die lebensfrohen Marder nicht nur in den Türmen und im Dachstuhl, sondern auch in den Zwischenböden gespenstisch tummeln, hausen Fledermäuse mit Vorliebe in der Schloßkapelle. Beide Tiergattungen sind pedantisch veranlagt, ihre Bedürfnisanstalten bleiben von Generation zu Generation dieselben. Für die Kapelle genügen Besen und Schaufel, aber die gelblichen Marderflecken an den weißen Gipsdecken zu entfernen, erweist sich als vergebliche Mühe; man kann sie wiederholt übertünchen, schon nach kurzer Zeit tauchen sie genau dort wieder auf.
In der Dämmerungsstille melden sich die ersten, hoch oben in den Türmen nistenden Käuzchen; wenn wir abends auf der letzten Hunderunde ans Ufer kommen, kreischen die Fischreiher ungehalten, verlassen mit trägen Flügelschlägen die hohen Tannen und spiegeln sich in der granitfarbenen Wasserfläche.
Tagsüber flitzen die Turmfalken vorbei, die Tauben turteln, die Möven streiten, die Bussarde kreisen, Bleßhühner, Taucher und Wildenten beleben den blauen oder smaragdenen oder silbernen See. Vor unserer Mauer führen die Schwäne ihre Liebesspiele und Kämpfe auf, paradieren mit ihren soeben ausgebrüteten Jungen, schneiden im Flug die stille Luft in Moll-Klängen. Dachse und Füchse sagen sich gute Nacht im Park, Hasen und Rehe verirren sich zu uns.
Hundertjährige Buchen, Eichen, Eschen, Ahorne, Linden, Akazien, Kastanien, Birken, Weiden, verschiedene Tannenarten, Zypressen, ein exotischer Ginkgo neben einer mächtigen Zeder, ein japanischer Erbsenbaum bilden nicht nur für Tiere ein Paradies auf Erden.
Alle Ecken des Gebäudes, alle Winkel des Parkes verbreiten ihren eigenartigen Duft, und auf den Heimreisen wetteifern wir mit geblähten Nüstern, wer von uns als erster den milden, schmeichelnden Seegeruch wahrnimmt.
Ich wüßte nicht, welcher Jahreszeit ich den Vorzug geben würde, dem betäubenden Frühling mit seinen blühenden Magnolien, Flieder-

und Feuerbüschen, dem üppigen, satten Rittersporn- und Rosensommer, dem zarten goldenen Frühherbst, dem silbergrauen, schweigenden, nebligen Spätherbst oder dem ersten Schnee, der ein Märchenbild zaubert.
Und ist die Ruhe der windstillen Tage schöner – oder ein Gewitter? Zuerst das verhaltene Rauschen der Blätter und die erregten, kopflosen Tiefflüge der Schwalben, dann flieht das Wasser vor dem Sturm, zuerst in kleinen Wellenschritten, später in schäumendem Galopp, während der Wind immer kräftiger um die Türme pfeift und die Bäume ächzen.
Die langsam sinkende Sonne verabschiedet sich jeden Abend mit einer kühnen Farbenorgie, Himmel und Wasser gehen Hand in Hand von kühlem Gold in feuriges Orange über, dann in ein glühendes Rot, zuerst purpurn, plötzlich violett, werden verwaschen lavendelblau, durchsetzen sich mit Grau, und während sich nun der Himmel in ein tiefes Dunkelblau hüllt, zieht das Wasser ein silbernes Gewand an.
An diesem Ort lernten wir die Natur und Gott lieben...

Nun vertrieb uns im Sommer 1950 das Salzburger «Capriccio» aus dem Paradies. Hartmann fing gleich mit intensiven Proben an, aber schon nach den ersten Tagen fühlte sich meine Frau schlecht. Wir befürchteten eine Fischvergiftung und suchten einen Arzt auf. Er stellte fest, daß sich mit dieser angeblichen Fischvergiftung unser im Zeichen des Fisches geborenes Kind ankündigte, was uns mitten im Sommer in eine weihnächtliche Stimmung versetzte.
Meine Frau lebte von harten Semmeln, aber sie probte stundenlang; ich hatte nie einen so elenden und zugleich so glücklichen Menschen gesehen. Sie wurde schöner denn je.
Der Arzt war über ihren physischen Zustand besorgt und stellte sie vor die Alternative, entweder auf das Kind oder auf die Vorstellungen zu verzichten. Er kannte sie schlecht.
«Er ist verrückt! Ich wünsche mir nichts sehnsüchtiger als das Kind. Die Vorstellungen werde ich auch noch schaffen...»
Sie knabberte weiter an den alten Brötchen, probte bleich und strahlte dabei. Niemand ahnte etwas, außer Frau Hartmann: «Della, Sie erwarten ein Baby, nicht wahr? Ich sehe es.»
Der Erfolg der «Capriccio»-Gräfin wurde der Wendepunkt ihrer Laufbahn. Sie erfüllte nicht nur Böhms und Hartmanns Hoffnungen, sondern sie überraschte die internationale und lokale Presse, gefiel dem Publikum und in Fachkreisen.

Elisabeth Schumann schrieb einen begeisterten Brief, der uns nach ihrem Tod in Amerika gezeigt wurde.
Hilbert, voller Genugtuung, daß sie sich nicht als Fehlbesetzung erwiesen hatte, sagte: «Kind, bist du nun zufrieden mit dem Erfolg?» (Er duzte alle seine Künstler).
«Ja, sicher. Vor allem bin ich glücklich, daß ich Dr. Böhm und Professor Hartmann nicht enttäuscht habe.»
«Ja, ja... Ich bin sehr froh für dich, zumal viele an deinem Erfolg gezweifelt haben. Aber *ich* wußte, daß dir diese Partie wie angegossen ist!»
«Seit wann das?» fragte ich. «Soviel ich weiß, wollten Sie die Welitsch.»
Als ich sein rot angelaufenes Gesicht, den schneidenden Blick und dann nur noch seinen Rücken sah, biß ich mir auf die Zunge.
Diesen voreiligen Satz und Hilberts breiten Rücken bekam ich durch viele Jahre hindurch zu spüren.
Die Geschwindigkeit, mit der ein Star gemacht wird, ist schwindelerregend. Journalisten, Photographen, Intendanten, Dirigenten, Agenten, Rundfunkleute und Plattenmanager belagerten meine Frau. Ihr Name wurde über Nacht in die weite Welt hinausgetragen, Angebote, von denen wir wenige Tage zuvor nicht zu träumen wagten, häuften sich und wurden eine beinahe beklemmende Wirklichkeit.
«Moje, du hast es geschafft!»
«Nein, das war das Schicksal, das uns mit Hartmann zusammengeführt hat.»
Nach der letzten Vorstellung fuhren wir nach Hause, selig, daß meine Frau ein Kind erwartete, beglückt über den Erfolg und mit einem zauberhaften jungen Hund, den wir noch im letzten Augenblick in Ischl fanden. Dieser Pointer hieß Dycc, wurde von uns Dycculatsch und später auch Professor genannt, seiner Würde und Klugheit wegen. Er benahm sich wie ein wahrer Gentlehund, stets auf seine vornehme, korrekte Haltung bedacht und durch und durch unbestechlich. Er mochte einen unserer Handwerker nicht, der ihn vergeblich mit Kuchen und Schokolade für sich zu gewinnen suchte. Dycc würgte zwar jedesmal diese Leckerbissen hinunter, aber er bellte ihn nach wie vor an.
Wenn Dycc die Stimme meiner Frau im Rundfunk hörte, erkannte er sie unfehlbar. Er setzte sich vor den Apparat, blähte seine Schwanenbrust, blinzelte in den Kasten. Nach dem letzten Ton stand er auf, schüttelte sich, wedelte verlegen und kam fragenden Blickes auf meine Frau zu.

«Ja, Dickupacku, du bist ein g'scheiter, das war die Lisa, die Hundekuchen für dich verdient.»
So hieß das Singen in unserer Hundesprache. Wenn wir Abschied nehmen mußten, sagte meine Frau:
«Schön brav sein, wir kommen *bald,* ich gehe schnell Hundekuchen verdienen.»
Er kannte keine Befehle, aber er verstand unsere Wünsche und unsere Sprache. Es gab nur einen strittigen Punkt. Meine Frau und ich sind überzeugte Gegner der Jagd. Dycc als Jagdhund teilte diese Überzeugung nicht. Eines Tages nahm er im Park aufgeregt eine Spur auf und verschwand im Handumdrehen im Dickicht. Ich lief ihm nach und sah, wie er einen Hasen am Nacken packte und schüttelte.
«Aus!» schrie ich, «aus!»
Dycc ließ den Hasen fallen, der benommen aber noch unverletzt neben dem hechelnden Hund liegen blieb, dann aber aufsprang und flüchtete. Dycc schaute ihm nicht einmal nach, sah mich betreten an, und ich wußte nicht, sollte ich ihn nun tadeln oder loben, beides war angebracht.
«Das ist pfui, Dycc, pfui!» Er zog den Schwanz ein.
«Du bist aber auch ein *braver, guter* Hund, brav», stammelte ich im gleichen Atemzug. Dycc blinzelte verlegen und wußte nun seinerseits nicht, ob er ein Pfui- oder ein Bravhund sei.
Die Liebe eines Hundes für seinen Menschen ist grenzenlos, seine Treue ergreifend, sein durch nichts zu erschütterndes Vertrauen rührend, er trägt nicht nach und lügt nicht, im Gegensatz zu seinem Menschen, den er trotzdem als Allmächtigen bewundert und jederzeit bereit ist, sein Leben für ihn zu geben.
Die Berufsreisen häuften sich mit der Zeit, und Dycc ertrug die Trennungen schwer. Um sie ihm zu erleichtern, kauften wir kurz entschlossen einen zweiten Pointer, Adrian – Adi genannt. Auf eine Zeitungsanzeige hin fuhren wir nach St. Gallen, wo ein Wurf von sechs Pointern um unsere Beine wimmelte. Adi war der unansehnlichste der Geschwister. Nachdem sich die fünf starken mit hängenden Zungen auf ihre Plätze geworfen hatten, legte der rachitische Adi sein stupsnasiges Clowngesicht auf den Schoß meiner Frau und blickte herzerweichend in ihre lachenden Augen. Sein Charme war unwiderstehlich, wir nahmen ihn mit. Zu Hause verflüchtigte sich sowohl seine als auch unsere Freude; der majestätische Dycc empfing uns wie ein stummer, lebender Vorwurf. Adi wollte sich ihm sofort auf die Brust werfen, aber Dycc war für keine zärtlichen Späße, wandte den

Kopf ab und hielt sich sozusagen die Nase zu. Der liebebedürftige Kleine schwänzelte traurig, warf sich auf den Rücken und bat winselnd um Gunst.

Ohne seine Geschwister verloren, von Dycc abgewiesen, weinte er jämmerlich in der fremden Welt. Auch unsere Ruhe war dahin, die ganze Nacht hielt er uns wach, während Dycc auf seinem Platz ununterbrochen seufzte. Mit der Zeit wurde Dycc toleranter, aber bis zu seinem letzten Tage zeigte er unmißverständlich, daß er Adi eben nur duldete und ihn für eine Kreatur unter seiner Würde hielt.

Unsere Hunde hatten uns viel mehr zu bieten als wir ihnen. Wir gaben ihnen Liebe und tägliches Brot, sie aber weihten uns in die wahren Grundgesetze des Lebens ein; sie brachten uns bei, offen in die Augen zu schauen, der unfehlbaren inneren Stimme zu gehorchen, aufrichtig zu lachen, echt zu trauern, richtig zu entspannen und zur rechten Zeit zu bellen oder zu wedeln. Sie offenbarten uns die Großzügigkeit, Gutmütigkeit, Gerechtigkeit. Dank ihnen wedeln wir viel, knurren wenig, bellen selten und beißen nur aus höchster Not. Und noch etwas: Unsere Hunde waren über jeden Futterneid erhaben.

Wir waren glücklich und unzertrennlich, meine Frau wollte keinen Schritt allein machen, ich begleitete sie zu jeder Probe, in jede Vorstellung, auf allen Reisen. Kaum erblickte man ihr schönes Gesicht, so sah man auch mich in dem Schatten ihrer Locken freundlich wedeln.

Wir standen eines Tages in einem größeren Kollegenkreis.

«Was macht eigentlich Ihr Mann?»

«Er liebt mich», antwortete meine Frau.

Diese zutreffende Antwort überraschte auch mich, aber während ich herzlich lachte, lächelte der Kreis verlegen. (Zwanzig Jahre danach begegnete uns diese Geschichte immer noch, in mehr oder weniger boshaften Varianten, mit verschobenen Akzenten.)

«Verzeih mir», sagte meine Frau, als wir wieder allein waren, «aber die Frage hat mich herausgefordert.»

«Ich fand deine Antwort richtig. Es ist ja die Wahrheit.»

Die Wahrheit war ohnehin die Basis unseres Lebens. Wir kannten keine Verstellung, keine Lügen, nicht einmal geheime Gedanken – wir dachten sozusagen laut. In diesem seelischen Strip-tease lag das Geheimnis unseres ungetrübten Glückes, es ersetzte uns sowohl den Beichtstuhl als auch die psychiatrische Couch.

Während sich meine Frau nach dem Salzburger «Capriccio» mit dem Studium der bevorstehenden «Arabella» befaßte, versuchte Melina mir beizubringen, meine unbenützten Kräfte in Taten umzusetzen, statt nur zu schwelgen und zu träumen. Sie riet, ich sollte in die Stunden bei Frau Haeser mitgehen und mich mit den Grundregeln der Gesangstechnik vertraut machen. Meine Frau konnte bald mit mir arbeiten, was nicht immer reibungslos verlief; ich hatte weder pädagogische noch psychologische Fähigkeiten, auch nicht Erfahrung oder Geduld.

«Moje, mach nicht sofort ein saures Gesicht. Ich muß mich erst warmsingen.»

Das war mir klar, aber mein Gesicht verzog sich schneller, als ich wollte: «Neeiin, das ist ja falsch!» rief ich immer wieder aus.

Jahrelang ging es so zu, bis sie eine wirkungsvolle Therapie erfand und, wenn ich sie ungeduldig unterbrach, ruhig sagte: «Ja, Dr. Böhm, verzeihen Sie, Dr. Böhm!»

Das war entwaffnend. Karl Böhm war unter den Sängern wegen seiner Genauigkeit gefürchtet; sein Gesicht verdüsterte sich, sobald er den winzigsten Fehler entdeckte. Er wurde überhaupt finster, sobald er den Taktstock hob, das war seine Art der Konzentration, woraus oft Mißverständnisse entsprangen.

«Man müßte mit ihm darüber reden können, niemand von uns macht Fehler zum eigenen Vergnügen, oder um ihn zu ärgern», sagte meine Frau oft.

Viele Jahre später in New York, nach dem ersten Akt des «Rosenkavalier» unter seiner Leitung, riß ihr die Geduld.

«So, jetzt habe ich genug. Komm bitte mit mir zu ihm, ich habe mein Bestes gegeben, aber er machte den ganzen Akt ein saures Gesicht. Ich mag das nicht mehr.»

Solchen Auseinandersetzungen war ich nie gewachsen. Ich bin zwar schlagfertig, aber meistens erst nachträglich.

Also ging ich nur widerwillig mit ihr auf die Bühne, wo sich Böhm mit dem Metdirektor Rudolf Bing unterhielt.

«Moje», flüsterte ich, «doch nicht jetzt in Bings Anwesenheit.»

«Doch, doch, das ist mir ganz egal!»

Bevor sie aber zu reden begann, streckte Böhm ihr beide Arme entgegen: «Wunderschön, herrlich hat sie g'sungen, kommen S', ich muß Ihnen ein Busserl geben!»

«So? Aber Herr Doktor, warum...»

Ich schnitt ihr das Wort ab: «Herr Doktor, ich fand den ersten Akt herrlich.»

Bing stimmte mir zu, Böhm strahlte.

Es kam nie zu einer Aussprache dieser Art.

Inzwischen schritten die «Arabella»-Proben in Zürich mit Rudolf Hartmann fort. Unbeeinflußt durch ihre zwei unmittelbaren Vorgängerinnen, Maria Cebotari und Maria Reining, und ohne die früheren Arabellas, die Ursuleac, Lehmann, Lemnitz, Fuchs je gesehen zu haben, formte sie die Züge dieser Rolle – anders als beim Gestalten der Ariadne oder «Capriccio»-Gräfin – aus ihrem eigenen Wesen. Der große Bogen der Arabella vom «In der Schwebe sein» bis zur «großen Macht, die sie angerührt hat von oben bis ans Herz» spiegelte sich in ihrem eigenen Leben: stolz und kokett, anmutig und zurückhaltend, selbstbewußt und verspielt, warmherzig, kühl und in süßen Ahnungen auf den «Richtigen» wartend. Sie selbst schien die Richtige für diese komplizierte Mädchenfigur zu sein.
Willi Schuh schrieb in der *Neuen Zürcher Zeitung:* «Sie ist eine wahrhaft bezaubernde Arabella, die heute alles geradezu verschwenderisch mitbringt, das die herrliche Mädchenrolle fordert.»
Ihre strahlende Schönheit war von innen belebt, das Spiel von feinstem Ausdruck. Hartmann und Max Röthlisberger hatten optisch ein Meisterwerk vollbracht; als sie am Anfang des zweiten Aktes auftrat, bot sich den Zuschauern ein atemberaubendes Bild. Diese Szene, auch in Hartmanns späteren Inszenierungen der «Arabella», riß oft das Publikum zu spontanem Applaus hin.
Ihr Gesichtsausdruck und ihre Haltung waren in diesem Augenblick überirdisch, Mandrykas Worte «Das ist ein Engel, der vom Himmel niedersteigt» klangen echt. Als sie unmittelbar darauf sagte «Mama – das ist jetzt wirklich *die Entscheidung*», ahnten wir damals nicht, wie wahr es werden sollte.
Mit der Arabella hatte sich ihr Weg in der Tat entschieden. Sie und Arabella verschmolzen für die Musikwelt in eine und dieselbe zauberhafte Gestalt. Nicht sie wurde die Arabella, sondern Arabella wurde sie.
Man nannte sie Arabella Della Casa oder auch Arabellissima, und schon nach der ersten Aufführung schrieb der betagte Zürcher Kritiker Fritz Gysi: «Wir dürfen ohne Übertreibung sagen, daß sie, was Anmut der Erscheinung, gesangliches Können und psychologische Erfassung der etwas komplizierten Mädchengestalt anbelangt, ihre sämtliche Vorgängerinnen inklusive Maria Cebotari übertroffen hat.»
Ich habe Menschen gekannt, die Lotte Lehmann als Marschallin über alle andern stellten, oder auch solche, die Anni oder Hilde Konetzni bevorzugten; viele verehrten die Ursuleac, andere die Reining. Auch

die Schwarzkopf und die Della Casa als Marschallinnen spalteten die Musikliebhaber in zwei Lager, aber ich habe noch nie erlebt, nicht einmal von den feindseligsten Kritikern, daß man die Arabella mit einem anderen Namen als mit Della Casa assoziierte. Sie ging damit schon zu ihrer Lebzeit in die Musikgeschichte ein, das Höchste, was sich ein Sänger wünschen kann, wie der bekannte Wiener Professor Erik Werba behauptete. Und bisher einmalig ist, daß sie diese Jungmädchenrolle über zwanzig Jahre lang sang.

Einen Monat nach der Zürcher «Arabella», die weit über die Schweizer Grenze hinaus beachtet wurde, fuhren wir nach Genf und Lausanne, wo sie unter Ernest Ansermet die Vier letzten Lieder von Richard Strauss sang (wenn ich nicht irre, die Erstaufführung auf dem Kontinent); Kirsten Flagstad hatte sie unter Furtwängler in London aus der Taufe gehoben.

Ansermet, ohne tiefere Beziehung zu Richard Strauss, musizierte lieblos und routiniert. Die Presse lobte den künstlerischen Vortrag meiner Frau und ihre stimmliche Verfassung, schenkte aber dem Werk keine Beachtung – das *Feuille d'Avis de Lausanne* besprach Drei letzte Lieder! Der Kritiker der Genfer Zeitung *La Suisse* vergriff sich sogar an Richard Strauss: «Die letzten Lieder werfen ein grausames Licht auf den Zustand der Ohnmacht und Gehirnmüdigkeit, in welchem sich dieser Komponist am Ende seines Lebens befand. Er hatte einmal Talent, aber dann nicht die Klugheit, sich stillzuhalten, als die Altersschwäche eintrat.»

Danach kamen Vier letzte Lieder und kein Ende. Wiederholt mit Karl Böhm, die schöne Plattenaufnahme inbegriffen, mit Keilberth, Schmidt-Isserstedt, Cluytens, Fritz Reiner, Malcolm Sargent und vielen anderen sang sie die Lieder um die Welt, in New York, Berlin, London, Salzburg, Liverpool, Luzern, München, Hamburg, Tokio, Stuttgart, Bregenz, Düsseldorf, Chicago, San Antonio, Sydney, Melbourne und so fort. Ich glaube, keine andere Sängerin hat diese Lieder so oft gesungen.

Von den fast hundert Konzerten mit den Vier letzten Liedern blieben uns drei in besonderer Erinnerung: Sie bedeuteten den Abschied von diesen Dirigenten. Das eine Konzert war in Sydney, Australien, mit dem aus Wien stammenden und dort zu Unrecht etwas unterschätzten Dirigenten Wilhelm Loibner. An diesem Abend wuchs er über sich hinaus – es muß eine seiner Sternstunden gewesen sein – und war selbst zu Tränen ergriffen. Später erlag er in Wien einem Herzschlag. Mit diesen Liedern verabschiedete sich meine Frau auch von Fritz

Reiner. Von Krankheit schon schwer gezeichnet, gab er den drei aufeinanderfolgenden Aufführungen den Glanz der Verklärung.
«Lisa, Sie sind nicht nur eine Sängerin, sondern auch eine echte Musikerin (a true musician).» Wir sahen ihn nicht wieder.
Im Juni 1968 sang meine Frau im Rahmen der Zürcher Festwochen die Vier letzten Lieder unter Josef Keilberth, nicht das erste, aber das letzte Mal. Niemand von uns ahnte es. Er war in einer für ihn ungewöhnlich elegischen Stimmung, die sich auf meine Frau und auch das Orchester übertrug. Besonders ergreifend klang das Nachspiel des Liedes «Im Abendrot» mit dem «Tod und Verklärung»-Motiv.
«Dieses Werk ist wahrhaftig ein künstlerisches Testament. Ich danke Ihnen, Lisa, es war herrlich», sagte er bewegt.
Das Festspielpublikum dankte mit überaus starkem Beifall. Zwischen den unzähligen Verbeugungen fragte ich ihn, ob er Zeit und Lust hätte, diese Lieder für eine Fernsehsendung zum zwanzigsten Todestage von Richard Strauss mit meiner Frau zu dirigieren.
«Nein, ich hasse das Fernsehen. Aber ich möchte sie mit ihr für eine neue Platte aufnehmen.»
«Schön. Wir reden darüber demnächst in München.»
Er kam müde von einer anstrengenden Japan-Tournee, somit verabschiedeten wir uns vor dem Schluß des Konzertes mit einem freudigen «Auf bald!». Zwei Wochen später hätte er seine geliebte «Arabella» bei den Münchner Festspielen dirigieren sollen, die «Juwelaufführung», wie sie die Münchner schon seit zehn Jahren bezeichneten und die auch für die aus dem Ausland kommenden Besucher den glanzvollen Höhepunkt bedeutete.
Nur ihm war es zu verdanken, daß die «Arabella» in diesem Sommer von Hartmanns Nachfolger Günther Rennert wieder angesetzt worden war; Rennert hielt dieses Stück für «nicht-festspielwürdig», und am 11. November 1970 (die Festvorstellung zum siebzigsten Geburtstag Rudolf Hartmanns) begrub er sie endgültig und leichten Herzens. Aber Keilberth dirigierte die letzten drei «Arabellas» dieses Festspielsommers 1969 nicht mehr. Einige Tage vor der ersten Aufführung brach er während einer Vorstellung von «Tristan und Isolde» am Pult zusammen. Sein Tod hinterließ nicht nur in München eine gähnende Leere.

Die lauwarme Aufnahme der Lieder in Genf und Lausanne bedrückte mich. Verwöhnt durch die Erfolge von «Ariadne», «Capriccio» und «Arabella» erwartete ich nun von jedem ihrer Auftritte neue Aner-

kennung und weltweite Aufmerksamkeit. Meine Frau lachte: «Nicht schon wieder ein Ehrgeizling an meiner Seite! Zuerst der Vater, und jetzt du.»
Ich hatte diese Verwandlung von einem jungen, liebenden Mann in einen von kühnsten Ambitionen getriebenen Ehemann noch nicht erfaßt; sie vollzog sich unbemerkt, organisch, genauso, wie Melina es voraussah und wünschte. Das Rollenstudium, die Resultate ihrer Arbeit faszinierten mich immer mehr. Aber sie selbst suchte und fand die tiefste Befriedigung in unserm Glück. Ihr Wunsch, trotz des Berufes ihr Leben in unserem siebten Himmel zu führen, war stark und rührend zugleich.
Das Kind, das sie als aufsehenerregende Arabella trug, beschäftigte sie mehr als der künstlerische Aufstieg. Wir konnten den Tag der Geburt kaum erwarten; unsere Ungeduld übertrug sich auch auf das Kind, das unsere Nächte durch wilde Purzelbäume in die schönsten Gesprächs- oder Lesestunden verwandelte.
Kurz nachdem der 14. März 1951 angebrochen war, weckte sie mich liebevoll aus dem ersten Schlaf.
«Moje, ich glaube, es ist soweit!»
Nichts, nicht einmal Bombenangriffe im Krieg, hatte mich so schnell aus dem Bett gejagt wie dieser Satz. Ich stolperte über Dycc und meine eigenen Füße, fuhr mit beiden Beinen in dasselbe Hosenbein und kämpfte mit der widerspenstigen Krawatte.
«Take it easy, es ist noch nicht soo eilig!» Sie bog sich vor Lachen und Wehen.
Wir nahmen den verschlafenen Dycc mit ins Auto und fuhren in die Klinik. Dort dauerte es noch eine Ewigkeit; um sie zu verkürzen, rannte ich immer wieder zum Wagen hinaus. Dycc stieg unwillig ein paar Male in die stürmische Märznacht aus, später blickte er mich nur verwundert an und blieb steif sitzen.
Dr. Reist fragte mich, ob ich dabei sein möchte.
«Nichts wäre mir lieber, Herr Doktor, vielen Dank.»
Ich hielt ihre Hand und streichelte mit der andern ihre feuchtkühle Stirn.
«Eine kleine Sängerin!» rief plötzlich Dr. Reist aus und hob unsere Tochter an den Füßen in die Luft. Sie fing auf das Stichwort gleich zu singen an.
Während nun meine Frau entspannt schlief, verließ ich das Zimmer und lief einer Krankenschwester in die Arme, die den Namen unserer Tochter wissen wollte. Arabella? Nein, das wäre ja theatralisch. Ich

In CAPRICCIO als Gräfin Madeleine, Zürich 1954

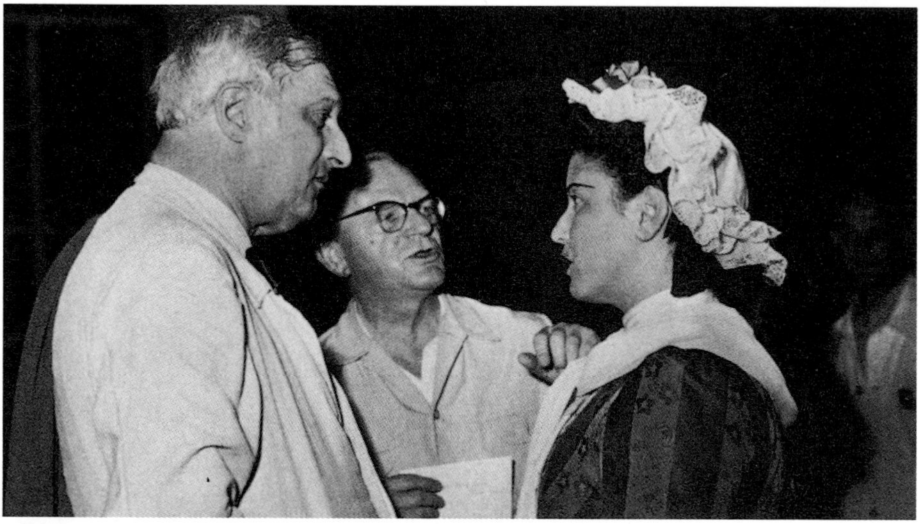

Der Rosenkavalier
mit Clemens Krauss und Josef Gielen (Regie). Erster Octavian, Salzburg 1953

Als Arabella mit Vesna, Zürich 1954

versuchte mich zu erinnern, auf welchen Namen wir uns geeinigt hatten, sie und Melina liebten die serbischen, wovon Melina eine ganze Liste besaß. Unsinnigerweise hörte ich fortwährend die Stimme meiner Frau als Ariadne: «Den Namen nicht – der Name ist verwachsen mit einem anderen Namen...», die Schwester klopfte schon mit dem Bleistift auf das Papier, ich blickte zum Fenster hinaus in den nächtlichen Frühlingssturm. Frühling!

«Vesna.»

«Wie?»

«Wesna», buchstabierte ich mit einem W statt V, um zu vermeiden, daß der Name «Fesna» ausgesprochen würde.

«Das klingt recht ungewöhnlich.»

«Ja, aber schön, Vesna war eine slawische Frühlingsgöttin.»

«Aha!» Die Schwester glitt davon.

Ich eilte zu Dycc hinunter.

«Dycc, du hast jetzt eine kleine Freundin Vesna, Vesna!»

Dieser Name existierte auf Melinas langer Liste nicht und war meiner Frau unbekannt; was wird sie wohl zu Vesna sagen?

«Herrgott!» rief ich laut in die Nacht und griff mir an den Kopf, «sie hatte Rajko für einen Buben, Rajka für ein Mädchen gewollt.» Ich raste zur Schwester zurück, aber zu spät, Vesna war bereits eingetragen. «Schwester, würden Sie bitte wenigstens einen zweiten Namen notieren?»

«Ja, das kann ich.»

«Rajka.»

«Noch eine Göttin?»

«Nein. Dieser Name wird von dem Wort ‹raj› abgeleitet: raj ist Paradies.»

«Auch nicht übel! Haben Sie noch mehr davon bereit?»

Ich rannte klopfenden Herzens ins Geburtszimmer zurück und sah mich nach Vesna um.

«Wo ist Vesna?»

«Wo ist wer?» fragte meine Frau.

«Oh, Moje», und ich erklärte ihr, wie unsere Tochter zu diesem Namen kam. «Es tut mir wirklich leid, aber du kannst sie Rajka nennen, wenn dir das lieber ist.»

«Warum? Ich finde Vesna sehr schön, wunderschön.»

«Aber wo ist sie denn?»

«Bei den andern Neugeborenen. Du kannst sie dort durch die Glaswand sehen.»

Ich eilte hin und drückte die Nase an der Scheibe platt. Die mumienhaft verhüllten Schwestern schwirrten hin und her. Ich klopfte.
«Welches ist Ihres?» fragte eine der Schwestern.
«Ich weiß nicht. Ich habe sie nur kurz mit dem Kopf nach unten gesehen!»
«Wie heißt sie?»
«Vesna-Rajka.»
«Ah, die Tochter von Frau Della Casa...»
«Ja... Und nebenbei auch meine.»
Ich fragte mich, welches dieser runzligen, schreienden oder schlafenden Wesen unsere Tochter sei, und auch, warum alle Säuglinge so häßlich sein müssen. Die Schwester hob ein weißes Paket aus dem Bettchen, kam zur Glaswand und zeigte mir das schönste Kind dieser Erde. Vesna schlief hinter langen dichten Wimpern, die Augenbrauen zogen klare hohe Bogen, die edelgeformte Stirn war von dunklen Haaren umfaßt, ihre glatte Haut hatte den Schimmer eines reifen Pfirsichs.
Das Spitalsystem fanden wir unerträglich, man bekam das Kind selten in die Arme. Kaum hatte Vesna den letzten Zug getrunken, schon sahen wir nur noch den Rücken der sie davontragenden Schwester. Zwischen Vesnas Besuchen versank meine Frau in ihre Glückseligkeit und hatte nur einen Gedanken: Das Kind so bald wie möglich nach Hause zu nehmen; sonst war sie wunschlos und wollte weder Zeitungen noch Bücher lesen und keine Besucher sehen. Nichts, was sie ablenkte.
Fünf Wochen später, eine Stillmahlzeit auslassend, stand sie als Arabella wieder auf der Bühne, zuerst in Zürich und anschließend in Wiesbaden bei den Maifestspielen.

In diesem Mai 1951 erfuhren wir, daß die Wiener Oper die erste Nachkriegs-«Arabella» für Juni 1952 plante, mit einer, meiner Ansicht nach, absurden Besetzung. Irmgard Seefried in der Titelpartie und Sena Jurinac als Zdenka. Wärend die Jurinac Hilberts Einfall rundweg ablehnte, willigte die Seefried ein.
«Das ist doch dummes Zeug», sagte ich. «Die Seefried wird niemals Arabella singen. Eine typische Hilbertsche Fehldisposition.»
«Bist du sicher?» fragte meine Frau.
«Ja. Sie wird ihm über kurz oder lang die Partie zurückgeben, Hilbert wird sich mit Hartmann beraten, und schließlich wirst du diese Arabella in Wien singen.»

«Dein frommer Wunsch.»
Monate später wurde aus dem frommen Wunsch Wirklichkeit. Hilbert pflegte endlose Telegramme zu verschicken, und ein solches mit der verlockend formulierten Einladung für «die erste Nachkriegs-Arabella» erreichte meine Frau. Rudolf Moralt dirigierte, Hartmann führte Regie.
Der 10. Juni 1952 wurde zu einem Triumph für die neue Wiener «Arabella», die Kritiker sangen unisono Superlative.
Alexander Witeschnik schrieb in der *Neuen Wiener Zeitung:*

Die Arabella steht und fällt mit der Sängerin der Titelpartie. Auch das lehrte die Aufführung. Lisa Della Casa ist ein kaum wiederholbarer Glücksfall; eine Sängerin von Gottes Gnaden. Diese tiefe, satte, glockenreine Stimme, die, in wundervoll einheitlicher Linie geführt, bis in die höchste Höhe ihren ruhigen Glanz bewahrt, kommt direkt aus dem Herzen oder aus dem Himmel, was in diesem Fall dasselbe ist. Es fällt schwer, hier nicht ins Schwärmen zu geraten. Jedes Wort ist verständlich, jede Gebärde empfunden, jede ihrer Arien ein Liebesbekenntnis. Dazu kommt die gelassene Anmut der Erscheinung, die in einer sicheren Beseeltheit ruht. Bleibt die Frage: Wie lange wird man diese Aufführung halten können? Wer wird, wer kann nach Lisa Della Casa in die Bresche springen? Man sollte kein Opfer scheuen, um diese Künstlerin dauernd an die Staatsoper zu binden.

Der damalige Doyen der Wiener Kritik, Max Graf, schrieb in der *Weltpresse:*

Mit der schönen Gestalt hat sich Lisa Della Casa in die erste Reihe gesungen. Die Erscheinung hat persönlichen Zauber. Das Spiel fesselt mit Anmut. Die Stimme hat reinen Klang. Die Mädchengestalt hat seelischen Reiz und wird wieder zur dichterischen Erscheinung.

Hartmann zeigte uns Skizzen für die nächste Arabella in München, wo er inzwischen Intendant geworden war. «Sie werden sehen, Frau Della Casa, die Inszenierung in München wird noch schöner, sowohl Ihre Kleider als auch die Bühnenbilder. Rudolf Kempe ist der Dirigent.»
Hartmanns Führung war für meine Frau von unschätzbarem Wert. Er war ein stiller, selbstsicherer, erfahrener Aufbauer, der nichts von der oft rührend hilflosen, oft peinlichen Grandezza der andern Theatermenschen hatte.
Nach der «Arabella» in München im Oktober 1952 zeigten sich Presse und Publikum nicht weniger enthusiastisch als in Wien.
«Man konnte meinen, für sie sei diese Figur erfunden, seien die won-

nigen Kantilenen geschrieben, mit denen Strauss diese Rolle so überreich bedacht hat», schrieb die *Neue Zeitung* und drückte damit sublimiert aus, was auch die anderen Zeitungen meinten.
Die Wiener «Arabella» brachte ihr den österreichischen, die Münchner den bayerischen Kammersängertitel ein.
Im Herbst 1953 eröffnete Hartmann die Gastspiele der Bayerischen Staatsoper in London mit «Arabella». Durch ihre frühere Mitwirkung an den Festspielen in Glyndebourne und Edinburgh war meine Frau für die englische Musikwelt zwar keine Unbekannte, aber diese «Arabella» war ihr Debut an der traditionsreichen Covent Garden Oper. Ich zählte in den nächsten Tagen neun verschiedene Bilder von ihr in den Zeitungen, zwei davon, *Daily Express* und *Daily Mail,* brachten sie auf der ersten Seite mit Schlagzeilen «Nacht des Triumphs» und «Film-Star Diva».
Der Korrespondent der Deutschen Depeschenagentur berichtete nach Deutschland:

Am Schluß der Vorstellung erhob sich stürmischer Beifall, vor allem für die Primadonna Lisa Della Casa in der Titelrolle. Bei allen Kritikern ist die Begeisterung besonders für Lisa Della Casa, die schönste Primadonna, die man seit langem im Covent Garden gesehen hat, sehr groß. Der Kritiker des *Daily Telegraph* sagt: ‹Der Abend war bemerkenswert durch Lisa Della Casas distinguierte und wunderbare Darbietung, die ohne alle Einschränkung ein Entzücken für Auge und Ohr war.›»

Der Strauss-Kenner William Mann fragte:

Hätte London im Jahre 1934 die Arabella so kühl aufgenommen, wenn Lisa Della Casa damals die Titelpartie gesungen hätte? Als sie gestern die Bühne betrat, war sie es, nicht die Scheinwerfer, die eine Aura des strahlenden Lichtes schuf...

Auf den Wunsch des Publikums mußte eine zusätzliche Vorstellung eingeschoben werden.
Zwölf Jahre später, 1965, brachte Covent Garden eine eigene Neuinszenierung mit meiner Frau und Dietrich Fischer-Dieskau. Georg Solti dirigierte, Hartmann führte wieder Regie. Eine dieser längst im voraus ausverkauften acht Aufführungen war ihre hundertste Arabella. Der Pressechef der Oper wollte dieses rare Jubiläum «würdig feiern». Ich versuchte vergeblich, ihn von der Überflüssigkeit eines solchen Vorhabens zu überzeugen.
«Die Vorstellungen sind ohnehin ausverkauft, meiner Frau liegt nichts daran, also wozu dann?»

«So etwas können wir uns nicht entgehen lassen, eine hundertste Arabella wird nicht alle Tage gesungen.»
Er beharrte darauf und setzte einen Empfang für Presse, Direktion und Kollegen in den Räumen unseres Hotels auf den Tag vor der Aufführung fest. Die Hotelmanagerin besorgte Blumenarrangements und fragte nach unseren Wünschen, welchen Champagner, russischen oder persischen Caviar und so fort.
Als wir den festlichen Raum betraten, wurde eine Riesentorte aus der königlichen Konditorei mit hundert brennenden Kerzchen hereingetragen. Die Anwesenden klatschten, die Photographen blitzten, wir waren beinahe gerührt. Die Zeitungen berichteten am nächsten Tag ausführlich über dieses Ereignis und brachten Bilder, wie die «Diva» die Kerzchen ausblies. Als ich drei Tage später unsere wöchentliche Hotelrechnung in den Händen hielt, quollen mir die Augen heraus: Der großzügige Empfang ging auf unser Konto!
Ich fragte die Managerin, ob dem Hotel nicht ein Irrtum unterlaufen sei.
«Ist etwas nicht in Ordnung?»
«Der Empfang ist auf unsere Rechnung gebucht, ich dachte, Covent Garden gibt ihn meiner Frau zu Ehren...»
«Das geht *immer* auf Rechnung der Künstler. Ich habe schon oft für verschiedene Stars Empfänge vorbereitet.»
«Ach so», sagte ich verlegen und ging zu meiner Frau.
«Das ist ja unerhört!»
«Aber die Party war lovely...»
«Hör auf zu blödeln. Ich hätte doch von mir aus diesen Quatsch nie gemacht!»
Sie war verstimmt. Abgesehen von der Summe, es widersprach auch ihrem Grundsatz, Geld für die Publicity auszugeben. Sie verabscheute jede gesteuerte und käufliche Reklame und war stolz darauf, daß sie ihre Karriere buchstäblich nur mit ihren zwei Stimmbändern gemacht hatte.
Earl und Lady Drogheda luden uns zu einer Gala-Ballettpremiere mit Margot Fonteyn und Rudolf Nurejew ein. Mit von der Partie waren Yehudi Menuhin mit Frau, die damalige Arbeitsministerin Jennie Lee, Minister Roy Jenkins und noch weitere Vertreter der Politik und der Londoner Gesellschaft. Anschließend warteten wir in dem nur für den Hof bestimmten Raum auf Marina, Herzogin von Kent, und ihre Schwiegertochter. Die Herzogin schritt unseren Halbkreis langsam ab, wechselte kurze Liebenswürdigkeiten mit den Herren und knick-

senden Damen und kam am Ende zu uns. Sie hatte meine Frau als Arabella gesehen und, wie sie sagte, sehr bewundert.
Die Etikette verlangt, daß man den Mitgliedern des königlichen Hauses nur knappe, höfliche Antworten auf ihre Fragen gibt. Ich verstieß gegen die Sitte und fragte meinerseits nach dem Befinden von Prinz Paul und Prinzessin Olga (Prinzessin Olga war ihre mit Paul von Jugoslawien verheiratete Schwester).
«Ah, Sie kennen meine Schwester?»
«Nein, nicht persönlich, mein Vater kannte Prinz Paul...»
Ich fragte weiter, was aus seiner kostbaren Bildersammlung (darunter einige wunderschöne El Grecos) geworden sei, worauf die Herzogin lange mit uns plauderte.
Am nächsten Tag rief ihre Hofdame an und übermittelte die Einladung zu einem «drink» im Kensington Palace.
Aber der Taxichauffeur fuhr uns zum Hotel dieses Namens.
«Nein, nicht zum Hotel, zum richtigen Kensington Palace!»
Das muß doch hier in der Nähe sein, dachte ich, während er uns immer weiter und, wie mir schien, im Kreise fuhr, bis er endlich, nachdem er einen Polizisten gefragt hatte, den Weg fand und im Hof vor dem Palastportal hielt.
«Verzeihen Sie das Herumfahren, aber unsereiner kommt selten hierher. Ich zum Beispiel war noch nie hier», sagte er.
Ein Butler erschien, führte uns durch die angenehm duftende Halle, stieß beide Türflügel auf und meldete uns an:
«Mr. and Mrs. Debeljevic.»
Zu meinem Erstaunen waren wir für einmal nicht Della Casas.
«Den ganzen Tag haben wir Ihren Namen geübt», begrüßte uns die Herzogin lächelnd.
Außer ihrer Hofdame war niemand sonst im Salon. Anderthalb Stunden unterhielt sie sich lebhaft mit uns; wir fanden sie hinreißend. Ich schrieb ihr einen längeren, begeisterten Brief. Wochen später schickte uns Earl Drogheda ein Bild der Herzogin mit ihrer Widmung und legte vorsorglich ein Konzept des formvollendeten Dankbriefes bei, das mich nachträglich erschaudern ließ. Die Anrede war «Madam», und am Ende hatte zu stehen: Your obedient servant. Was hat sich wohl die Herzogin bei meinem ersten Brief gedacht, fragte ich mich.

Die Arabella brachte meiner Frau nicht nur weltweite Anerkennung, Ruhm und Geld, sie brachte uns auch um unser zweites Kind. Sie war in Erwartung, als wir im Herbst 1960 nach New York kamen.

Die lange Probezeit für «Arabella» war sehr anstrengend, wie immer an der Met. Den Premierentag versuchte sie wie immer zurückgezogen zu verbringen; sie nahm im Geiste die ganze Partie und die Regieanweisungen durch, sang sich sorgfältig ein, machte Yoga-Übungen, und als ich den Wagen aus der Garage holen wollte, rief sie mich ins Schlafzimmer. Der Klang ihrer Stimme beunruhigte mich, ich rannte trepp-auf und sah ihr blasses Gesicht.
«Moje, ich glaube mit mir ist etwas nicht in Ordnung.»
«Dann darfst du auf keinen Fall auftreten, ich rufe sofort die Met an.»
«Tu's nicht. So spät kann man unmöglich absagen.»
«Und wenn du plötzlich stock-heiser geworden wärest?»
«Ich bins's aber nicht.»
«Aber das Kind!»
«Hoffen wir, daß alles gut geht, ich bin ja kräftig.»
Es ist in der Tat unmöglich, zwei Stunden vor einer Premiere abzusagen. Wir fuhren zur Vorstellung, sie sang, spielte, tanzte dreieinhalb Stunden, und wir verbrachten danach eine schlimme Nacht. Bevor sich am nächsten Morgen zwei herbeigerufene Ärzte geeinigt hatten, verlor sie das Kind.
«Hätte ich doch abgesagt!» Ihre Augen waren ganz dunkel.
Der eine Arzt nickte, der andere schüttelte den Kopf. «Jetzt brauchen Sie unbedingt Ruhe.»
«In vier Tagen habe ich wieder Vorstellung.»
«Sie sollten länger ruhen können.»
«Ach was. Jetzt ist das nicht mehr wichtig.»
Sie war untröstlich. «Moje, ich hasse diesen Beruf, man opfert ihm so viel, aber er ist unersättlich und verlangt immer mehr. Dieses Opfer war zu groß. Es ist nicht mehr gutzumachen.»
Vier Tage später schminkte sie in der Garderobe ihr trauriges Gesicht. Vor dem ersten Auftritt sagte sie: «Moje, nimm mich fest in die Arme und gib mir deine Kraft.» Damit sammelte sie immer ihre eigene. Sie sang, spielte, tanzte dreieinhalb Stunden, dreieinhalbtausend Menschen im dunklen Zuschauerraum jubelten «von einer großen Macht angerührt von oben bis ans Herz».
Arabella beendet die Oper mit einem musikalisch fulminanten Ausbruch:
«Ich kann nicht anders werden, nimm mich wie ich bin!»
Auch sie konnte nicht anders werden, als wie sie war: Die echte, die liebenswerte, die einzig Richtige. Ich nahm sie dankbar, wie sie war, und liebte sie über alles.

Elvira, Gräfin, Marschallin – oder Pionierarbeit

Zwei junge, vielversprechende Sängerinnen der Nachkriegsgeneration, Elisabeth Schwarzkopf und Lisa Della Casa, unternahmen in rascher Folge künstlerische Schritte, die das Publikum und die Peripherie der Fachwelt überraschten. Sie griffen nach drei Frauengestalten der Opernliteratur, Donna Elvira, Figaro-Gräfin und Marschallin, die bis dahin nur den reiferen Sängerinnen schwereren Faches vorbehalten geblieben waren.

Die beiden hatten neben Mut, Können und Intelligenz auch das Glück, in Männern wie Furtwängler, Busch, Kleiber, Krauß, Karajan, Hartmann, Graf Unterstützung zu finden. Dank deren Hilfe gelang es ihnen, die Zweifel zu zerschlagen und die Welt zu überzeugen, daß bedeutend mehr in ihnen steckte als leichtsinniger Ehrgeiz und jugendliche Schönheit.

So wie es üblich war, Donna Elvira als keifende, rachsüchtige, peinlich tragikomische Frau darzustellen und auf die schwere große Es-Dur Arie «Mi tradi» meist zu verzichten, hielt sich die larmoyante Gräfin in «Figaros Hochzeit» für verwandt mit einer rührseligen Marschallin im «Rosenkavalier», die nicht nur den jungen Liebhaber, sondern auch ihr Leben aufgibt.

Die neue Elvira wurde durch den gestochenen Gesang, die Es-Dur Arie inbegriffen, und durch die Züge einer tief liebenden Frau, die bis zum Ende glaubt, Don Giovanni zu retten, aufgewertet und als sein dramatisches Gegengewicht hingestellt. Durch die neuen Akzente bekam diese interessante und komplizierte Partie erst die richtigen Dimensionen.

Das behauptete Elisabeth Bergner während der Verfilmung von «Don Giovanni» in Salzburg 1954. Ihr Mann, Paul Czinner, war der Produzent. Die Intensität meiner Frau entging der Bergner nicht, sie verfolgte jede Einstellung mit größter Aufmerksamkeit, erteilte liebevolle Ratschläge und, wenn nötig, Korrekturen.

«Liebes Kind, es ist ein Vergnügen, Sie bei der Arbeit zu beobachten. Alles, was Sie machen, wirkt stark und echt, jedes Wort hat das richtige Gewicht, jede Reaktion stimmt. Das Reagieren ist oft wichtiger als das Agieren, aber die meisten Sänger denken nicht daran... Hören Sie, Lisa, während Leporellos ‹Registerarie› konzentrieren Sie sich mehr auf den Gesichtsausdruck als auf die Gesten...»

Ein halbes Jahr danach fuhren wir nach London, wo meine Frau zum

erstenmal in der «Royal Festival Hall» auftreten sollte. Kurz vor dem Liederabend saßen wir in Elisabeth Bergners eleganter Wohnung. Meine Frau war auffallend still.
«Lisa, sind Sie nervös?»
«Eigentlich ja», antwortete sie.
«Aber Lisa, Sie haben doch sicher fleißig gearbeitet?»
«Gearbeitet!» rief ich aus, «seit Wochen schuftet sie Tag und Nacht.»
«Das war eben zuwenig, und es ist immerhin mein erster Liederabend in London...»
«Hören Sie, Lisa», sagte die Bergner, «die Begabung, die wir haben, ist eine Gnade Gottes, für die wir dankbar sein müssen. Unsere Pflicht ist, uns fleißig und gewissenhaft vorzubereiten, darin liegt unser Dank für dieses Gottesgeschenk. Wenn wir unser Bestes getan haben, wenn wir in Demut und Dankbarkeit gearbeitet haben, ist der Abend nicht mehr wichtig. Nur die Faulen, die Undankbaren dürfen nervös sein...»
Schon wieder hat uns das Schicksal einen Schutzengel geschenkt, dachte ich. Frau Haeser, Melina, Hartmann, die Bergner.
Meine Frau war für die Elvira des Filmes ursprünglich nicht vorgesehen, aber die Bergner und ihr Mann hatten sich für sie eingesetzt und im Regisseur Herbert Graf Zustimmung gefunden. Die Schwarzkopf hatte aus mir unbekannten Gründen auf den Film verzichtet, obwohl die Tonaufnahmen bereits abgeschlossen waren. Man nahm nun die ganze Oper mit meiner Frau auf. Furtwängler schien über Schwarzkopfs Ausscheiden nicht glücklich zu sein und wollte beide Tonaufnahmen hören, zuerst die mit der Schwarzkopf.
Schon nach den ersten Takten von Elviras Auftrittsarie unterbrach er: «Schwarzkopf hat halt doch mehr dramatische Intensität. Della Casa klingt etwas lyrischer, weicher.»
In diesem Augenblick erschien der Toningenieur:
«Es tut mir leid, ich hatte die Bänder verwechselt, das war die Aufnahme mit Frau Della Casa...»
Irren ist menschlich und Vorurteile ebenfalls.
(Der langjährige Liedbegleiter meiner Frau, Arpad Sandor, ein erfahrener und hervorragender Musiker, von dem anzunehmen war, daß er ihre Stimme im Schlaf erkennen müßte, rief nach einer Met-Radioübertragung an.
«Dragan, außer Lisa und Siepi war alles letzte Provinz. So darf man Mozart nicht aufführen. Nur Lisa klang großartig.»
Meine Frau hatte zwar die Premiere von «Don Giovanni», nicht aber in dieser Vorstellung gesungen! Ich hatte nicht den Mut, es ihm zu

sagen, zumal er die Sängerin, die in der Übertragung die Elvira sang, nicht leiden konnte und sie als unmusikalische Kuh bezeichnete. Auch bestand nicht die entfernteste Stimmähnlichkeit zwischen ihr und meiner Frau.)

Ähnlich wie die Bergner sprach eine andere große Schauspielerin, Erika Wagner, die Frau des langjährigen Met-Dirigenten Fritz Stiedry, über die Elvira meiner Frau: «Ich habe noch nie eine so menschlich ergreifende, glaubwürdige, ja *so* frauliche Elvira erlebt!»

Der Ruf der Schwarzkopf und meiner Frau als Elvira war etabliert, die Opernhäuser und Festspiele sicherten sich für ihre «Giovanni»-Inszenierungen die eine oder die andere, die beiden reisten mit dieser Partie von Kontinent zu Kontinent.

Im November 1961 hielten wir uns mit der Oper von San Francisco in Los Angeles auf. Mit diesem jährlichen Gastspiel wurde die Saison der San Francisco Oper beendet. Wir wohnten in Hollywood, dort erreichte uns ein hilfeflehender Anruf.

Die bereits ausverkaufte Premiere von «Don Giovanni» in Chicago war durch plötzliche Erkrankung der Schwarzkopf in Frage gestellt, man bat meine Frau hinzufliegen, um die Vorstellung und Zehntausende von Dollars zu retten.

Kurz entschlossen verließen wir am nächsten Morgen die sonnige Küste Kaliforniens und landeten am Nachmittag im schneebedeckten Chicago. Mrs. Fox, die Operndirektorin, schickte vorsorglich ihren Nerzmantel zum Flugzeug, als ob sie ahnte, daß wir gedankenlos sommerlich bekleidet waren; aber auch ein eventueller Gedanke an das Klima von Chicago hätte uns nicht viel helfen können, unsere Wintersachen lagen in New York.

Die Zeit drängte, wir rasten ins Opernhaus, meine Frau ging gleich auf die Bühne, eine kurze Verständigungsprobe, ein längerer Blick auf die Kostüme, Einsingen, Schminken, und schon stand sie im Scheinwerferlicht. Nach der großen Es-Dur Arie der Elvira brachen Beifallsstürme aus.

Mrs. Fox, die neben mir auf der Bühne stand, nickte zufrieden. «Ich bin Ihrer Frau unendlich dankbar.»

Nach dem Schluß der mit großem Enthusiasmus aufgenommenen Vorstellung kam Mrs. Fox mit ihrem Stab zu meiner Frau und wiederholte die üblichen, unverbindlichen Sätze. Ich sagte: «Das war ein wirklich großer Erfolg.»

«Hoffentlich ist auch ‹red-head› (Rotkopf) Ihrer Meinung», antwortete Mrs. Fox.

«Wer ist red-head?»
«Kennen Sie sie nicht? Claudia Cassidy.»
Ich wußte, daß Cassidy eine sehr einflußreiche, gefürchtete Kritikerin war, aber ich wußte nicht, daß sie rothaarig war. Ihren Namen kannte ich, bevor wir nach Amerika kamen, ich hatte schon 1952 ihre Kritik aus Edinburgh gelesen, wo sie meine Frau als Pamina hörte: «Lisa Della Casa tritt mit Seefried, Schwarzkopf und Tebaldi in das sternflammende Königreich lyrischer Soprane.»
Aber nach den Aufregungen dieses Tages war die Cassidy die letzte, an die ich dachte.
«Sie wollen doch nicht damit sagen, daß Sie wirklich von ihrer Meinung abhängig sind, Mrs. Fox?»
«Ich nicht, nein, aber das Publikum. Wenn diese Dame ein Stück ablehnt, dann kriegt man die Leute nicht mehr in die Aufführungen, ihr Einfluß ist unglaublich.»
Am nächsten Morgen, kurz bevor wir zum Flughafen fuhren, rief Mrs. Fox an: «Haben Sie die *Tribune* gelesen? Die Cassidy hat die Hymne über Ihre Frau mit dem Satz abgeschlossen: ‹More Della Casa, please!›»
Es ärgerte mich, daß sie tatsächlich zuerst die Kritik abgewartet hatte.
«Überrascht Sie das?» fragte ich.
«Nein, Ihre Frau war wirklich großartig. Ich wollte Ihnen sagen, bevor Sie Chicago verlassen, daß ich Ihre Frau für die nächste Saison unbedingt wiederhaben möchte.»
«Ah? Das müssen Sie mit Weinhold (dem Manager) besprechen...»
Wir kamen im nächsten Jahr nach Chicago zurück, Mrs. Fox und das Publikum waren wieder begeistert, die Cassidy aber weniger, sie fand meine Frau stimmlich nicht «at her best», obwohl die Gräfin in nichts der Elvira nachstand. Die Unberechenbarkeit der Cassidy ging Hand in Hand mit den Berechnungen der Fox, meine Frau wurde nicht mehr an die Oper von Chicago engagiert.
Ich bin sicher, daß der Salzburger Don Giovanni-Film unter Furtwängler sehr viel zu der Popularität ihrer Donna Elvira beitrug; auch dort, wo sie diese Partie nie gesungen hatte, war ihre Elvira eine Legende. Aber sie sang sie ungern!
«Ich mag Elvira nicht, sie ist schwer, undankbar und fällt nur auf, wenn sie schlecht ist.»
So sprach sie. Dabei hätte sie uns mit dieser Rolle allein mühelos ernähren können. Im Grunde faszinierte sie diese Figur; gesanglich bereitete sie ihr keine Schwierigkeiten, aber die darstellerische Proble-

matik erschien ihr fast unlösbar. Sie setzte sich unermüdlich damit auseinander, war nie oder ganz selten zufrieden und hegte eine Art Hassliebe für Elvira.
«Ich möchte eine einzige ideale Giovanni-Lösung erleben. Außer vielleicht der Salzburger Inszenierung aus dem Jahre 1956, mit Mitropoulos und Graf, war bis jetzt keine für mich befriedigend. Aber auch damals in Salzburg waren es wohl in erster Linie die Kostüme, so unwahrscheinlich das klingen mag, die mir die Arbeit etwas erleichtert haben.»
Rolf Gerard hatte für diese Inszenierung außergewöhnliche Kostüme entworfen. Im ersten Kleid schien sie einem Velazquezgemälde entstiegen zu sein, in der zweiten Robe aus türkisfarbener Seide und schwarzen Spitzen vereinigte sich die Grandezza der noblen Donna mit der finsteren Vorahnung eines schlimmen Endes, und im letzten Auftritt trug sie ein klösterliches Phantasiegewand in Weiß und Schwarz. Weder aus Eitelkeit noch aus rein ästhetischen Gründen achtete meine Frau auf Kostüme und Frisuren; sie mußten sich mit ihrer Vorstellung der Gestalt decken, der Schnitt, das Material, die Farben hatten großes Gewicht.
Wenn es möglich war, entwarf sie die Kostüme am liebsten selbst; wenn nicht, zermürbte sie mit Geduld, Charme und List die Kostümbildner, bis sie sich, oft ohne es zu merken, ihren Wünschen fügten. Ich glaube, sie galt in diesen Kreisen als eine Art Schreck. Nicht weil sie immer genau wußte, was sie wollte, aber weil sie immer wollte, was sie wünschte.
Wenn sie ihre eigenen Kostüme nicht mitnehmen konnte, führte sie der erste Weg in einer neuen Stadt in die Theaterschneiderei. Kannte man sie dort noch nicht, oder waren inzwischen neuangestellte Arbeitskräfte am Werk, spielte sich immer dieselbe Szene ab. Die aufgeregten Schneiderinnen schwirrten um den berühmten Gast, traten sich gegenseitig auf die Füße, zupften an falschen Stellen am Kleid, schlugen sich die Köpfe unter der Krinoline an, redeten viel und gleichzeitig und stachen mit den gefährlichen Stecknadeln entweder sich selbst in die Finger oder in die Haut meiner Frau. Sie stand zuerst unbeweglich vor dem Spiegel und versuchte durch halbgeschlossene Lider ein Bild und die Wirkung des Kostüms zu sehen. Nachdem sich der erste Wirbel gelegt hatte, fing ich gewöhnlich im Spiegel ihren bestimmten Blick auf, der nichts Gutes ahnen ließ.
«Darf ich Sie einen Augenblick um Aufmerksamkeit bitten? Sie sehen, die Taille liegt zu hoch... Diese Querfalten verschwinden am besten,

wenn Sie diese Naht hier aufmachen würden... Die Ärmel sind verdreht, also machen Sie es bitte hier unten auf... Dieses Fischbein ist am falschen Platz, wenn überhaupt, dann nur hinter dieser Naht, sonst hat es überhaupt keinen Sinn... Das Decolleté stimmt nicht ganz, lassen Sie mich sehen; hier ist es zu tief, dafür sollte die Linie hier so verlaufen... Die Krinoline müßte vorne flacher, dafür hinten ausladender sein...»

Die Schneiderinnen verstummten und legten hilflos die Hände in den Schoß.

«Geben Sie mir bitte die Stecknadeln, ich stecke es ab. So, sehen Sie? Wissen Sie, ich muß mich in diesen Kleidern stundenlang frei bewegen und atmen können. Sie sind ja so geschickt. Wie ich merke, sind Sie künstlerisch angehaucht, das ist so wichtig, das Handwerkliche und das Künstlerische gehen ja Hand in Hand.»

«Die Kostüme sind eigentlich ganz hübsch», warf ich meist ein.

«Heuchler», sagte meine Frau, nachdem sich die Schneiderinnen entfernt hatten, «auch du siehst, daß diese Kostüme entsetzliche Fetzen sind. Hoffentlich können die noch was daraus machen!»

Im Jahre 1956 kamen wir zum erstenmal nach Buenos Aires, wo sie zuerst Elvira, danach die Gräfin zu singen hatte. Am ersten Tag gingen wir in die Schneiderei, die das Bild eines chaotischen dolce far niente zeigte: es gab keine Kostüme, es gab auch keine Entwürfe, ja es gab nicht einmal einen Kostümbildner.

«Um Gottes Willen, in knapp zwei Wochen ist doch die Premiere, und Sie haben noch nicht angefangen!»

Die Hauptschneiderin kaute weiter an ihrem Schinkenbrot: «Mañana, Señora, mañana!»

Am nächsten Tag hieß es aber wieder: Morgen, am darauffolgenden ebenso: Mañana.

«Ich kann dieses Wort nicht mehr hören», sagte meine Frau zu mir, und zur Schneiderin:

«Hören Sie, jetzt ist Schluß mit mañana, wir gehen sofort gemeinsam an die Arbeit.»

Die ganze Werkstatt schmunzelte.

«Señora, ich habe doch noch keinen Auftrag und auch keine Ahnung, was ich machen soll», sagte die Schneiderin.

Meine Frau ließ den Regisseur in die Schneiderei rufen. Er kratzte sich am Hinterkopf. «Tja... Wir haben im Fundus alte Don Giovanni-Kostüme. Man könnte sie eventuell mit denen aus ‹Don Carlos› ergänzen...»

Die hereingetragenen, staubigen, armseligen Kleider hätten sich nur noch als Vogelscheuchen gut gemacht.
«O Gott!» rief meine Frau entsetzt.
Sie verlangte Papier und Bleistift, entwarf die Kostüme, wühlte in den Stoffballen, nahm die Schere, schnitt, steckte, nähte, modellierte in Eile auch noch einen großen Hut für den ersten Auftritt.
Dasselbe geschah vor der Figaro-Premiere, nur daß dieses Mal eine Schneiderin noch während der Vorstellung in der Garderobe am großen Kleid nähte und meine Frau kurz vor ihrem Auftritt zur C-Dur-Arie im dritten Akt die Blumengirlanden und andere Applikationen mit Sicherheitsnadeln befestigte, die dann in allen Vorstellungen und wahrscheinlich noch bis heute am Kleid blieben...
«Wie soll ich denn eine über die Erde schwebende Pamina darstellen, wenn ich einen Panzer trage? Auch das Kleid muß schweben. Oder wie soll ich mich als jungmädchenhafte Arabella grazil bewegen und Walzer tanzen, wenn mich eine bleierne Krinoline zu Boden zieht, oder den Schritten entgegenschwingt? Kostüm und Frisur müssen die Figur unterstützen», sagte sie.
Auch der Frisur galt ihre besondere Sorgfalt. Nichts brachte sie so leicht aus der Ruhe wie eine stereotype oder linkische Friseuse. Nur in Wien war sie sorglos; die begabte Friseuse, von ihr «Große Hedi» genannt, entwarf mit geschickter Hand und unerschöpflicher Phantasie Frisuren, die den Wünschen meiner Frau entsprachen. Gemeinsam erfanden sie immer neue Formen, es wurde daraus ein künstlerisches Spiel. Auch die stille, gewissenhafte Garderobiere, die «Kleine Hedi», war die personifizierte Verläßlichkeit, sie wußte nach Jahren, welcher Schmuck zu welchem Kleid, welche unsichtbaren Stücke zu welchem Kostüm paßten. Die zwei Hedis bildeten ein hilfreiches Team, das für ihre Seelenruhe sorgte.
Meine Frau vermied die Nervosität vor dem Auftritt. Mindestens zwei Stunden vor der Vorstellung saß sie schon an ihrem Schminktisch und sammelte sich, «in der eiskalten Höhe der Konzentration», wie Melina sagte; «wenn man nicht wüßte, wie schöpferisch Lisa singt, würde man es schon an dem luftleeren Raum erkennen, der in der Garderobe um sie herum ist.»
Nicht alle Garderobieren und Friseusen waren ungeschickt, viele jedoch eigenwillig. Manchmal war es in einer Stadt leichter, das Publikum und die Presse zu erobern, als die Garderobiere aus ihrer Reserviertheit herauszuholen. Ihre unergründliche Miene zeigt, daß vor Gott, Gesetz *und* ihr alle gleich sind.

Beim Debüt meiner Frau an der New Yorker Met amtierte als Chefgarderobiere die alte Italienerin Jenny, die über vierzig Jahre die größten Stars an- und auszog. Sie hatte nicht nur meine Frau, sondern auch die zu gleicher Zeit debütierende Irmgard Seefried zu betreuen. Jenny behandelte beide mit kühler Höflichkeit und äußerst sparsamen Handreichungen; sie war meist unauffindbar. In Not und Eile zog ich meine Frau an und ging auch der Seefried zur Hand. Dann erst erschien Jenny:
«Sono qui, cara. (Da bin ich, meine Liebe). Sono *sempre* qui.»
Zwei Jahre lang klang dieser Satz etwas distanziert, herablassend. Inzwischen lernten wir die Familie Hall kennen. Kirsten Flagstad wohnte auf dem schönen Besitz der Halls, wenn sie in New York war, und die Halls reisten oft mit ihr. Als dann Mrs. Hall eines Tages zu meiner Frau in die Garderobe kam, eilte ihr Jenny entgegen und begrüßte sie mit einer Herzlichkeit, die ich in ihr nicht vermutet hatte. Nachdem Mrs. Hall meine Frau umarmt, geküßt und ihr betont hatte, wie sehr sie sich auf unseren morgigen Besuch freue, verabschiedete sich Jenny nicht mehr mit dem üblichen «Arrivederci, Cara», sondern sie sagte geradezu feierlich: «Good night, Madame!»
Seit diesem Abend war Jenny völlig verändert – höflich, herzlich und respektvoll zugleich. Ihr «Madame» bedeutete beinahe so viel wie ein Kammersängertitel; und von da ab war sie wirklich «sempre qui». Ich wurde arbeitslos.

*

Im Gegensatz zu der vielschichtigen Elvira erschien meiner Frau die Figaro-Gräfin von allem Anfang an unproblematisch und ohne besonderen Reiz. Die erste Gräfin fiel auch in eine denkbar ungünstige Zeit, 1950, kurz nach der ersten «Ariadne» mitten in die Vorbereitungen für «Capriccio» und «Arabella». Ihr makelloser Gesang entzückte zwar den großen Fritz Busch, aber in der knappen Probenzeit entstand nur eine etwas farblose Figur.
Melina und ich – uns lag gerade an dieser Partie viel – verbargen unsere Enttäuschung nicht.
«Ich verstehe nicht, was ihr eigentlich mit dieser Gräfin habt. Der Gesang geht noch gerade, aber sonst ist sie ziemlich blaß», wehrte sich meine Frau.
Ich sah meine erste wirkliche Möglichkeit, ihr bei der Arbeit zu helfen, entschwinden. Strauss und Hofmannsthal waren für mich ein neues Gebiet, auf dem ich mich noch unsicher fühlte; in bezug auf «Figaros

Hochzeit» glaubte ich mich berufen, ihr durch meine Erfahrungen zu nützen.
Für die Glyndebourner Festspiele im Mai 1951 mußte sie die Gräfin auf Italienisch umstudieren. Beim Abhören der Partie versuchte ich sie auf alle mir wichtig erscheinenden Stellen aufmerksam zu machen, aber sie fühlte sich nur gestört:
«Es ist sinnlos, dauernd mit Wünschen zu kommen, bevor ich den Text so gut beherrsche, daß er automatisch weiterfließt. Erst wenn ich die Rolle im Schlaf kann, bin ich für deine Vorschläge bereit.»
Trotz allen guten Vorsätzen rissen mich die Noten und der Text zu schwelgerischen Ausbrüchen hin: «Ist diese Stelle nicht herrlich!»
«Moje, du bist wirklich mühsam. So verliere ich nur Zeit, du reißt mich fortwährend heraus.»
Ich konnte es kaum erwarten, gemeinsam an dieser Figur zu arbeiten. Während ich mich in die Trilogie von Beaumarchais vergrub, merkte ich nicht, daß sie den Text schon längst «im Schlaf» konnte und die Gestalt formte.
Gelegentlich versuchte ich ihr zu schildern, was ihre Vorgängerinnen besonders gut oder falsch gemacht hätten. Wieder verkehrt.
«Verschone mich bitte damit. Ich kann die Figur nur so darstellen, wie ich sie selbst empfinde. Ich kann mich unmöglich nach Vorbildern richten. Lieber bin ich eine echte Della Casa als eine noch so gute Kopie einer anderen.»
«Ich dachte, du könntest wenigstens an schlechten Beispielen etwas lernen.»
«Ich kann nur aus meinen eigenen Fehlern lernen.»
«Genau das wollte ich dir ersparen, denn das könnte manchmal zu spät sein.»
«Es ist nie zu spät. Jeder muß seine eigenen Erfahrungen sammeln. So habe ich zum Beispiel aus den Fehlern meiner ersten Gräfin einiges gelernt. Es lag vielleicht nur an mir, womöglich auch am Regisseur oder an der knappen Probenzeit, daß ich die Gräfin vor einem Jahr falsch sah. Ich finde sie nicht mehr blaß.»
«So, so! Wie denn?»
«Uff... Also, diese Gräfin ist doch das entführte Rosinchen aus dem ‹Barbier von Sevilla›, stimmt's?»
«Soweit ja.»
«Nur nicht so höhnisch! Sie kann adeliger Abstammung gewesen sein, Gräfin ist sie aber erst durch die Heirat geworden. Sie war als munteres Mündel des eifersüchtigen Don Bartolo nicht sehr damen-

In DER ROSENKAVALIER. Erste Marschallin, Wien 1955

In Don Giovanni als Donna Anna mit George London (Don Giovanni), Wien 1955

Requiem von Mozart mit Bruno Walter und Anton Dermota, Ira Malaniuk, Cesare Siepi, Salzburg 1956

haft, und sie ist auch später als Gräfin keine wahre Grande dame. Ja?»
«Ja, ja, weiter, weiter.»
«Lachst du mich aus?»
«Keineswegs.»
«Ich glaube, eine geborene Gräfin würde niemals ihren Stand vergessen und den Liebeskummer mit ihren Angestellten teilen. Diese tut es. Sie macht mit ihnen sogar eine Verschwörung gegen den eigenen Mann; sie geht als Zofe verkleidet zum Stelldichein mit dem Grafen, erteilt ihm in aller Öffentlichkeit eine delikate Lektion und zwingt ihn mit unterdrücktem Lachen auf die Knie.»
«Und?»
«Diese Dame geht gar nicht so sehr in die Tiefe, die Untreue des Grafen bricht ihr keineswegs das Herz, sie zeigt doch mehr Lebenslust als Würde, wie soll man sonst ihr kleines gefährliches Spiel mit dem Cherubino erklären?»
«Aha», sagte Melina.
«Jetzt wird's spannend», fügte ich hinzu.
«Sei nicht albern. Eine tief unglückliche Frau kann doch unmöglich bittere Tränen vergießen und zugleich mit dem jungen Pagen flirten. Ich glaube, wenn Mozart sie wirklich traurig und unglücklich gewollt hätte, so hätte er bestimmt nicht ihre beiden Arien in Dur-Tonarten gesetzt. Er ließ die Pamina über ihr verschwundenes Liebesglück in einem ergreifenden G-moll trauern.»
«Das mit den Tonarten ist einleuchtend», sagte Melina.
«Sag mal, hast du ‹La mère coupable› gelesen?» fragte ich überrascht.
«Nein, warum?»
«Weil in dieser Fortsetzung die Gräfin ein Kind von Cherubino erwartet.»
«Das Interesse der Gräfin an dem Pagen geht schon aus dem ‹Figaro› allein hervor.»
Ihre Augen leuchteten. Es mag sein, daß es Augen gibt, die mehr Feuer zeigen, aber es sind ganz wenige, die so viel Licht ausstrahlen – wenn sie glücklich sind.
Sie war nicht intellektuell; sie hatte starke intuitive Kräfte und einen gesunden Verstand, der ihr ermöglichte, Ahnungen und Gefühle zu ordnen und auszudrücken. Sie kannte «La mère coupable» nicht, sie hatte das Theaterstück «Figaros Hochzeit» von Beaumarchais weder gelesen noch gesehen, bis vor kurzem war sie auch mit dem Werk von Da Ponte und Mozart nur flüchtig vertraut gewesen, dennoch gelang es ihr, die wesentlichsten Züge der Figur herauszuholen.

Natürlich hielt auch ich die übliche larmoyante Auffassung der Gräfin für verfehlt, aber trotz meinen literarischen Kenntnissen und obwohl ich das Theaterstück «Le Mariage de Figaro» in der Pariser Comédie Française gesehen hatte, in dem die Szene zwischen der verführerischen Gräfin und dem Pagen mit einem feurigen Kuß endet, wäre ich selbst nie auf die Idee gekommen, aus dieser Szene Schlüsse zu ziehen. Die darstellende Kunst lebt nicht vom Wissen, sondern von der geheimnisvollen Eingebung; Kunsttheorien verbreiten nur den Duft vertrockneter Früchte. Gesegnet sind diejenigen, denen es gegeben ist, richtig zu erfühlen und zu sehen, was ist. Meine Frau fühlte und sah, wie die Gräfin ist, während ich nur wußte und zu sehen glaubte. Ihre Gräfin, die ihre meistgesungene und eine der erfolgreichsten Partien wurde, hatte zuerst keinen leichten Stand. Nicht alle erfaßten gleich, worauf es ihr als Gräfin ankam. Die Lebenslust deutete man als Unreife, die Bereitschaft, alles mit leichtem Herzen und leichten Händen zu nehmen und zu geben, verwechselte man mit Oberflächlichkeit, der bewußte Flirt mit Cherubino wurde entweder übersehen oder mißverstanden.

Diese Szene führte viele Jahre später, 1960, in New York, zu einem öffentlichen Disput. In einer Neuinszenierung der Met war Cyril Ritchard Regisseur, einer der berühmtesten Schauspieler am Broadway und in Hollywood. Sein Grundkonzept richtete sich nach Beaumarchais, er kannte Mozart nicht, sprach kein Italienisch und legte deshalb besonderen Wert auf leicht-verständliches Spiel mit klaren Aktionen und Reaktionen.

Wir trafen erst kurz nach dem Beginn der Proben ein und fanden eine leicht gespannte Arbeitsstimmung vor.

«Es ist ein Wahnsinn, was er mit uns treibt», beklagte sich eine Kollegin meiner Frau, «er spricht immer nur vom Spiel und vergißt, daß wir auch noch singen!»

Ritchard überspielte mit der Mühelosigkeit eines gewandten, sophisticated Gentleman den Widerstand der Sänger, versuchte sie durch gute Laune aufzumuntern, sprach sie mit italienischen Zahlen an, Siepi z. B. hieß Cinque. Er fragte auch gleich meine Frau, welche Nummer sie am liebsten hätte.

«Gar keine. Ich finde es nicht nett, eine Nummer zu sein», antwortete sie.

«O.K. Dann keine Nummer. Gefällt Ihnen ‹Bella Cara› besser?»

«Oh, ja, das klingt sehr schön.»

Nach der ersten Probe sagte er:

«Bella Cara, es ist wunderbar, mit Ihnen zu arbeiten, Sie haben frisches Blut (new blood) in die Probe gebracht.»
«Und ich mache nichts anders, nichts Neues, nur was ich seit zehn Jahren als Gräfin tue. Ich hatte schon Angst, ich sei das Opfer meiner eigenen Schablone, ein wenig in ihr erstarrt.»
«Nein, nein. Ihr Spiel ist sehr lebendig. Und was wichtig ist, sie agieren *und* reagieren.»
In der Szene mit Cherubino war meine Frau wie immer die verspielte, verführerische Gräfin.
«Ausgezeichnet, Bella Cara, ausgezeichnet!» rief Ritchard aus dem Zuschauerraum und rannte auf die Bühne, um nun Cherubino zu mehr Mut anzufeuern. Auch duldete er vom Pagen in dieser Situation keine Komik und schon gar nicht den üblichen Klamauk.
«Ihre, das heißt Cherubinos Lage ist trotz der komischen Verkleidung nicht komisch. Im Augenblick, als Susanna abgeht, steht er allein vor der Frau, die er glühend verehrt und die ihn keineswegs abweist. Er darf in diesem Moment nie lächerlich wirken; ich weiß, es ist nicht leicht, so verkleidet, echte, rührende Gefühle zu spielen, aber er *muß* sowohl die Gräfin als auch uns, das Publikum, rühren.»
Im Laufe der Proben entdeckten die Sänger allmählich ihre Freude am Spiel, es bildete sich eine glitzernde Kette, die Handlung wurde sinnvoll und lebendig, das Stück entstaubt. Lord Snowdons Cousin, Oliver Messel, entwarf traumhafte Kostüme und Bühnenbilder, Erich Leinsdorf musizierte in der Art der Wiener Mozart-Tradition, die Sänger waren in glänzender Verfassung, ernteten starken Beifall auf offener Bühne und stürmische Ovationen nach Schluß der Premiere. Es war für eine Mozart-Oper an der Met ein ungewöhnlich großer Erfolg, auf den allerdings am nächsten Morgen der Schatten der vernichtenden Besprechungen niederfiel. Die Kritiker fanden die Regie stilwidrig. Affront gegen Mozart, Verstoß gegen den guten Geschmack und so fort.
Die *New York Times* warf Ritchard vor, aus der Gräfin eine Madame Potiphar zu machen.
Ritchard nahm sich die Presse zu Herzen, meine Frau versuchte, ihn zu trösten, und die Schuld auf sich zu nehmen.
«Unsinn, Bella Cara, Ihre Gräfin ist fabelhaft. Aber das sind Banausen.»
«Ich verstehe nur nicht, warum man sich nicht früher daran gestoßen hat, ich singe doch seit Jahren die Gräfin in diesem Haus, und ich habe sie nie anders gespielt.»

«Ich nehme an, daß die früheren Cherubinos diese Szene mit Ihnen mit so viel unsinniger Komik spielten, daß Ihre Absicht gar nicht zur Geltung kam.»
Die schöne, kostspielige Inszenierung wurde zum Stadtgespräch, die Gemüter ereiferten sich, man lobte, kritisierte, stritt sich tagelang darüber. Und die Aufführungen waren ausverkauft. Bing, der mehr von der Kasse als von der Presse hielt, war zufrieden.
«Ich verstehe die Kritiker in diesem Falle doch nicht», sagte ich zu ihm.
«Ich habe sie noch nie verstanden. Aber wer kümmert sich schon um die Presse?»
«Es ist immerhin sonderbar, daß ein Kritiker der *Times* den Flirt der Gräfin mit dem Pagen so mißversteht. Hat er keine Ahnung, daß die Gräfin in der ‹Mère coupable› ein Kind von Cherubino bekommt?»
Bing, der bis dahin nur mit einem Ohr beim Gespräch war, zeigte plötzlich lebhaftes Interesse: «Was haben Sie gesagt? Sind Sie wirklich ganz sicher mit dieser ‹Mère coupable›?»
«Ganz sicher.»
«So daß ich es öffentlich verwenden kann?»
«Ja.»
Bing benutzte es für ein Interview. Als ich ihn später nach der Reaktion der Presse fragte, lachte er. «Seitdem bekommen wir nur Verrisse!»

Knapp zwei Monate nach Vesnas Geburt, 1951, mußten wir der Gräfin wegen nach Glyndebourne fahren. Die erste Trennung von Vesna fiel meiner Frau schwer. Sie saß stundenlang schweigend im Wagen. Auch ich fuhr widerwillig über die gewölbten französischen Straßen, aber ich versuchte sie aufzumuntern; sie nickte ab und zu gedankenabwesend.
«Moje», sagte sie plötzlich mit kaum hörbarer Stimme, «ich eigne mich nicht für diesen Beruf. Ich werde nie lernen, die Trennung zu überwinden. Ich kann es nicht, und ich will es nicht. Entweder reisen wir alle zusammen, oder ich gebe diesen Beruf auf.»
Die Kanalüberfahrt war stürmisch. Uns gegenüber auf dem Deck saß ein typischer Engländer mit Melone. Seine Gesichtszüge verfinsterten sich zusehends.
«Laß uns lieber französisch reden», flüsterte ich zu meiner Frau, «Deutsch ist wahrscheinlich noch keine richtige Musik für englische Ohren.»

Des Gentlemans Gesicht verkrampfte sich aber immer mehr. Und dann geschah es: In Blitzeseile griff er unter die Bank nach dem leider auf dem Kopf stehenden Topf, und ohne ihn umzudrehen lud er Ballast ab.

«I am terribly sorry, indeed», sagte er betreten und begossen.

Selten erschien mir eine Entschuldigung so angebracht; was der hohe Wellengang nicht erreichte, brachte sein Anblick fertig – wir fühlten uns plötzlich elend.

Das Schloß Glyndebourne liegt in einer lieblichen Landschaft inmitten von Blumenpracht, gepflegten Rasenflächen und unübersehbaren Wäldern. Der Schloßbesitzer Christie hatte seiner Frau zuliebe das Theater angebaut und mit Fritz Busch, Carl Ebert und Rudolf Bing die Glyndebourner Festspiele gegründet. Christie scheute keine Opfer, um die Festspiele fortzuführen, hauptsächlich im Andenken an seine zu früh gestorbene und von ihm als Sängerin vergötterte Frau.

«Figaros Hochzeit», «Don Giovanni», «Così fan tutte» und «Idomeneo» waren mit jungen Künstlern bunt besetzt. Eine junge, noch unbekannte, immerzu lachende Schwedin Birgit Nilsson, ein junger Kanadier Léopold Simoneau mit seiner französischen Frau Pierrette Alarie, ein Schotte Murray Dickie, Richard Lewis, Geraint Evans, Mario Petri, Sesto Bruscantini, Hilde Zadek, Sena Jurinac und viele andere. Die meisten wohnten mit uns auf den Klippen über Seaford in einer abgelegenen Pension, deren Eigentümer besessen auf die Hausordnung achteten; erschien man nicht pünktlich zur Mahlzeit, mußte man sich den Gürtel enger schnallen. Selbst die schüchternen Versuche, zum selbstgekauften und im Eisschrank aufbewahrten Stück Käse oder Schinken zu kommen, scheiterten an dem Verbot, nach einer bestimmten Zeit die Küche zu betreten.

Das Besitzerehepaar verhielt sich wortkarg höflich, seine dezidierte Art hätte besser zu Aufsehern eines Heimes für schwererziehbare Jugend gepaßt. Trotzdem lachten wir Abend für Abend bis tief in die Nacht im Salon versammelt, daß die Wände zitterten; das Haus bebte ohnehin durch die Winde aus allen Himmelsrichtungen. Das Heulen der Stürme begleitete einen süßen Esel, der zum Haus gehörte. Man gewöhnte sich bald an ihn, als er aber in der ersten Nacht unter unserem Fenster unerwartet seinen Monolog sang, fielen wir beinahe aus den Betten.

Man fuhr täglich zu den Proben nach Glyndebourne, wo wenig an einen Opernbetrieb erinnerte. Nicht alle Proben konnten auf der Bühne gehalten werden, so arbeitete man auch in der Schloßbibliothek und

anderen Räumen, nicht selten in Anwesenheit von Touristen, die John Christie persönlich führte. Jede freie Minute verbrachte man im Park. Das Ganze glich eher einem Schulferienlager. Auch hatte man das Gefühl, als ob Busch und Ebert mit ihren Frauen mehr elterliche Aufsicht ausübten als die Festspiele leiteten.
Furtwängler, Knappertsbusch, Krauß, Böhm hatte ich schon während des Krieges gehört und verehrt, bevor ich ihnen später persönlich begegnete. Busch aber war für uns eine Legende, und trotz seiner Liebenswürdigkeit konnten wir lange unsere Scheu vor ihm nicht überwinden.
Bei der ersten Orchesterprobe zögerte meine Frau mit dem Einsatz vor dem schnellen Teil in der C-Dur-Arie.
«Na, na», rief ihr Busch zu.
«Ich weiß nicht mehr, Herr Professor, was Sie hier für ein Tempo wünschen.»
«*Sie* bestimmen das Tempo, und ich begleite Sie!»
Nach der Probe entschuldigte sich meine Frau für die Unterbrechung. Er setzte sich zu uns.
«Ah, was, Sie brauchen sich gar nicht zu entschuldigen. Ich muß etwas richtigstellen: Ich bin kein Sängerschreck. Ich fürchte, Sie sehen mich falsch. Ich war vor vielen Jahren streng, ungeduldig, für die Sänger vielleicht unangenehm. Mit einem Schlage bin ich anders geworden, hier in Glyndebourne. Vor einer Figaro-Premiere kam ich noch schnell auf die Bühne und sah Domgraf-Faßbänder, der den Figaro sang, etwas auf dem Boden suchen. Ich fragte ihn, was er verloren hätte. ‹Nichts›, antwortete er, ‹ich kontrolliere nur noch einmal die Kreidezeichen von Professor Ebert, an die ich mich halten muß.› Auf dem Weg zum Pult sagte ich mir, der Mann kommt zum erstenmal nach England, singt zum erstenmal in einer fremden Sprache, muß sich nicht nur an die Anweisungen, sondern auch an die Zeichen des Regisseurs halten, es fehlt jetzt nur noch meine Ungehaltenheit. Ich war erschüttert und – verwandelt. Seitdem bemühe ich mich, den Sängern zu helfen.»
Fritz Busch und seine Frau nahmen uns herzlich in ihren engeren Kreis auf, wir verbrachten mit ihnen viele menschlich kostbare, beruflich wertvolle Stunden. Er machte große Pläne mit meiner Frau, aber sein plötzlicher Tod begrub unsere Hoffnungen.
Es gibt wenige Dirigenten, die wie Busch dem Sänger musikalische Freiheit gewähren. Herbert von Karajan gehört zu ihnen. Als wir einmal nach monatelanger Abwesenheit nach Wien zurückkamen,

leitete er die erste Vorstellung meiner Frau. Es gab für diesen «Figaro» keine Proben. Da sie diese Oper noch nie mit ihm gesungen hatte, war sie natürlich etwas besorgt. Vor der Aufführung begrüßte er sie kurz in ihrer Garderobe und war auch schon wieder an der Tür. «Moment, Moment!» rief ihm meine Frau nach, «wir haben Figaro noch nie zusammen gemacht. Ich hätte zwei kleine, vielleicht etwas ausgefallene Bitten. In der ersten Arie...»
«Aber, liebe Frau Della Casa», unterbrach er sie, «Sie singen einfach, wie Sie es gewohnt sind, ich werde Ihnen folgen.»
Diese Vorstellung gehörte zu den wenigen, die als Sternstunde unvergeßlich bleiben. Karajan schien zufrieden zu sein; als er an mir vorbeiging, sagte er:
«Ihre Frau war fabelhaft.»
Die Glyndebourner Gräfin bedeutete, ein Jahr nach dem Salzburger «Capriccio», einen weiteren Schritt in der internationalen Karriere meiner Frau. In der Abgeschiedenheit des Glyndebourner Betriebes verlor ich aus dem Auge, daß diese Vorstellungen hauptsächlich für das Londoner Publikum und seine Presse bestimmt sind.
Die Damen erschienen in großen Abendroben und mit kostbarem Schmuck, die Herren im Frack. In den endlosen Pausen aß man Delikatessen, trank Champagner und unterhielt sich zwischen den Rosenbeeten.

Seit dem Glyndebourner Sommer verkörpert meine Frau mit der Schwarzkopf den neuen Typ der Gräfin, der sich überraschend leicht in das Wiener Ensemble – die Seefried als Susanna, die Jurinac als Cherubino, Erich Kunz als Figaro, Paul Schöffler als Graf – einfügte. Figaro-Aufführungen mit dieser Besetzung und unter Karl Böhm sind in die Musikgeschichte eingegangen.
Die Wiener Staatsoper schickte dieses Ensemble auf Gastspiele ins Ausland, im Herbst 1954 auch nach London. *Daily Express* brachte nach dem «Figaro» die Überschrift: «Kein Traum – sondern Opernvollendung». Andrew Porter schrieb: «Drei der besten Soprane der Welt waren hier auf der Bühne...» *Daily Mail* nannte schon in der Überschrift die Aufführung «unvergleichlich» und meinte: «Nur ganz selten erlebt man ein solches Glück, diese Herrlichkeit der drei weiblichen Stimmen auf einmal zu hören.»
Eric Blom in *Observer* behauptete, Wien schöpfe mit dieser Besetzung den Weltrahm ab. «Beachten Sie bitte zum Beispiel, daß uns einer dieser Wiener Soprane, Lisa Della Casa, unlängst sowohl mit der

Hamburger als auch mit der Münchner Oper besuchte; Rahm gibt es schließlich nicht im Überfluß. Außerdem kannten wir sie schon als vorzügliche Gräfin Almaviva in Glyndebourne, vorzüglich ist sie auch geblieben.»

Paul Czinner, der Produzent des Don Giovanni-Filmes, war von der Londoner Gräfin begeistert.

«Lisa, ich möchte Sie auch als Gräfin im Film verewigen!»

Opernfilme waren allerdings kein einträgliches Geschäft, ausgenommen der Giovanni-Film, der hauptsächlich von dem toten Furtwängler lebte; es war sein letztes Werk, die Menschen füllten pietätvoll die Filmvorführungen. Zu der Figaro-Verfilmung kam es nie. Aber meiner Frau war das Glück beschieden, die Gräfin für die Nachwelt gleich zweimal wenigstens akustisch zu verewigen durch die Plattenaufnahmen mit Erich Kleiber bei Decca und unter Erich Leinsdorf bei RCA Victor.

In Glyndebourne waren wir noch zu unerfahren, um die Bedeutung der Gräfin zu erfassen. Außerdem wurde die Freude am Erfolg durch die lange Trennung von Vesna überschattet. Mit viel größerem Interesse warteten wir auf die Post der Kinderschwester als auf die Zeitungskritiken. Während der Proben hielt uns die Spannung in guter Stimmung, aber nach der ersten Aufführung fühlten wir uns einsam und zählten die Vorstellungen und Tage.

Kurz vor der Abreise entdeckten wir in Seaford in einem unscheinbaren Antiquariat eine wahre Fundgrube. Mit dreihundertfünfzig Büchern fuhren wir am 14. Juli 1951 durch das seinen Nationaltag feiernde Frankreich ungeduldig unserem dunkelhaarigen Mädchen entgegen.

Als wir nach Hause kamen, schlief Vesna schon längst. Wir schlichen uns auf Zehenspitzen in ihr Zimmer, um ihren Lockenkopf wenigstens mit liebevollen Blicken zu streicheln.

«Um Gottes Willen!»

«Pssst», zischte meine Frau, griff aber nach meiner Hand.

Anstelle unseres dunkellockigen Engels lag vor uns ein kahlköpfiges, helles, in die Länge gezogenes Wesen, dessen Züge nur entfernt an das schöne Bild erinnerten, das sich uns vor der Abreise so tief eingeprägt hatte. Kaum zwei Monate, und diese Verwandlung! Wir hatten noch nie von einer solchen Mauser bei Kindern gehört.

«Ich möchte doch jede Entwicklungsphase miterleben», sagte meine Frau.

Von nun an reisten wir wenn irgend möglich alle zusammen: Kind,

Kinderschwester, Hausangestellte und zwei Hunde. Einige dieser Reisen verliefen wie turbulente Alpträume, aber meine Frau war selig; sie hatte etwas von einer rührenden, stolzen Glucke.
Als wir im Frühjahr 1956 aus Amerika nach Hause kamen, verließ uns unerwartet die Hausangestellte; das kommt überall vor und wäre weiter nicht von Bedeutung. Aber wir erwarteten zu dieser Zeit meine Schwester mit ihren beiden Kindern. Mitten in den Reisevorbereitungen für Wien erkrankte nun die Kinderschwester und mußte sofort ins Spital. Wir verloren den Kopf. Meine Schwester bot sich an, uns mit den Kindern nach Wien zu begleiten und dort den Haushalt zu führen, bis wir eine Hilfe fänden; dies schien uns die gloriose Lösung zu sein.
Obwohl sich schon auf dem Wagendach das Gepäck türmte, konnte man den Kofferraum nicht schließen; wir befestigten den Deckel mit Stricken. Im Innern quetschten sich drei Erwachsene, drei Kinder, zwei große Hunde; der Wagen schwankte wie ein Schiff. Als ich durch das Tor am Verwalter vorbeifuhr, lachte er: «Das Auto hat X-Beine!» Die Reise nahm kein Ende, alle halben Stunden mußte ich halten, entweder spuckten die Kinder oder die Hunde verlangten hinaus. Vor unserem gemieteten Wiener Haus kamen uns wie immer die zwei langjährigen Verehrerinnen meiner Frau, Bertl und Hetti, lachend entgegen. «Ein Zirkuswagen ist nichts dagegen!»
Ich könnte mir denken, daß das Leben unter einem Zirkuszelt nicht viel aufregender verläuft. Ich betätigte mich ohne viel Erfolg als Dompteur, drei kleine Kinder und drei große Hunde – das ist kein Druckfehler, die Hausbesitzerin überließ immer großzügig ihren Riesenhund unserer Obhut – waren einfach nicht zu bändigen. Hunde und Kinder gerieten uns fortwährend zwischen die Beine, sie schrien, sangen, stritten, bellten, kämpften, man hörte seine eigene brüllende Stimme nicht mehr. Täglich mußte man sie baden, kämmen, bürsten; man zog sie unzählige Male um, an, aus, verband blutige Knie und Ellbogen, ging mit allen spazieren – und meine Frau sang! Sie wußte oft nicht, was für eine Oper angesetzt war, aber abends stand sie auf der Bühne und war – glücklich.
Doch auch unser normaler Alltag unterschied sich vom Leben anderer Künstler, die von ihrer Umgebung auf Händen getragen werden und ungestört arbeiten können. Meine Frau hätte sich das gewünscht, um sich in Ruhe zu sammeln. Aber es gelang ihr nicht, es war wie verhext. Wir lebten nämlich im *Matriarchat*. Das stand nicht an unserer Haustür, aber es lag offenbar in der Luft; selbst die Handwerker wandten

sich nie an mich, höchstens mit der Frage: «Kann ich bitte die gnä' Frau sprechen?»
Vor allem brach an den Vorstellungstagen die Hölle aus. Ein Telegramm- oder Eilbriefbote läutete in aller Herrgottsfrühe Sturm. Die Hausglocke versetzte unsere Hunde in Aufruhr, sie rissen eine Tür nach der anderen auf und bellten sich ihre sanften Seelen aus. Die Heizung streikte mit Vorliebe an einem solchen Tag, ein Wasserrohr platzte, irgendwo regnete es durch, der Gas- oder Wasserzähler mußte abgelesen werden, das Telefon klingelte unermüdlich, der Gärtner war besonders fragesüchtig, einer der Hunde mußte gerade dann plötzlich zum Tierarzt, oder irgend jemand erwachte mit Schnupfen; nieste man, so sagte man bei uns statt «Gesundheit»: «Um Gottes Willen! Nimm sofort Redoxon.»
Und wenn nichts dergleichen geschah, entdeckte meine Frau verwelkte Blumen in den Vasen. Sie war eine Blumenfanatikerin; wir reisten von Stadt zu Stadt mit Armen voll Blumen, die sie jeden Abend liebevoll pflegte; auch ins Flugzeug schleppten wir oft mehr Blumen als Handgepäck. Hunderte von Orchideen machten die Reise von Hawaii über Kalifornien und New York nach Wien, wo sie noch wochenlang gepäppelt wurden, und es war nie zu mühsam, exotische Pflanzen von Australien oder Japan nach Hause zu bringen.
Waren die Blumen in den Vasen noch frisch, so fühlte sie sich von den Rosen im Garten gerufen, sie mußten sofort heute geschnitten werden, gleich nach dem Frühstück.
Oder anderes. «Eine Motte! Eine Motte!» – es klang wie ein Kriegsruf und versetzte uns in eine händeklatschende Orgie, was wiederum die Hunde außer sich brachte. Kleiderschränke, Betten, Polstermöbel wurden sofort fieberhaft untersucht, wir krochen auf allen Vieren auf Teppichen herum, Kopf an Kopf mit den neugierigen Hunden.
An Vorstellungstagen kam meine Frau zu allem, nur nicht zum Entspannen. Zwei Stunden brauchte sie allein für das stumme Wiederholen der Partie, auch jener, die sie mehr als hundertmal gesungen hatte; eine Stunde Yoga, eine gute halbe Stunde Einsingen, aber auch das selten ungestört. Wirkliche Ruhe fand sie erst in der Garderobe, die sie meistens ganz aufgelöst betrat.
«Ich frage mich, wie das die anderen machen?»
«Sie kümmern sich einfach um nichts.»
«Das kann ich nicht.»
«Vielleicht solltest du es mal versuchen?»

«Ah, Moje, nein. Im Grunde möchte ich es auch gar nicht anders haben...»
Aber leider konnten wir ein kleines Kind nicht immer den großen Reisestrapazen aussetzen, somit blieb uns manches Erlebnis versagt. In unserer Abwesenheit sprach Vesna das erste Wort, machte den ersten Schritt, zeigte den ersten Zahn. Den genauen Lauf der Entwicklung verfolgten wir nur im säuberlich geführten Tagebuch der Kinderschwester.
Bis zu ihrem dritten Jahr hatten sie keine Vorstellung vom Beruf ihrer Mutter, obwohl sie sehr früh, nachdem sie meine Frau gehört hatte, die Tonübungen in überraschend sauberen Stakkatos nachzwitscherte. Sie sang zwar einige Kinderlieder, aber der Kunstgesang schien sie mehr anzuziehen, sie wünschte immer wieder «die Frrauu im Rradiioo» zu hören. Abends verabschiedete sie sich mit der üblichen Frage:
«Nana, kommst du rauf mit mir singen und beten?»
Nana war meine Frau. Sie sang an ihrem Bett «Schlaf Kindlein», «Sur le pont d'Avignon», «Schiffli fahred uf em See». Vesna sang mit, dann aber sagte sie:
«Willst du, Nana, jetzt mit mir richtig singen?»
«Wir haben ja richtig gesungen.»
«Nein, nein, so richtig wie die Frau im Radio...»
Meine Frau sang ihr die Rosenübergabe aus dem «Rosenkavalier» vor, Zwischenmusik mit «tü-tü-tü» und das kleine Gesicht glühte:
«Nana, singst du bitte noch einmal?»
Am nächsten Abend leierte sie ihre Kinderliedchen hastig hinunter.
«Schön singen», sagte meine Frau.
«Nana, singst du mir wieder ‹tü-tü-tü›?»
Meine Frau fing kaum mit der Rosenübergabe an, als Vesna versuchte mitzusingen, erstaunlich sicher bei den kleineren Straussschen Intervallen. Schwierigkeiten hatte sie nur dort, wo sich eine Silbe über mehrere Noten ausdehnte, oder auch beim Oktavensprung «... ist wie ein Gruß vom Himmel», der in ihrem Ohr offenbar höher klang, denn sie schoß immer wieder noch um eine Quart über das B hinaus. Meine Frau unterbrach sie.
«Nein, Stupsi, das ist viel zu hoch, hör genau zu.»
«Moje, verlangst du nicht zuviel von einem noch nicht dreijährigen Kind? Wozu soll sie schon jetzt einen Oktavensprung sauber singen, und überhaupt, die Rosenübergabe und Richard Strauss!»
«Ich zwinge sie ja nicht dazu, aber wenn sie schon Freude daran hat, soll sie früh lernen, nichts halbbatzig zu machen.»

Vesna brauchte es gar nicht erst zu lernen, sie trug es schon als ein Geschenk des Großvaters Deli und der Mutter im Blut, nichts ließ sie halbfertig.
Sie sangen weiter; Vesnas Ehrgeiz, es richtig zu machen, war sichtbar und rührend. Mit zusammengeballten Händchen und unruhigen Füßen, mit vor Konzentration geröteten Wangen und glänzenden Augen erreichte sie überraschend schnell das Ziel. Unsere Tonbandaufnahme dieser Rosenübergabe ist durch den Zauberklang der Kinderstimme und ihre unwahrscheinliche Intensität ergreifend, auch für Unbeteiligte.
Dreijährig betrat sie zum erstenmal ein Opernhaus, weil die Kinderschwester am Tag der Generalprobe von «Capriccio» bei den Zürcher Festwochen frei hatte.
Ich führte Vesna in eine Loge. Der barocke Zuschauerraum in Rot und Gold war noch beleuchtet.
«Huuu... Das ist aber ein schönes, großes Zimmer!»
«Das ist ein Opernhaus.»
«Warum heißt das Zimmer Opernhaus?»
«Hier spielt man Oper. Du weißt, daß Nana oft in der Oper spielt, das kannst du jetzt sehen.»
«Aber Nana spielt nicht, Nana singt.»
«Das stimmt, Nana singt, aber sie spielt zugleich Theater.»
«Tata, wie spielt man Theater?»
«Das wirst du gleich sehen.»
«Warum sind da so viele rote Stühle?»
«Für die Menschen, die kommen, um eine Oper zu hören und zu sehen.»
«Ich sehe aber keine Menschen.»
«Das ist jetzt nur eine Probe, aber am Abend, während der Vorstellung, ist das Haus voll.»
«Tata, was ist Vorstellung?»
«Das ist... Das ist, was Nana und andere machen, Singen und Theaterspielen...»
«Aber wo tut Nana singen?»
«Hinter diesem großen roten Vorhang.»
«Aber dann können wir nicht sehen, wie sie singt.»
«Doch, doch. Der Vorhang geht auf, sobald die Oper beginnt.»
«Wann beginnt die Oper, Tata?»
«Bald, mein Schatz...»
«Was machen die Leute unten im Loch?»

«Das sind Musiker, weißt du, das sind ‹tü-tü-tü›-Menschen, die spielen... hm, sie machen Musik.»
Die Musiker stimmten ihre Instrumente.
«Tata, die Leute machen aber nicht ‹tü-tü-tü›.»
«Natürlich nicht, sie spielen auf ihren Instrumenten das, was ihr zu Hause tü-tü-tü singt, weil ihr sie zu Hause nicht habt. Aber sie spielen sehr schön...»
«Spielt auch die Nana Theater so wie die Leute?»
«Nein, Nana spielt Theater, die Musiker spielen Musik, verstehst du den Unterschied?»
«Ja... Was ist der Unterschied?»
«Das erkläre ich dir später, jetzt darfst du aber nicht mehr reden, in der Oper sitzt man ganz still, man hört und sieht aufmerksam zu.»
«Ich sehe aber nichts... Warum ist jetzt so dunkel?»
«Psst, sei jetzt mäuschenstill, die Oper fängt an.»
Olivier, Flammand und Roche begannen.
«Hahaha... Die Männer singen!» Sie kicherte in die Hand.
«Natürlich. In der Oper singt man, das weißt du doch schon.»
«Wo ist die Nana?»
«Sie wird bald kommen.»
Meine Frau betrat die Bühne in blonder Perücke, Vesna drückte sich an mich.
«Tata, wo sind Nanas Haare?»
«Unter dieser blonden Per..., unter diesen blonden Haaren.»
«Warum?... Wo sind ihre Haare?»
«Auf der Bühne, das ist die Bühne, wo Nana jetzt ist, trägt man oft andere, falsche Haare... Aber findest du nicht, daß Nana blonde Haare gut stehen? Schau, wie schön sie ist.»
Die Ablenkung wirkte. Sie preßte sich an die Logenbrüstung und verfolgte mit aufgerissenen Augen jede Bewegung. Während des Streit-Oktetts drehte sie sich zu mir.
«Haha, die haben einen Krach! Warum haben sie einen Krach?»
«Sie haben keinen Krach, sie spielen uns nur einen vor.»
«Ja... Lustig», sie hielt sich die Ohren zu. «Der Krach ist laut... Lustig...»
Am nächsten Tag wußte das ganze Dorf, daß sie im Opernhaus gewesen war, wo ihre Mutter «Thhiater» in blonden Haaren spielte, auch lustigen Krach haben sie gespielt, und die Leute im Loch haben auch Unterschied gespielt...
Es vergingen einige Jahre, bis ich Vesna wieder in die Oper mitnahm.

Meine Frau sang Ariadne. Bald nach dem Beginn des Monologs schluchzte Vesna, ich führte die Tränen auf den Text zurück («Wo war ich, tot...»), aber sie weinte still auch während des Duetts mit Bacchus. Ich bereute schon, sie in ein Stück wie Ariadne mitgenommen zu haben, aber am Schluß war sie vergnügt.
«Ich nehme sie nicht mehr in die ernsten Stücke», sagte ich zu meiner Frau, «sie scheinen sie aufzuwühlen. Das nächste Mal versuche ich es mit einem heiteren Werk.»
Aber sobald meine Frau sang, wischte sich Vesna die Tränen.
«Kannst du mir erklären, Schatz, warum du weinst? Eigentlich solltest du glücklich und stolz sein.»
»Es tut mir leid, Tata», antwortete sie schluchzend, «ich kann nichts dafür, es kommt einfach über mich.»
Es war die Stimme ihrer Mutter, dic sie ins Herz traf, nicht die Handlung. Ich nahm sie nicht mehr in die Aufführungen mit, bis sie selbst danach fragte.

Anschließend an Glyndebourne im Juli 1951 sang meine Frau bei den Festspielen in München wieder die Sophie, die Rolle, die sie zu ihren Lieblingspartien zählte. Nach der Rückkehr aus München bereitete sie sich für ein Konzert unter Furtwängler bei den Luzerner Festwochen vor, aber statt in Luzern landete sie überraschend im Spital. Vier Tage nach einer Blinddarmoperation war sie schon wieder zu Hause, zwei Wochen danach stand sie als Pamina in Wien auf der Bühne. Erich Kunz, der Papageno, sagte mir zwanzig Jahre später: «Ich werde Lisa nie vergessen, wie sie damals mit einem ‹Autsch› vor Sarastro niederkniete, die Stelle ‹Herr, ich bin zwar Verbrecherin› himmlisch sang und wieder mit einem ‹Autsch› aufstand!»
Pamina ohne Blinddarm ist vielleicht ungewöhnlich, aber nichts gegen Pamina mit akuter Ischias. Einige Jahre später, nach der Zauberflöten-Premiere in Salzburg 1959, fuhren wir wie immer nach Hause. Bis zur nächsten Aufführung arbeitete meine Frau im Park mit schweren Geräten. In der Nacht vor der zweiten Vorstellung erwachte sie mit starken Beinschmerzen und einem halblahmen Fuß. Unser Hausarzt Walter Meier stellte akute Ischias fest:
«Du mußt dich bei der schweren Arbeit verzogen haben. Ich glaube nicht, daß du in diesem Zustand nach Salzburg fahren kannst.»
Wir fuhren. Die Fahrt verlief qualvoll, die kleinste Erschütterung verursachte starke Schmerzen. Ich stützte sie noch vor ihrem ersten Auftritt, jeder hinkende Schritt tat ihr weh. Im Augenblick, in dem

sie die Bühne betrat, sang und schwebte sie wie eine Märchenprinzessin. Als sie die Bühne verließ, fiel sie mir mit schmerzverzerrtem Gesicht und einem unterdrückten Schrei in die Arme. Sie fand in keiner Lage Entspannung, nicht liegend, nicht sitzend, nicht stehend. Aber jedes Stichwort verwandelte sie von neuem in eine leichtfüßige Fee. Nach der Vorstellung sagte der Dirigent George Szell:
«Ich weiß, was Ischias ist. Ich bewundere Ihre Energie, aber es ist mir trotzdem ein Rätsel, wie Sie es fertigbringen.»
Auch eine ischiaskranke Arabella ist eine Rarität; man stellt sich ein achtzehnjähriges Geschöpf sonst anders vor. Am Tag nach der «Zauberflöte» in Salzburg hatte sie in München in den Festwochen die Arabella zu singen, immer noch mit starken Schmerzen und einem nachschleifenden Fuß. Was die Beine nicht hergaben, ersetzte sie durch schwingende Arme, Körper- und Halsverdrehungen und Mimik. Niemand außer einer achtzigjährigen Verehrerin merkte, daß dieses verspielte junge Wesen namens Arabella sich an Ischias fast die Zähne ausbiß.
Eine Ariadne ist mit einem Bänderriß eher noch denkbar, sie könnte ja auf ihrer wüsten Insel gestolpert sein. In Salzburg 1955, am Vorabend der «Ariadne»-Premiere, fiel meine Frau im Garten und zerriß sich die Bänder an beiden Knöcheln. Der Arzt hätte ihr am liebsten Gipsverbände angelegt, aber damit hätte sie kaum gehen, geschweige denn Ariadne spielen können. Ein Zinkverband erleichterte die Schmerzen nicht und trug kaum zu graziler Bewegung bei, aber sie konnte doch auftreten. Als sie sich auf der Bühne der Rolle entsprechend nach langem Liegen auf die Arme gestützt aufrichtete, klang der dramatische Klageruf wie ein echter Schmerzensschrei.
Eine Woche später lief sie bei den Proben für «Julius Cäsar» als Cleopatra tagelang treppab treppauf. Hartmann eröffnete ihr zuliebe mit dieser Neuinszenierung die Festspiele in München. Die Riesenbarockbühne bestand hauptsächlich aus Treppen, jeder ihrer Auftritte war vom Ballett begleitet und tänzerisch gestaltet. Niemand vermutete unter der barocken Krinoline der tänzelnden Cleopatra Panzerbeine. Wie ein Fakir besiegte sie den Körper mit dem Geist; ihre Willenskraft war unermeßlich.
«Das soll dir einer nachmachen! Es ist unwahrscheinlich, was du leistest», sagte ich.
«Das tu ich nur für euch. Ohne euch könnte ich es nie.»
Und ächzend und hinkend zog sie mich von Laden zu Laden, um möglichst günstig einzukaufen.

Jeder Sinn für Pathos und Heroisches ging ihr ab, ihre Echtheit war graniten, die Natürlichkeit ihre Natur; ihre Grundeinstellung entsprach Hofmannsthals «Man ist halt was man ist, und brauchts nicht zu beweisen.»
Ihr Wesen war unkompliziert, aber vielfältig. Mit wichtigen künstlerischen Aufgaben und großen Lebensproblemen wuchs sie über sich hinaus, ihre Gedanken, Gefühle und Handlungen bekamen in solchen Momenten breite Flügel. Aber über Kleinigkeiten konnte sie leicht straucheln, für schmalspurige Wege war sie nicht geschaffen; wie ihr Vater: in großen Dingen großzügig, in kleinen kleinmütig.
Ich bewunderte ihr gerades Rückgrat und ihre Entschlußkraft; ihre Entscheidungen waren kategorisch, ja despotisch; manchmal wirkte sie rechthaberisch, besserwissend und übergreifend. Und doch spukten in ihrem Wesen Konzilianz, Toleranz, Rücksicht.
Zeigte sich in ihr als Künstlerin eine gewisse Scheu, die Gefühle gänzlich zu enthüllen, als Frau war sie anders: Wir wärmten uns an ihr wie an einem heißen Ofen.
Mir schien, daß ihr Pflichtbewußtsein und Verantwortungsgefühl sie manchmal zu erdrücken drohten.
«Das ist recht, Moje, solange es in Grenzen bleibt, aber der Ernst soll uns nicht zermürben, sonst hat man keine Kraft, wenn das Schicksal eines Tages zu einem Schlag ausholt. Laß uns jeden guten Tag lachend genießen», sagte ich oft.
Ich war überzeugt, daß im Leben und im Beruf alles kommt, wie es kommen muß. Ich glaubte an sie und ihre Zukunft, aber ich versuchte weder vorauszuberechnen noch Einfluß auszuüben; ich hielt es für wichtiger, den gebotenen Augenblick zu erfassen, als ihn herbeiführen zu wollen. Ich war nicht für einen blinden, aber für einen aufmerksam beobachteten Fatalismus.

Nach der Weihnacht 1951 fuhren wir nach Mailand, wo sie unter Karajan als Marzelline in «Fidelio» an der Scala debütierte und anschließend die Sophie sang.
Bevor wir mit dem ganzen Haushalt nach Mailand zogen, hatte meine Frau in Zürich noch einige «Rosenkavalier»-Vorstellungen. In einer der letzten Aufführungen saß in meiner Nähe Anita von Karajan (seine damalige Frau), die ich noch nicht persönlich kannte; nach der Rosenübergabe sagte sie laut «Wunderschön», so daß ich annehmen mußte, es sei für meine Ohren bestimmt.
Walter Schultheß, der damals Furtwängler, Karajan, die Schwarz-

In Don Giovanni als Donna Elvira, Salzburg 1956

Mit Wilhelm Furtwängler (oben), Salzburg 1948

Vier letzte Lieder von Richard Strauss mit Karl Böhm (unten), Berlin 1957

Erster Liederabend ▷ in New York, 1957

ELEKTRA mit Dimitri Mitropulos und Inge Borkh, Jean Madeira, Herbert Graf (Regie) und Andreas Nomikos (Kostüme), Salzburg 1957

ARABELLA mit Joseph Keilberth und Rudolf Hartmann, Salzburg 1958

kopf, meine Frau und viele andere Künstler betreute, erzählte mir zwei Tage später, Anita von Karajan habe bei ihm Bedenken geäußert, ob die Stimme meiner Frau für ein Haus wie die Scala ausreiche. «Womöglich geht sie jetzt zu ihrem Mann und wiederholt denselben Unsinn.»
«Wahrscheinlich, aber ich glaube nicht, daß Karajan auf ihr Urteil viel gibt. Er weiß immer genau, was er tut. Er kennt Ihre Frau, er hat sie ja verlangt.»
«Trotzdem halte ich so etwas für ungut, das kann schaden.»
«Vielleicht sonst, aber nicht in diesem Fall. Sie sollten sich durch solche Dinge ohnedies nicht aus der Ruhe bringen lassen. Sie werden später Schlimmeres erleben. Je höher ein Künstler steigt, um so gefährlicher werden die Intrigen. Wie oft habe ich gesehen, daß Künstlerschicksale im Vorzimmer oder Salon eines Dirigenten entschieden wurden.»
Aber Anita von Karajans Zweifel beschäftigte mich im geheimen. Eines stand fest: Meine Frau hatte noch nie in einem so großen Haus gesungen. Die Wiener Oper war noch zerstört, man spielte im akustisch günstigen «Theater an der Wien». Auch das Münchner Nationaltheater war noch eine Ruine, die Vorstellungen fanden im Prinzregententheater statt. Glyndebourne war ein winziges Haus, Zürich und Genf ebenfalls klein. Auch das Salzburger Festspielhaus war nicht besonders groß.
Schon die Marzelline in der «Fidelio»-Premiere zeigte, daß meine Unruhe unbegründet war; ihre tragfähige Stimme blühte mühelos auch in diesem großen Raum, sie erntete lobende Kritiken, die sich nach dem «Rosenkavalier» noch steigerten.
Meine Frau als Sophie und Sena Jurinac als Octavian waren ein schon längst aufeinander abgestimmtes Paar. Die Schwarzkopf hingegen versuchte sich in Mailand zum erstenmal als Marschallin, was ich wie die anderen Skeptiker für ein verfrühtes Experiment hielt. Ich hatte Mühe, mich an eine so in jeder Hinsicht jugendlich wirkende Marschallin zu gewöhnen, und ahnte nicht, wie bald wir vor demselben stimmlichen und darstellerischen Problem stehen würden.
Vor allem im dritten Akt und Schlußterzett kam die ungenügende Abstufung der Stimmen zur Geltung: ich wußte nicht mehr, ob meine Frau um eine Spur zu dramatisch für die Sophie oder die Schwarzkopf zu lyrisch für die Marschallin war. Dasselbe schien offenbar auch den Mann der Schwarzkopf, Walter Legge, zu beschäftigen, der damals eine der einflußreichsten Persönlichkeiten im internationalen Musik-

leben war. Er kam nach der Generalprobe auf die Bühne und wandte sich an die Jurinac und meine Frau: «Kinder, ihr beide wart im Terzett absolut zu laut!»

Bevor ich etwas sagen konnte, hörte ich Sena antworten: «Wir haben eher mit halber Stimme gesungen!»

Der Kritiker von *Il Tempo di Milano,* der wie alle andern seiner Kollegen in Superlativen über diese Aufführung schrieb, machte eine kleine Einschränkung, er fand, daß die drei Protagonistinnen zu ähnliche Stimmen hätten, um sich deutlich voneinander zu unterscheiden.

Das ließ mich plötzlich an die Möglichkeit der Marschallin für meine Frau denken. Sie sang die Sophie viel zu gern, als daß auch ihr dieser Gedanke gekommen wäre, aber ich war ihm verfallen: «Ich glaube, du solltest allmählich die Marschallin ins Auge fassen.»

«Das kann ja nicht dein Ernst sein! Warum soll ich mich mit dieser tiefen Partie plagen, wenn ich die Sophie mühelos und mit Freude singen kann? Sie ist im Stück ohnehin die schönste Rolle zum Singen.»

«Aber du gibst doch zu, daß die Marschallin als Figur interessanter ist.»

«Ja, aber ich fühle mich noch zu jung dafür. Später vielleicht, aber nicht jetzt.»

«Und warum nicht? Ich finde, die Marschallin paßt zu einer Arabella, Ariadne, Capriccio-Gräfin besser als die Sophie.»

«Nicht unbedingt. Arabella ist auch achtzehnjährig, zum Beispiel.»

«Ich meine es stimmlich.»

«Aber was gefällt dir nicht an meiner Sophie? Ich liebe sie und möchte sie auch weitersingen.»

«Ich finde deine Stimme für wichtigere Aufgaben geeignet...»

Ich war nicht allein dieser Ansicht. Karajan plante für die kommende Saison an der Scala die Pariser Fassung von «Tannhäuser» mit der Schwarzkopf als Elisabeth und meiner Frau als Venus. Seine Venus-Vorstellung ging vermutlich mehr vom Optischen aus – Venus ist eine Mezzosopranpartie, während meine Frau ein ausgesprochen hoher Sopran war.

«Das ist ja absurd», sagte sie. «Bei allem Respekt für Karajan und die Scala denke ich nicht daran.»

Sie lehnte die Venus ab, obwohl auch die Schwarzkopf sie umzustimmen versuchte:

«Frau Della Casa, mit Herbert könnten Sie eine Isolde singen!»

Ich war unschlüssig. Einerseits schien mir die Venus tatsächlich absurd

zu sein, aber ich hielt eine weitere Zusammenarbeit mit Karajan für wichtig.
Ich beobachtete ihn wochenlang bei der Arbeit, und er faszinierte mich als Künstler und Mensch so sehr, daß ich sagte:
«Ich bedaure, daß ich nicht schreiben kann. Am liebsten würde ich ein Buch über ihn schreiben!»
Meine Frau war also weder für die Marschallin noch für die Venus zu gewinnen, dafür begann sie in Mailand die «Traviata» zu studieren, da Hilbert eine Festvorstellung mit ihr als Violetta in Wien plante, anläßlich des Hundert-Jahr-Jubiläums dieses Werkes im März 1952. Sie arbeitete mit einem italienischen Korrepetitor in der Scala, als eines Tages der Direktor des Hauses, Ghiringhelli, unerwartet das Probenzimmer betrat.
«Ah, Sie sind es! Ich fragte mich, wer hier die ‹Traviata› singt. Das ist ja wunderbar, wir suchen verzweifelt nach einer guten Violetta, lassen Sie mich bitte unbedingt wissen, wann und wo Sie sie singen, ich muß Sie hören, vielleicht sind Sie *unsere* Violetta!»
Ich berauschte mich an dem Gedanken, aber sie blieb unbeeindruckt. Sie war schon damals dem Straussschen Zauberklang verfallen, Verdis «Traviata» kam ihr musikalisch farblos vor. Zudem fand sie später die Wiener Inszenierung, in die sie hätte einsteigen sollen, nicht gut und lehnte ab, die geplante Festvorstellung zu singen. Ich war betrübt, sie erleichtert.
«Gott, bin ich froh, daß ich sie nicht singe! Das wäre nichts für mich, den ganzen Abend hört man aus dem Orchester nur hm-ta-ta, hm-ta-ta. Es kommt von unten gar keine Inspiration.»
«Aber die Partie ist doch gesanglich und darstellerisch sehr interessant, du könntest aus ihr eine zweite Arabella machen.»
«O nein. Arabella ist aus einem Guß, die Figur und die Handlung decken sich mit der Musik, die Strausssche Kantilene bringt die Figur sogar erst richtig zum Leben.»
Sie hat nie «Traviata» gesungen.
In Mailand kamen wir mit dem großen italienischen Dirigenten Victor de Sabata zusammen; sie war bereits als Solistin für ein Konzert mit ihm an der Scala für die kommende Saison verpflichtet. Er fragte, warum sie keine italienischen Opern sänge.
«Ich singe ja italienische Partien, Gilda, Nedda, Mimi, Butterfly in Wien und Zürich.»
«Sie müßten sie aber italienisch singen, hier im Haus, und auch sonst in Italien. In erster Linie sollten Sie die Violetta singen, die Desde-

mona, die Leonore im ‹Troubadour›. Ja, und die Mimi, natürlich.»
«Aber ich bin doch keine Italienerin.»
«Das macht ja nichts. Sie haben einen italienischen Namen, auch Ihre Stimme klingt italienisch. Ich möchte zum Beispiel, daß Sie mit mir hier zuerst eine Mimi singen. Ich bin gerne bereit, Ihnen bei einem Start in Italien zu helfen. Ihre Zukunft liegt meiner Meinung nach im italienischen Fach, denken Sie über meinen Vorschlag nach.»
De Sabatas Angebot eröffnete ganz neue Perspektiven und verursachte mir schlaflose Nächte. «Das ist ja aufregend. De Sabata hat recht, deine Aussichten in Italien wären gut, dieses Fach ist verwaist...»
Ich kannte zu dieser Zeit nur eine große Sängerin des italienischen Faches, Zinka Milanov, aber sie regierte an der Met und war in Italien unbekannt. Die Tebaldi stand erst am Anfang ihrer Karriere, und nicht einmal das aufsehenerregende Debüt der Callas an der Scala in diesen Tagen dämpfte meine Begeisterung für de Sabatas Vorschlag.
«Moje, gib dir keine Mühe», sagte meine Frau, «ich glaube nicht, daß ich je Mozart und vor allem Strauss aufgeben könnte.»
«Du mußt sie ja nicht aufgeben...»
«Das meinst du. Aber wie stellst du dir das vor? All die neuen Partien zu beherrschen, das braucht Zeit. Nein, wirklich, das kann ich nicht. Sei nicht traurig deshalb, wir werden es auch ohne Italiener schaffen. Ich wäre bei ihnen ohnehin nur mit halber Seele dabei.»
Ich fügte mich ungern, da ich die italienische Oper und vor allem das Land liebte. Selbst unser stürmischer Einzug in Mailand hatte mir den italienischen Himmel nicht getrübt:
Nachdem ich meine Frau, Vesna, die Kinderschwester und Dycc vor dem Haus, in dem sich unsere Wohnung befand, ausgeladen hatte, fuhr ich zum Bahnhof, um den vorausgeschickten Schrankkoffer abzuholen. Ich kam endlich aus dem Gedränge mit dem Koffer heraus, aber ohne meine Brieftasche, die eines der ersten Geschenke meiner Frau war. Mit ihr verschwand auch eine beträchtliche Summe von Franken, mein Führerschein, viele Bilder und was man so mit sich trägt.
Als ich zu Hause ankam und den schweren Koffer aus dem Wagen heben wollte, sah ich auf der anderen Straßenseite einen in einem Lastwagen stehenden Mann, der mich groß gestikulierend herbeiwinkte. Ich ging zögernd zu ihm hinüber, er überfiel mich gleich mit einem Schwall unverständlicher Sätze und drückte mir einen Kartonkoffer in die Hand.
«Was soll das?»

«Kaufen, Signore, kaufen. Ich bin arm... Kein Geld... Meine Frau und die armen Kinder hatten zu Weihnachten nichts zu essen... Bitte kaufen Sie...»
«Aber was soll ich denn mit diesem Koffer?»
«Una sorpresa per la sua moglie (eine Überraschung für Ihre Frau)!»
«Ich habe bereits eine», murmelte ich. Es fiel mir dabei ein, daß ich in einem Briefumschlag nur große italienische Geldscheine besaß, und da er gejammert hatte, daß er ohne Geld sei, dachte ich, das wäre nun die Lösung, er würde nicht wechseln können. Aber ich irrte.
«*Das* spielt keine Rolle.»
Er griff in die Tasche und holte zwei Händevoll zerdrücktes Papiergeld heraus, gab es mir schnell, dankte überschwenglich, sprang aus dem Wagen und zum Führersitz – und fuhr davon.
Ich legte die neueste Erwerbung in unseren Wagen und trug zuerst den schweren Schrankkoffer in die Wohnung hinauf.
«Gott sei Dank kommst du endlich!»
«Aber ohne Brieftasche. Verloren oder gestohlen, ich weiß es nicht.»
«Mit dem ganzen Geld?»
«Nein, nur mit Franken, die Lira hatte ich in der Manteltasche...»
Beim Wort Lira fiel mir der kleine Koffer ein.
«Oh, ich habe eine kleine sorpresa für dich.»
«Noch eine?!»
Ich kam mit dem Koffer zurück.
«Was ist denn das jetzt?»
«Keine Ahnung.» Ich erzählte ihr den Vorfall.
«Moje, du bist wahrhaftig ein Komiker», sagte meine Frau, öffnete den Koffer und zog eine weihnachtlich verpackte baby-rosa Decke für ein Doppelbett heraus; Silberstaub flog durchs Zimmer.
«Was soll ich nun damit machen?»
«Dich zudecken, natürlich.» Ich schüttelte mich vor Lachen.
Diese Decke liegt immer noch auf unserem Bett!
Gleich nach dieser Aufregung kam unsere Kinderschwester mit Vesna und Dycc vom Spaziergang nach Hause und erzählte, daß drei Polizisten sie angehalten und eine Geldstrafe verlangt hätten:
«Ich habe kein Wort verstanden, aber jeder von ihnen sprach von einer ‹muserula› oder so ähnlich.»
Ich fand im Wörterbuch das Wort museruola: Maulkorb.
Ich ging mit Dycc spazieren, als sich, kaum waren wir im Park, ein Polizist näherte, ein Büchlein aufschlug, hineinkritzelte, die Seite herausriß und sie mir hinstreckte.

«Ammenda (Buße).»
«Ich verstehe nicht, ich bin Ausländer.»
Er umschrieb es.
«Warum?»
«Weil Ihr Hund keine ‹museruola› trägt.»
«Non capisco.»
Er winkte ungeduldig ab, zerknüllte die Buße und entfernte sich. Ich ging triumphierend nach Hause.
Dieses Spiel von «Museruola» und «Non capisco» wiederholte sich, bis eines Tages einem der Polizisten die Geduld riß.
«Hören Sie», sagte er, «das geht so nicht weiter. Auch Sie müssen unsere Gesetze achten...»
«Piano, piano», unterbrach ich, «Ich spreche Italienisch schlecht.»
Er zeigte auf ein Haus: «Una casa.» Und auf ein Auto: «Una machina.» Auf einen Passanten: «Un uomo.» Auf Dycc: «Il cane.» Dann drückte er die Hand auf seine Nase: «Museruola! Capisce?»
«Non capisco.» Ich lachte.
Ihm war es nicht zum Lachen; er forderte mich auf, mit ihm auf die Polizeistation zu kommen, worauf mir das Lachen verging.
«Sie können mich doch nicht einfach verhaften wegen dieser blöden museruola!»
«Aha, ich dachte es mir, daß Sie mich schon längst verstanden haben!»
«Aber ich begreife nicht, warum mein Hund den Maulkorb tragen muß, er hat nie einen getragen.»
«Und was geschieht, wenn er jemanden beißt?»
«Mein Hund?!... Er beißt nicht.»
«O ja? Wieso nicht?»
«Weil er kein italienischer Hund ist!»
Das verschlug ihm den Atem. Dann verlangte er meine Adresse, ging zur Hausbesitzerin und sagte, daß er sie von nun an verantwortlich machen würde, worauf sie mich bat, einen Maulkorb zu besorgen, sonst müßte sie alle Bußen auf unsere Rechnung setzen. Ich kaufte den Maulkorb, aber Dycc blieb damit wie versteinert stehen. Also fuhr ich mit ihm in immer neue Stadtviertel, wo das Spiel von «Non capisco» noch möglich war; so lernten wir Mailand kennen.
Auch die unansehnlichsten schmutzigen Straßen waren voller Klänge; schon die Rufe der Zeitungsverkäufer hörten sich wie Musik an: Corriere della Sera, Il Tempo di Milano... Die große Stadt vibrierte, die Menschen wirkten weder hektisch noch gejagt verbissen, sondern heiter und freundlich.

Ich war über die Erfolge meiner Frau glücklich, sie war selig, mit der ganzen Familie zusammenzusein. Es war eine gute Zeit. Ich las damals irgendwo, ich glaube bei Thomas Mann, daß die Liebe erst in dem Augenblick gewinnt, wenn sich Vernunft und Gefühle freundschaftlich die Hände reichen; das überraschte mich, denn wir liebten uns nicht mit Verstand. Wir glaubten, gemeinsam trockenen Fußes durchs Wasser schreiten zu können, und das glauben wir heute noch.

Anschließend an Mailand mußten wir nach Wien. Die erste Aufführung war ein «Rosenkavalier» unter Clemens Krauss, mit seiner Frau, Viorica Ursuleac, als Marschallin. Während ich Krauss verehrte, konnte sich meine Frau für ihn nicht erwärmen. Er wiederum trug ihr nach, daß sie 1950 mit Böhm und Hartmann die Gräfin in «Capriccio» in Salzburg gesungen hatte; Krauss war der Verfasser des Textes dieser Oper und erwartete begreiflicherweise, sie mit seiner Frau aufzuführen.

Für den Sommer 1952 suchte man nach einer Danae für die Uraufführung der «Liebe der Danae» von Strauss. Krauss hatte diese Oper mit seiner Frau schon im Sommer 1944 in Salzburg bis zur Generalprobe gebracht, die Uraufführung fiel dem totalen Kriegseinsatz zum Opfer. Jetzt war Krauss wieder der Dirigent, aber Hilbert lehnte Viorica Ursuleac als Danae ab. Krauss seinerseits lehnte alle ihm vorgeschlagenen Sängerinnen ab. Auf Hartmanns Empfehlung schlug Hilbert meine Frau vor. Krauss lehnte auch sie ab.

«Sie haben zwar für Ihr Alter und Ihr Fach eine erstaunliche, reife Mittellage, die Danae sind Sie aber noch nicht.»

Das verstimmte mich: «Ich begreife nicht, warum Sie so viele Sängerinnen prüfen. Nehmen Sie doch gleich Ihre Frau!»

Krauss warf mir durch die Rauchwolke seiner Zigarre nur einen Blick zu und sagte: «Sie sollten viel Verdi singen, Frau Della Casa, das ist die beste Schule für die Stimme.»

«Ich singe lieber Strauss.»

«Das weiß ich, und das ist richtig, aber vernachlässigen Sie Verdi nicht. Singen Sie das Evchen?»

«Jetzt im Sommer in Bayreuth.»

«Gut. Auch Elisabeth und Elsa sollten Sie singen.»

Sie hätte natürlich lieber die Danae in Salzburg gesungen als die Eva in Bayreuth. Aber Krauss wollte sie nicht, und Knappertsbusch verlangte sie als Evchen.

Die Beziehung zu Wagner und Bayreuth kann man mit Kinderstube vergleichen: Entweder man hat sie, oder man hat sie nicht; wir hatten sie nicht und fühlten uns in Wagners Mekka nicht wohl. Verglichen mit anderen Festspielstädten wirkte Bayreuth durch seine betont weihevolle Atmosphäre ungemütlich auf uns. Auch das nüchterne Festspielhaus auf dem sagenumwobenen Hügel kam uns wie ein Mausoleum vor. Wenn ich in der langen Probenzeit auf meine Frau wartete, drang aus allen Ecken selbstverständlich nur Wagners Musik, die ohne Orchester für meine Ohren unerträglich klang.

Auch der Anblick der Mitwirkenden und der Besucher war nicht erheiternd; sie schienen mir alle von unechtem Pathos benebelt. Selbst Menschen von sprichwörtlicher Natürlichkeit wie Knappertsbusch und Keilberth schwebten verklärten Blickes über den Hügel. Nur der dritte der großen «K»s, Karajan, verfiel nicht in sektiererische Andacht; er kam nicht mehr nach Bayreuth zurück.

Ich glaubte unter den Schlafwandlern auf dem Festhügel zwei Gruppen zu unterscheiden: solche, die durch den sinnlich-üppigen Klang Wagnerscher Musik süchtig wurden und nach Bayreuth pilgerten, und jene, die Wagner und Bayreuth für ein nationales Denkmal hielten; beides ging mir auf die Nerven.

In der Hauptprobe der «Meistersinger» unterlief meiner Frau ein unbedeutender Fehler im Duett mit Sachs; nach dem Ausbruch «Ja anderswo» hielt sie nicht die kurze Pause und setzte gleich mit «soll» ein. Knappertsbusch hob drohend seinen Zeigefinger. Einige Jahre später trafen wir ihn zufällig in München.

«Ich höre, Sie wollen die Aegyptische Helena singen. Ein Wahnsinn! Finger weg von dieser Scheißpartie! Sie ist zu dramatisch, Sie dürfen nur von den Zinsen, nie von Ihrem Kapital leben. Die ‹Helena› ist das schwächste Stück von Strauss. Singen Sie sie nicht.»

«Ich werde sie ja nicht singen, Herr Professor. Aber ich würde sehr gern wieder mal die Eva mit Ihnen singen...»

Er schaute ihr einen Augenblick in die Augen, hob den Zeigefinger und sang mit seiner tiefen rauhen Stimme:

«Ja anderswo, bum, *soll*...!»

Sein Gedächtnis war phänomenal.

Die Eva war ihre einzige Partie, mit der wir uns nicht von Anfang an ernsthaft befaßten. Sie hatte sie Knappertsbusch zuliebe angenommen und war nur darauf bedacht, sie schön und fehlerfrei zu singen. In der Darstellung verließ sie sich gänzlich auf Hartmanns Regie, der sie sich folgsam, aber etwas unbeteiligt fügte.

Es gab Stimmen, die behaupteten, sie wäre seit Maria Müller das

beste Evchen. Wieland Wagner fand sie zu aristokratisch für diese Rolle, ein Kritiker schrieb: «Ihr Spiel bleibt im Bürgerlichen, um nicht zu sagen, im Spießigen stecken.»
Ich ahnte in Bayreuth nicht, daß uns die Eva über zwanzig Jahre begleiten würde. Sie sang sie in Wien, selten in München, oft in Amerika, in San Francisco, Los Angeles und unzählige Male an der New Yorker Met. In New York widmete der Kritiker Harald Schonberg in der Sonntagsausgabe der *New York Times* ihrer Eva einen langen Leitartikel.

Während des Bayreuther Sommers sollte eine Sophie in München unter Erich Kleiber für Abwechslung sorgen. Obwohl in München der Termin der Bayreuther Generalprobe längst bekannt war, setzte man eine der Orchesterproben für den «Rosenkavalier» genau auf diesen Tag an. Ich ersuchte die Direktion, Kleiber möge die Teile probieren, in denen meine Frau nicht beschäftigt sei. Kleiber ließ uns ausrichten, bekanntlich könne man auf zwei Hochzeiten nicht tanzen, wenn meine Frau zu dieser Probe nicht kommen wolle, dann müsse er halt die Partie anderweitig besetzen. Erna Berger sprang als Sophie ein.
Drei Jahre später kam die lang ersehnte Begegnung mit Kleiber endlich zustande. Kleiber begrüßte sie kühl; nach der Arbeit sagte er ironisch: «Es tut mir leid, Frau Della Casa, Sie morgen wieder zu einer Probe bemühen zu müssen, obwohl ich weiß, wie ungern Sie probieren!»
«Aber ich probiere doch sehr gern!»
«Soo? Haben Sie München vergessen?»
«Natürlich nicht, aber das war nicht meine Schuld...»
«Ja wessen Schuld denn? Sie haben mir sagen lassen, für den ‹Rosenkavalier› brauchten Sie keine Proben...»
«Aber Herr Professor!»
Sie sprachen sich aus, beseitigten die Mißverständnisse und trennten sich als gute Freunde.
«Er erinnert mich so sehr an meinen Vater, nicht nur im Äußern, sondern auch in seiner ganzen Art», sagte meine Frau.
Kleiber galt in der Musikwelt als eigensinnig und schwierig. Wir entdeckten in ihm einen freundlichen, kultivierten, geistreichen Mann, der keinerlei Konzessionen machte und sich vor keiner Gewalt beugte. Nach einer scharfen Auseinandersetzung mit Hermann Göring in Bayreuth verließ er wutentbrannt Deutschland und ging in die Emi-

gration, «ohne einen einzigen Tropfen jüdischen Blutes in seinen Adern», wie uns seine Frau erzählte. «Die Nazis haben nämlich behauptet, daß mein Mann aus Rassengründen ins Ausland fliehen mußte, und das ist nicht wahr.»
Das Teatro Colón in Buenos Aires verdankte Kleiber einen großen Teil seines künstlerischen Rufes. Er bot gleich meiner Frau die Gräfin, die Elvira und den Octavian in Buenos Aires an. Auf den Octavian mußte sie verzichten, da er in die letzte Salzburger Woche fiel.
«In zwei Jahren möchte ich Ihre Frau als Fidelio haben», sagte er.
«Fidelio? Das kann sie doch nicht!»
«Doch, doch, mit mir schon.» Er klopfte sich auf die Brust. «Auch Frieda Leider sang ihre erste Leonore mit mir.»
«Aber die Leider war von Haus aus eine hochdramatische Sängerin.»
«Sie können mir ruhig vertrauen. Ich weiß, was ich tu.»
Sein plötzlicher Tod in Zürich beendete zu schnell unsere Freundschaft und die vielversprechende Zusammenarbeit. Die Todesnachricht erreichte uns in New York während einer Meistersinger-Aufführung und erschütterte meine Frau sehr.
«Ohne ihn möchte ich nicht nach Buenos Aires gehen. Ersuch bitte sofort um Auflösung des Vertrags.»

Von Bayreuth aus flogen wir 1952 zu den Festspielen nach Edinburgh, wo sie als Gast der Hamburger Staatsoper die Marzelline, die Sophie und die Pamina singen sollte.
Als Pamina alternierte sie mit Elisabeth Grümmer. Der Dirigent der «Zauberflöte», wußte offenbar nicht, in welcher Aufführung die Grümmer, in welcher meine Frau zu singen hatte; am Vorstellungstag rief er bei uns an und wollte meine Frau für eine Probe haben. Sie wehrte sich:
«Nicht am Tag der Vorstellung. Ich muß mich in Ruhe vorbereiten.»
Er kam vor der Aufführung in die Garderobe und schlug seine Partitur auf.
«Das ist nicht nötig», sagte sie. «Ich habe kürzlich eine Neuinszenierung der ‹Zauberflöte› unter Ihnen gesungen, und ich habe mir Ihre Wünsche genau notiert.»
Nach der Vorstellung kam er auf die Bühne, richtete den Zeigefinger auf meine Frau und sagte sarkastisch: «Das war *Ihre* Pamina, Frau Della Casa, nicht meine!»
«Ich hoffe, es war Mozarts Pamina», erwiderte sie trocken.
Die Eröffnungsvorstellung war «Fidelio» in Anwesenheit von Prinz

Philipp gewesen. Die Mitwirkenden wurden zu ihm geführt, und er unterhielt sich lebhaft mit ihnen.
«Ich war überrascht», sagte meine Frau, «wie gut er Deutsch spricht.»
Einige der Zeitungen erwähnten dann, daß sich der Duke of Edinburgh mit den Künstlern aus Deutschland durch einen Dolmetscher unterhalten habe.
Ähnlich wie ein halbes Jahr zuvor in Mailand hatte ich auch in Edinburgh das Gefühl, daß ihre Sophie den Rahmen der Rolle sprengte. In Erscheinung und Spiel strahlte sie mehr aus, als man es von der Tochter eines bürgerlichen Armeelieferanten, die «frischwegs aus dem Kloster kommt», erwartet; ihr üppiger Stimmklang verlangte im dritten Akt an ihrer Seite eine hochdramatische Marschallin. Diese sang in Edinburgh Clara Ebers, die nicht dramatischer war als meine Frau. Unbeirrt durch die ausgezeichneten Kritiken sagte ich nach der zweiten Vorstellung: «Ich glaube, jetzt wären wir soweit: Du solltest die Sophie abgeben.»
«Aber sonst geht's dir gut?»
«Ich finde, du bist dieser Partie entwachsen. Ich vermisse den silbernen, schlanken Klang; deine Stimme hat inzwischen eine goldene Farbe bekommen.»
Kaum zu Hause angekommen, kauften wir in Eile Adrian, am Vorabend von Vesnas endlich zustandegekommener Taufe, zu der sie an der Spitze der vierzig geladenen Gäste eigenfüßig und artig in die Schloßkapelle marschierte.
Adi erwies sich als ein kleines, stubenunreines Ungeheuer. Während die ersten Wagen bereits im Hof vorfuhren, begoß er seelenruhig den Refektoriumstisch in der Bibliothek. Seine Erziehung verlangte viel Geduld, Liebe, Zeit und natürlich Auslauf.
Als ich von einem solchen längeren Spaziergang zurückkam, saß meine Frau mit Vesna auf der Eingangstreppe.
«Wo warst du so lange, wir warten und warten.»
«Warum? Was ist?»
«Salzburg hat angerufen und mir angeblich auf Wunsch von Krauß den Octavian angeboten! Was sagst du dazu?»
«Wunderbar!»
«Soo? Ich habe es aber abgelehnt. Wenn ich ihnen als Sophie nicht gut genug bin, dann sollen sie es bleiben lassen. Und wenn ich Krauß für die Danae nicht gut genug war, dann bin ich's für den Octavian erst recht nicht.»
«Aber Moje! Du klagst ja ohnehin, daß du zu einer Krinolinendame

verurteilt bist und nie eine aufregende Partie bekommst. Jetzt bietet sich eine solche Gelegenheit, und das unter Krauß, und du willst nicht.»
«Ich denke nicht daran, Octavian zu singen. Das ist eine tiefe Mezzopartie.»
«Du sagtest doch, Krauß hätte es verlangt.»
«Ja, so sagte man am Telefon. Krauß hat angeblich behauptet, ich hätte das richtige Timbre für den Octavian.»
«Na also, er wird's wohl wissen.»
Sie rief Salzburg an und sagte zu.
Wir fuhren im Sommer 1953 mit der ganzen Familie nach Salzburg. Josef Gielen, damals noch Burgtheaterdirektor, führte Regie, meine Frau verstand sich glänzend mit ihm. Clemens Krauß, der auch in Bayreuth dirigierte, kam erst kurz vor den Orchesterproben. Er schien nicht bester Laune zu sein, wahrscheinlich aus gesundheitlichen Gründen, und änderte laufend Gielens Regie. Bei der Rosenübergabe verlangte er, daß Octavian die Rose auf einen bestimmten Akkord leicht bewegt, damit das «Glitzern des Tautropfens» sichtbar würde. Das ganze Rosenübergabezeremoniell mußte nach seinen Wünschen zelebriert werden, jeder Blick sollte sich nach bestimmten Orchesterakzenten richten.
In der Hauptprobe klopfte er gleich ab:
«Frau Della Casa, Ihr Lockenkopf ist zwar sehr schön, aber für einen Octavian unmöglich. Ihre Frisur ist zu privat. Sobald Sie den Kopf heben, sieht man die Della Casa und nicht den Octavian. Zu ihm gehört eine stilgerechte Perücke mit Seitenrollen.»
Er unterbrach die Probe noch oft.
«Hätte ich nur geahnt, daß es so mühsam wird, hätte ich den Octavian nie angenommen», klagte meine Frau. Gielen lavierte zwischen dem autoritären Krauß und den Sängern.
Mit Krauß war es nie leicht gewesen. In der Probe für die erste Ariadne mit ihm, im Herbst 1951, unterbrach er sie nach der Phrase «Ein schönes war»: «Das ist unsinnig, diese Phrase auf einem Atem zu singen. Das tut man nicht.»
«Aber Herr Professor, ich habe sie immer so gesungen, so ist sie ja auch komponiert.»
«Ich wünsche, daß Sie sie unterteilen: Ein schönes, Komma und Atem, ein schönes war.»
Die Dirigenten haben ihre Wünsche; was Böhm recht war, mißbilligte Krauß – der Sänger muß sich fügen.

Ein Teil seiner Lustlosigkeit im Sommer 1953 war auf die Besetzung der Marschallin zurückzuführen. Er wünschte seine Frau für diese Rolle. Nachdem Hilbert ihm diesen Wunsch ausgeschlagen hatte, wollte er Tiana Lemnitz. Die Salzburger Direktion mit Hilbert an der Spitze setzte Maria Reining als Marschallin durch; das Verhältnis zwischen der Reining und Krauß war aber seit vielen Jahren getrübt. Abgesehen davon zeigten sich während der Arbeit auch Spannungen künstlerischer Natur; die Reining bevorzugte Knappertsbuschs breite Tempi, Krauß aber dirigierte den «Rosenkavalier» sehr fließend, mitunter sogar etwas überhetzt. Vor allem trieb er fortwährend die Reining an, in der Premiere gar mit seinem blütenweißen und für das Publikum sichtbaren Taschentuch – eine bereits legendäre Unart von ihm, seine Unzufriedenheit zu manifestieren. Bei Solo-Stellen der Reining – besonders im Monolog – unterhielt er sich mit seiner Frau, die hinter ihm saß. Während die Reining am Aktschluß die delikate Stelle «da drinn ist die silberne Ros'n» sehr schön sang, griff sich Krauß an den Hals, als ob ihn etwas würgte. Als der Vorhang fiel, explodierte die Reining, und statt sich zu verbeugen, ging sie wutentbrannt in ihre Garderobe, die neben dem Dirigentenzimmer lag, Hilbert, Baron Puthon, der Direktor der Festspiele, Nekola, der Generalsekretär, versuchten sie zu besänftigen.
Kaum war der majestätische, blasse Krauß in seinem Zimmer, als die sonst friedfertige Reining ihre Tür aufriß und auf den Gang stürzte. «Sagt dem Hund, ich singe keinen Ton mehr, er kann ruhig seine Alte holen!»
Während Hilbert zum Himmel schaute und sich mit beiden Händen am Kopf hielt, schoben Nekola und Puthon die Reining in die Garderobe zurück und redeten auf sie und ihren Mann ein.
In diesem Augenblick sah ich Hilde Güden, die Sophie der Aufführung, an der Tür meiner Frau klopfen, eintreten und mit einem Schrei wieder herauskommen. Mit einem Sprung war ich bei ihr. «Was ist denn passiert?»
«Nein, das ist zuviel. Diese ganze Aufregung... ich mach die Tür auf und Lisa steht auf dem Kopf!»
Ich atmete auf.
«Das macht sie oft, um sich zu entspannen. Aber kommen Sie doch herein.»
«Lisa, ich bewundere Ihre Nerven. Daß Sie jetzt noch den Kopfstand machen!»
«So beruhige ich mich am schnellsten», antwortete meine Frau immer

noch aus der verkehrten Lage. «So werden auch die Stimmbänder durchblutet.»
Die Reining sang natürlich nicht nur diese Vorstellung zu Ende, sondern auch alle sechs Aufführungen, und in bester Verfassung.
Aber nach dem Premierenschluß kam auch meine Frau verstimmt in die Garderobe.
«Geh mir weg mit deinem Krauß», sagte sie gereizt. «So etwas habe ich noch nie erlebt. Ich habe im zweiten Akt einen Satz ausgelassen, ich stand nach der Regieanweisung mit dem Rücken zum Publikum, sang im Geiste Sophie mit und merkte zu spät, daß ich hätte einsetzen sollen...»
«Das war ja nicht schlimm.»
«Aber als ich mich nachher bei ihm entschuldigte, weißt du, was dein Krauß da sagte? ‹Das war gut, dort waren Sie das einzige Mal wirklich in der Rolle, sonst haben Sie Ihre Arien an der Rampe gesungen!›»
«Was hast du ihm geantwortet?»
«Gar nichts. Seine Frechheit hat mir die Sprache verschlagen.»
Es tat mir leid, daß sie nicht schlagfertig war; Krauß liebte es, die Künstler herauszufordern, und er liebte es nicht minder, wenn man ihm geschickt parierte. Aber sie war zu überrascht, um parieren zu können.
Am nächsten Tag schickte er seine Frau zu mir.
«Es wird, es wird, Ihre Frau wird ein guter Octavian... Mein Mann glaubt, die Marschallin würde ihr noch besser liegen.»
Hartmann drängte sie, im Herbst bei ihm in München die Marschallin zu singen.
«Nein, lieber Herr Professor, nicht einmal Ihnen zuliebe. Im Mai sang ich noch Sophie, im August Octavian, und im Herbst soll ich die Marschallin singen, nein, das ist zuviel. Ich traure der Sophie noch nach. Laßt mich diesen Octavian noch ein wenig singen, ich hab' doch die ganze Arbeit nicht nur für sechs Vorstellungen in Salzburg gemacht.»
Sie sang den Octavian nicht allzuoft, in Wien, in Zürich unter Knappertsbusch (der sie vor der Vorstellung begrüßte: «Sie sind musikalisch und lernen schnell, aber warum dieser Umweg, warum nicht gleich die Marschallin?»). Auch in Monte Carlo mit der Schwarzkopf als Marschallin; die Schwarzkopf war inzwischen darstellerisch und stimmlich in die Rolle hineingewachsen.
Meine Frau sang also Octavian weiter, aber sie sang ihn ungern.
«Bei der Rosenübergabe blutet mir jedesmal das Herz, wenn die Sophie anfängt, am liebsten möchte ich mitsingen. Octavian steht nur

drei Akte herum, rast aus einem Kostüm ins andere, am Ende fühle ich meine Beine nicht mehr, aber gesungen habe ich nichts schönes.»

«Um so mehr solltest du an die Marschallin denken...»

«Ach was. Sie liegt für mich zu tief, der ganze erste Akt ist im Keller. Abgesehen davon fühle ich mich einfach zu jung dafür.»

Rudolf Bing plante für die Saison 1955/56 eine Neuinszenierung an der Met und wünschte meine Frau als Marschallin. Sie zögerte, er insistierte, ich unterstützte ihn, sie aber hatte Bedenken:

«Ich weiß nicht, Moje, ob ich mir damit was Gutes tu, die Marschallin in diesem Riesenhaus zu singen. Dort ist man große dramatische Stimmen gewohnt.»

«Glaubst du, daß du sie stimmlich nicht schaffen kannst?»

«Auf meine Art kann ich sie schon schaffen, aber ich bin nicht sicher, ob das genügt.»

«Wenn du keine stimmlichen Bedenken hast, dann sag bitte zu. Deine alte weise Lehrerin hat doch immer gepredigt, man sollte jede Chance packen.»

Sie sagte zu, und wir gingen an die Arbeit.

Außer Lotte Lehmann und der Schwedin Elisabeth Söderström kenne ich keine andere Sängerin, die alle drei Partien im «Rosenkavalier» gesungen hat – außer meiner Frau keine, die *vier* Rollen in diesem Stück verkörperte: In ihrer ersten Spielzeit in Zürich sang sie die Annina! Durch die vielen Inszenierungen und Aufführungen, die sie mitgemacht hatte, war ihr die Marschallin nicht neu, aber gerade darin lagen Schwierigkeiten. Zu viele Erinnerungen durchkreuzten sich, so daß wir uns in ein Purgatorium begaben; wochenlang versuchten wir Takt für Takt, die Marschallin der Vorgängerinnen von dem Guten und Schlechten zu säubern.

*

Im Dezember 1955, bevor wir nach New York flogen, sang sie ihre erste Marschallin mit einer knappen Probe in der Wiener Staatsoper, wo die festlichen Wogen der Wiedereröffnung des Hauses, bei der sie als Donna Anna und Eva mitgewirkt hatte, immer noch hoch schlugen.

Vielleicht war sie die schönste, gewiß aber die jüngste Marschallin in der Geschichte der Wiener Oper.

Es ist heute allgemein bekannt, daß Hofmannsthal und Strauss eine Marschallin von höchstens 34 Jahren vorschwebte; das war das Alter meiner Frau, aber als sich der Vorhang öffnete, verschlug ihr Anblick

mir den Atem. Sie wirkte zwar wie ein Wesen entre deux âges, doch dieses Zwischenalter war um zehn Jahre vorverlegt: Nicht mehr Backfisch, noch nicht ganz Frau.
Ihre ersten Szenen hatten wenig von der erotischen Zufriedenheit einer erfahrenen Frau nach einer Liebesnacht, sie strahlte in keimfreier Glückseligkeit und himmelte den jungen Buben verliebt an. Durch den Auftritt des Baron Ochs verwandelte sie sich in eine – wenn auch immer noch sehr junge – «Standsperson», in Haltung und Bewegung jeder Zoll die Grande dame. Geschickt und unauffällig legte sie die ausgelassene Unbekümmertheit ab und suchte, «ein halbmal lustig, ein halbmal traurig», die Übergänge zu den späteren ergreifenden Augenblicken der Marschallin vorzubereiten.
Schon lange hatte mich die Stelle nach dem «Lever» beschäftigt, bei der die Marschallin nach einem Blick in den Spiegel zum Friseur sagt: «Mein lieber Hypolith, heut' haben Sie ein altes Weib aus mir gemacht.» Ich konnte mir schwer vorstellen, daß dieser Satz aus ihrem Mund glaubwürdig klingen könnte.
«Moje, man müßte dir eigentlich schon während des Levers die weiße Perücke aufsetzen, sie würde dich etwas älter machen. Das wäre zu verantworten, die Marschallin will ja in die Kirche gehen. Im dritten Akt erscheint sie ja sogar im Beisel mit weißer Perücke.»
Der Regisseur Gielen verwarf zuerst diesen Vorschlag.
«Aber die Marschallin sagt zweimal, daß sie in die Kirche gehe. Sie würde doch nicht ohne Perücke in die Kirche gehen?»
Gielen lenkte ein:
«Sie haben recht... Seltsam, daß niemand von uns schon früher auf diese Idee gekommen ist!»
Durch die weiße Perücke wirkte sie tatsächlich verändert; als sie nach dem Handspiegel griff und zu Hypolith sagte: «Mein lieber Hypolith, heut' haben Sie ein altes Weib aus mir gemacht», schien niemand belustigt zu sein.
Nun blieb sie allein auf der Bühne. Wie aus einer Trance rieselten die makellos vorgetragenen Gedanken des berühmten Monologs:
«Aber wie kann das wirklich sein, daß ich die kleine Resi war und daß ich auch einmal die alte Frau *sein werd!*»
Die Akzentverschiebung auf die beiden letzten Worte war sinnvoll und neu. Wie in eine Vision verfangen deutete sie mit dem Zeigefinger in die weite Leere:
«Die alte Frau, die alte Marschallin. Siehst es, da geht die alte Fürstin Resi.» Und gleich darauf, gerade durch ihr junges Wesen rührend:

Als Arabella, Salzburg 1958

In Der Prozess von
Gottfried von Einem,
mit Max Lorenz (Josef K.),
Salzburg 1953

In Mathis der Maler von
Paul Hindemith als Ursula
mit Paul Schöffler (Mathis),
Wien 1958

«Wie kann denn das geschehen? Wie macht denn das der liebe Gott? Wo ich doch immer die gleiche bin.»
Nach dem Monolog mit «Das alles ist geheim, so viel geheim. Und man ist dazu da, daß mans ertragt», herrschte im Zuschauerraum beklommene Stille.
Im Spiel mit dem zurückgekehrten, stürmischen Octavian drückte sie nun leichte Melancholie aus, ohne in pathetische Sentimentalität zu verfallen.
Heinrich Kralik schrieb in der *Presse:*

Lisa Della Casa hat sich nun auch die dritte Frauenrolle im «Rosenkavalier» zu eigen gemacht, nach Sophie und Oktavian die Marschallin selbst. Es hat den Anschein, daß diese Besitzergreifung beiden Teilen zum Vorteil gereicht, der Künstlerin, deren Persönlichkeit, deren fraulicher Charme im Spiegel der Figur eine weitere Steigerung, eine überaus reizvolle Erhöhung erfahren, sowie der Rolle, die mit neuer Anmut erfüllt wird und in ihren Adern neues, junges Blut pulsieren läßt. So steht die Marschallin vor uns, ein bezauberndes Wesen, fraulich und mädchenhaft zugleich, allseits Beglückung ausstrahlend und freudig dem Augenblick, den Aventüren hingegeben, ohne sich davon überwältigen zu lassen. Der Ton ihrer Stimme hat etwas ungemein Inniges, Rührendes, Karessierendes. Er hat eine Süße, die gleichsam auf den Lippen zergeht. Und wie fein und klug wird die Stimme geführt! Der Reiz des naturhaften Klanges verbindet sich mit dem Schönheitsmaß eminenter Kunstfertigkeit. Eine so bezaubernde Marschallin bezaubert auch Partner und Partnerin...

Robert Tschulik in der *Wiener Zeitung:*

In der jüngsten «Rosenkavalier»-Aufführung sang Lisa Della Casa zum ersten Mal die Rolle der Marschallin. Dem Aussehen nach entspricht diese sympathische Künstlerin der Gestalt der Sophie und des Grafen Octavian – beide Partien hat sie ja bereits mit höchstem Erfolg gesungen – allerdings mehr; denn die visuelle Begegnung war die einer in den Freuden der ersten Ehejahre schwelgenden und nicht die einer die Falten des Alters fürchtenden, sich zu schmerzlichem Verzicht durchringenden Frau. Sieht man aber von dieser optischen Unzulänglichkeit, von deren Frische man sich zu gern gefangennehmen läßt, ab, so ist von einer ganz vorzüglichen Leistung zu berichten. Die kultivierte Stimme Frau Della Casas verfügt über ein Höchstmaß an Beseeltheit und Innerlichkeit, wodurch sie imstande ist, alle Nuancen des Gefühls und der Stimmung aufzudecken. Wie sich die zarte Liebesfreude des Beginns allmählich in schmerzlichen und schliesslich in wissenden Verzicht wandelt, das gelingt der Sängerin ungemein fein und überzeugend: durch liebenswürdiges, zart betonendes, nicht zuletzt durch anmutige Natürlichkeit ansprechendes Spiel. Und in dem makellosen, blühenden Gesang gewinnt das im Herzen sich vollziehende Frauenschicksal klingende, also für uns aufnehmbare Gestalt.

Der weise, greise Max Graf, der schon bei der Uraufführung des Stückes dabei war, fühlte sich durch die junge Marschallin begreiflicherweise weniger angesprochen:

Ich habe in den Aufführungen des «Rosenkavaliers» selten drei so schöne Frauenstimmen vereinigt gefunden wie in dieser Vorstellung, in der Frau Della Casa zum ersten Male die Marschallin sang. Die strahlende Stimme Lisa Della Casas, der warme Sopran der Frau Jurinac und das glänzende Organ der Frau Güden waren Stimmen mit allem Licht der Jugend. Angesichts der bezaubernden Erscheinung Lisa Della Casas habe ich nicht einmal den Mut zu sagen, daß eine so schöne junge Frau vielleicht die Gattin eines jungen Leutnants, aber nicht die eines Feldmarschalls sein könnte, die vom Dichter «die alte Fürstin Resi» genannt wird. Wer würde einer so anmutigen jungen Frau die Altersmelancholie einer unbefriedigenden Ehe, zu der sie kommandiert wurde, glauben? Man hatte eine bezaubernde Frau mit blendender Erscheinung und blendender Stimme vor sich, aber keine Marschallin, und der Kritiker wäre albern, der nicht, wie das Publikum, entzuckt gewesen wäre, wo für Aug und Ohr reichlich gesorgt war.

Der junge Schüler Max Grafs, Karl Löbl, schloß sich seinem Meister an:

Lisa Della Casa wäre gewiß noch immer eine attraktive Sophie. Ihren herzlichen, charmanten Quin-quin bewunderten wir im Vorjahr. Jetzt sang sie zum erstenmal die Marschallin – mit klarer, makelloser Stimme, Beseeltheit des Ausdrucks und feinen Nuancen, mit fraulicher Innigkeit und wehmütiger Resignation. Erstaunlich, wie wandlungsfähig ihr Sopran ist, wie er sich dem Charakter jeder der drei Partien im Laufe der letzten Jahre angepaßt hat. Der akustischen Vollkommenheit stand allerdings der optische Eindruck entgegen. Lisa Della Casa kann zwar nichts dafür, daß sie für die Marschallin zu jung und zu mondän aussieht und daß man ihr die Frau entre deux ages nicht recht glaubt. Aber sie sollte dies durch ihr Spiel nicht noch unterstreichen. Im ersten Akt wirkte sie eher als Sophie am zweiten Hochzeitstag, und im dritten Bild störte ein Kostüm, das für Madame Pompadour gebaut schien und zur Inszenierung überhaupt nicht paßte.

Heinrich Neumayer beschloß seine Kritik in der *Oesterreichischen Tageszeitung:*
«... und am Schluß entschwebte sie in so mitreißender Schönheit, daß ein neues Abenteuer...» Er sprach nicht aus, was Strauss sagte: daß Octavian weder ihr erster noch letzter Liebhaber sei.

Ja, sie entschwebte an jenem Abend in mitreißender Schönheit – auf ein magisches Abenteuer zu, das die *Marschallin* hieß.

Amerika — Traum oder Wirklichkeit

Die ersten Wochen des Jahres 1953 verbrachten wir in den Bergen. Vesna und die beiden Hunde genossen die Sonne mit vollen Atemzügen. Adis Atemzüge reichten bis ins Dorf, wo er die Abfallkübel der großen Hotels durchstöberte, um danach den Weg nach Hause mühsam zurückzulegen und sich stöhnend hin- und herzuwerfen. Ich war versucht, ihm den Finger in den Mund zu stecken, aber das erwies sich bald als überflüßig.

Damals gab es zum Glück noch kaum Fernsehen in der Schweiz, wir saßen gemütlich vor dem Kaminfeuer. An einem dieser Abende träumte ich laut vor mich hin: «Es wäre sehr schön, Moje, wenn du in der nächsten Saison an der Met singen würdest. Ich habe das Gefühl, die Met muß jetzt kommen... jetzt oder nie!»

«Du bist ein unverbesserlicher Phantast. Wieso die Met? Noch kein Mensch von drüben hat sich für mich interessiert.»

«Ich bin der Meinung, wenn du gut genug bist für Wien, Salzburg, London, Mailand, dann bist du auch gut genug für die Met.»

«Wie stellst du dir das vor? Glaubst du wirklich, die Met wartet nur auf mich? Das ist ja kindisch.»

Ich sprach nicht mehr davon, aber ich wiegte mich weiter in Amerikaträumen. Als wir nach Wien kamen, suchte ich sofort den Manager Alfred Dietz auf, von dem ich wußte, daß er mit Bing zusammenarbeitete.

«Auch ich bin der Meinung», sagte Dietz, «daß Ihre Frau an die Met gehen sollte. Bing kommt im Juni ohnehin nach Wien, ich werde arrangieren, daß er Ihre Frau hört, dann können wir mit ihm über die übernächste Spielzeit reden.»

«Nein, nicht die übernächste, die kommende Saison muß es sein.»

«Das ist ausgeschlossen. Für die kommende Saison hat Bing schon längst disponiert.»

«Entweder geht meine Frau im Herbst nach New York oder dann halt nie.»

«Ihr Wunsch, verzeihen Sie, ist doch absurd.»

Ich kam mir selbst lächerlich vor. Aber Amerika wuchs sich zu einer Zwangsvorstellung aus; ich dachte ununterbrochen an die Met. Plötzlich rief Dietz an und forderte mich auf, sofort zu ihm zu kommen.
«Wissen Sie, was das ist?» Er hielt mir einen Brief hin. «Ein Brief von Bing.»
«Ja, und?»
«Schauen Sie hier, bitte, er fragt mich, wer die beste Gräfin in Europa sei außer der Schwarzkopf, und Sie sehen von Hand hinzugefügt: Della Casa? Er braucht dringend eine Gräfin für die kommende Spielzeit. Was sagen Sie jetzt?» Ich mußte mich zuerst hinsetzen. «Ich brauche nur zu antworten: ‹Ja, die Della Casa›, und Ihre Frau ist engagiert.»
«Dann tun Sie es.»
«Das scheint Sie gar nicht zu überraschen, wie?»
«Nein, ich wußte einfach, daß wir im Herbst nach Amerika fahren. Bitte schreiben Sie Bing auch noch, daß ich außer der Gräfin mit weiteren Partien rechne.»
Zehn Tage später wollte ich mich bei ihm erkundigen, ob Bings Antwort gekommen sei, aber er war im Ausland. Die Sekretärin wußte von keinem Brief an Bing.
«Dann richten Sie ihm bitte aus, daß Paul Schöffler in den nächsten Tagen nach New York fliegt und den Brief an Bing mitnehmen kann. Wenn Herr Dietz ihn nicht schreibt, dann tu ich es.»
Dietz schrieb, und zwei Tage später zeigte er uns Bings Telegramm.
«O nein», sagte meine Frau kühl, «für dieses Honorar gehe ich nicht hinüber!»
Dietz und ich trauten unseren Ohren nicht.
«Aber, Frau Della Casa!»
«Es mag sein, daß ich für die Met noch unwichtig bin, aber ich bin mir mehr wert. Telegraphieren Sie zurück, daß ich mit seinem Honorarvorschlag nicht einverstanden bin.»
«Einfach so? Kennen Sie Bing überhaupt?»
«Nein, aber das spielt keine Rolle. Ich will ja nicht um jeden Preis an die Met. Wissen Sie, ich bin zuwenig ehrgeizig, um nur für die Ehre zu arbeiten.»
«Aber die Met ist immerhin der Wunschtraum jedes Sängers!»
«Ich habe keine Wunschträume. Singen ist mein Beruf, nicht mein Vergnügen, ob in Wien, Zürich, New York oder sonstwo.»
Auf das Telegramm kam umgehend ein neues Angebot. Ich machte Luftsprünge, meine Frau aber sagte:

«Na, ja... Das ist schon besser.»
«Immer noch unzufrieden?»
«Das ist ja kein Geschenk. Ich arbeite hart genug und leiste auch etwas.»
Ende Oktober fuhren wir mit zwei großen Schrankkoffern und andern Gepäckstücken über Paris nach Cherbourg, wo wir uns einschifften. Um Mitternacht legte die «Queen Mary» ab und glitt ruhig durch die Finsternis, von regelmäßigem Tuten des Nebelhorns begleitet. Nach dem Frühstück spazierten wir neugierig herum und verliefen uns fortwährend im Labyrinth von Geschäften, Bars, Aufenthalts- und Spielräumen, Filmsaal, Gängen und Treppen.
«Wie kommt man eigentlich hier ans Meer?» fragten wir uns.
Am Nachmittag setzten schon die ersten Böen der Herbststürme ein. «Queen Mary» verlor ihre majestätische Würde und wurde albern; sie zog uns den Boden unter den Füßen weg, drückte uns an die bebenden Wände, schleuderte uns hin und her. Während ihre abgebrühte Besatzung pfeifend Seilgeländer spannte, schlichen nur noch einzelne Passagiere wie grüne Phantome herum. Die Tische im leeren Speisesaal klapperten wie bei einer spiritistischen Séance.
Vier lange Tage schlug sich das Schiff gegen den tobenden Sturm. Wir vertrieben uns die Zeit im Kino, in den Bars und mit endlosen Mahlzeiten. Erst kurz vor New York wölbte sich der lang ersehnte strahlendblaue Himmel über unseren hart geprüften Köpfen und Mägen. Auch die letzte herumliegende Wasserleiche war auferstanden, alles drängte sich auf den Decks, die nun an fröhliche italienische Corsos erinnerten.
Die wolkenkratzenden Obelisken der Manhattanspitze zeichneten sich immer deutlicher ab und ragten in der Sonne glitzernd empor. Diese von der Menschenhand aufgetropften Stalagmiten wirkten wie ein Naturwunder; der Wasserspiegel unterstrich ihre Gewalt.
Nachdem das Schiff langsam angelegt hatte, schlug unsere Andacht allmählich in Ungeduld und Verstimmung um; wir reisten damals noch nicht als V.I.P. und mußten drei geschlagene Stunden Schlange stehen, bis wir durch die Kontrolle kamen. Wir waren für die spätsommerliche Hitze zu warm gekleidet und zergingen im Gedränge.
Nachträglich erfuhren wir, daß sich einige durch die Met verständigte Reporter am Dock eingefunden hatten, aber auf der Passagierliste gab es keine Lisa Della Casa, wir reisten noch als Mr. and Mrs. Debeljevic. Nur Pop und unsere Freundin Felice, die zur Begrüßung aus Chicago

hergeflogen war, harrten aus. Über unsere Gepäckberge schlugen sie die Hände über dem Kopf zusammen; auch der erste Taxifahrer verdrehte die Augen und fuhr weiter. Erst nach einer halben Stunde erbarmten sich unser zwei Fahrer, wir fuhren im Konvoi zum Hotel, das vielversprechend «Buckingham» hieß.
Der Portier sprang hilfsbereit herbei, riß die Türen und, nachdem er das Gepäck gesehen hatte, die Augen auf. Ich ging zum Empfang.
«Wir sind soeben angekommen, ich bin der Mann von Frau Della Casa...»
«Bedaure, wir sind total besetzt.»
«Wie? Wir haben ein Appartement bestellt...»
«Ich habe kein Zimmer frei, geschweige denn ein Appartement!»
Meine Frau, hinter den Mänteln auf ihren Armen kaum sichtbar, Felice und Pop kamen hinzu.
«Stimmt etwas nicht?»
«Er hat kein Zimmer, das Hotel ist besetzt.»
«Das gibt's doch nicht», ereiferte sich Felice. «Hören Sie, Mister, das ist Madame Della Casa, eine berühmte Sängerin, sie kommt an die Met...»
«Es tut mir leid», skandierte er ein wenig ungeduldig, «aber ich habe nichts mehr frei, selbst wenn die Dame die Garbo oder die englische Königin wäre!»
«Sie haben doch vor Monaten unsere Reservation bestätigt.»
«So? Kann ich die Bestätigung sehen?»
Ich war nicht sicher, ob ich sie wirklich hatte, blätterte nervös in meiner Korrespondenz und fand sie.
«Verdammt», er kratzte sich am Kopf, «was mache ich nun? Warten Sie mal... für die erste Nacht kann ich Ihnen ein Einzelzimmer mit einem Notbett geben, morgen können Sie dann...»
Unser Gepäck wurde hereingeschleppt.
«Gehört das Ihnen?»
«Ja.»
«Good Heavens!»
Das Zimmer befand sich zuoberst, ich weiß nicht mehr wie hoch oben. Im lautlos hinaufgleitenden Aufzug stellte ich nur fest, daß es keinen dreizehnten Stock gab, die Zahlen rasten von zwölf auf vierzehn, fünfzehn und weiter; amerikanische Häuser können hundert Stockwerke haben, ein dreizehntes haben sie nie.
Neben dem Notbett konnte sich zwischen unseren Koffern jeweils nur eine Person im Raum bewegen, die andere mußte auf dem Haupt-

bett sitzen; Felice und Pop standen in der offenen Tür. Es war erdrückend. Wir packten nur das Notwendigste aus. Als wir zum Aufzug gingen, hatte ich das Gefühl, als ob sich der Boden bewegte.
«Schwankt das Haus?»
«Nein, deine Beine», lachte Pop. «Nach einer langen Schiffsreise bleiben die Knie tagelang weich.»
Nach einem kurzen Imbiß verabschiedeten wir uns von den beiden, kehrten gähnend ins Hotel zurück und schliefen sofort ein. Um zwei Uhr nachts wurden wir beide hell wach; unsere Körper hatten noch kein amerikanisches Zeitgefühl, sie blieben lange hartnäckig europäisch und bestanden darauf, uns zu Unzeiten ins Bett zu zwingen, zu wecken oder zum Essen zu treiben.
Unser Hotel lag an der 57th Street, die eine der Versorgungsadern der Stadt war. Nachts hatten wir das Gefühl, der dröhnende Lastzugverkehr wickle sich vor unserer Tür auf dem Gang ab. Um vier morgens wurden die Mülleimer entleert, mit haarsträubendem Getöse. Damals durfte man hupen, Hornsignale zerrissen die Nacht.
Das einzige Fenster unseres Provisoriums blickte in den düsteren Hof und war wegen der Aircondition nicht zu öffnen, die wir allerdings meiner Frau wegen sofort abgestellt hatten. Die Luft war unerträglich dick und feucht.
«Wie soll das weitergehen?» fragte meine Frau gequält.
«Sobald wir ein Appartement bekommen, wird alles besser.»
Wir blieben sechs Tage in diesem Zimmer und lebten aus den Koffern. Endlich zogen wir um, packten einige Stockwerke tiefer aus, liefen erleichtert durch große Räume und stießen uns nicht an den etwas abgenützten Möbeln oder an den von Staub und Ruß fast blinden Fensterscheiben. Aber die beiden Zimmer lagen an der Straße, wir hörten kaum unsere eigenen Stimmen.
«Der Lärm macht mich wahnsinnig. Frag bitte nach einem ruhigeren Appartement zum Hof hin.»
Wir bekamen es; aber es war nicht stiller, nur düsterer. Wir sahen keine Sonne mehr, höchstens ihre letzten Strahlen als Reflex von den Fenstern gegenüber.
Die Met war von außen das häßlichste Opernhaus der Welt. Als wir aber auf der offenen Bühne standen, breitete sich vor uns das schöne goldene Hufeisen aus. Höhe und Tiefe des Raumes waren überwältigend; jedem, der dort auftrat, gebührt eine Tapferkeitsmedaille. Trotz seiner vorzüglichen Akustik verlangte dieses Haus viel Kraft, gute Nerven und besondere Atemwucht. Manchem europäischen Sänger

wurde diese Größe zum Verhängnis; sie verleitet unter Umständen zum Forcieren, und das war meist das Ende.
In den engen Direktionsräumen und den meist überheizten Probezimmern herrschte eine andere Atmosphäre als in allen Opernhäusern der Welt. Rudolf Bing, der Direktor, war tonangebend. Seine überaus klaren Dispositionen, seine Offenheit (sein Ja- und Neinwort waren aus Granit, ebenso wie sein Herz) waren wohltuend. Seine genau abgewogene Liebenswürdigkeit ersetzte die Herzlichkeit.
Intrigen und Neid vergifteten nicht die Luft, man respektierte sich gegenseitig und freute sich über den Erfolg der andern. Ich weiß nicht, ob Amerika uns wirklich eine neue Welt bedeutete; die Met zweifellos.
Auch das Arbeitstempo an der Met war ungewöhnlich, die Proben begannen um zehn und dauerten bis vier, fünf Uhr nachmittags mit einer kurzen Mittagspause; es wurde ausgiebig und seriös geprobt. Die außerberuflichen Kontakte brachten ebenso neue Eindrücke. Die Menschen schienen beschwingter, offenherziger, aufnahmefähiger, unkomplizierter zu sein als wir. Und sie hatten Sinn für Humor. Ihr Individualismus hinkte nur auf einem Bein unter der Last des Konformismus, mit dem gesunden zertrat er die Konventionen.
Die Gesellschaft wird nicht durch die verschiedenen Arbeitskategorien in Klassen gestuft. Eine pralle Brieftasche macht nicht überheblich, eine dünne nicht devot. Keine Arbeit ist unwürdig, jede ein Segen. Respekt gebührt nur der Leistung; Amerikaner sind Leistungsanbeter. Die Kellner dienen nicht unterwürfig, sie verrichten nur ihre Arbeit. Aber auch der Gast seinerseits sitzt nicht mit dem Gesichtsausdruck da: «Weiß man denn nicht, wer ich bin?»
Ich beobachtete einmal, wie eine Kellnerin einem Gast den Inhalt einer Tasse auf den Schoß leerte. «Oh, honey, I'am really sorry!» rief sie.
Er sprang nicht mit feuerrotem Kopf auf, sagte nicht: «Können Sie denn nicht besser aufpassen?», sondern ganz gelassen: «Never mind.»
Einer der farbigen Liftboys in unserem Hotel studierte Psychologie an der Columbia University und stand unmittelbar vor dem «masters degree». Es wäre kränkend gewesen, ihm ein Trinkgeld zu geben. Trinkgeld ist in Amerika keine Selbstverständlichkeit, eher eine Geheimwissenschaft. Jeder hat seinen Wert, seinen Platz, seinen Stolz.
Schon in den ersten Tagen meldeten sich vier Manager verschiedener Ranggröße, die meine Frau unter Vertrag nehmen wollten; jeder versuchte, uns gleichzeitig auch einen Publicity-Agenten anzuhängen.
Meine Frau wehrte sich:

«Wollen Sie nicht zuerst abwarten, ob ich überhaupt Erfolg habe?»
Kurz vor dem Debüt rief der Claquenchef an. Ich war darauf nicht gefaßt und ersuchte ihn, nochmals anzurufen, da ich sein Angebot zuerst mit meiner Frau besprechen müsse.
«Warum hast du ihm nicht gleich nein gesagt?»
«Weil ich die Sitten hier nicht kenne.»
«Aber du kennst doch meine Sitten?»
«Wir sollten uns lieber zuerst in der Met erkundigen, ob das wirklich stimmt, daß die Claque unerläßlich ist, wie er behauptet.»
Max Rudolf, Chefdirigent und Bings musikalischer Berater, hielt die Claque keineswegs für obligatorisch; aber soviel er wisse, hätten sie fast alle Sänger. Er überließ uns die Entscheidung.
Meine Frau entschied sich dagegen. Der Claquenchef versuchte uns klar zu machen, wie wichtig seine Dienste bei einem Debüt vor allem in einer Mozart-Oper seien. Er nannte auch alle Sänger, die abergläubisch darauf schworen und nie ohne Claque auftraten. Aber sie war nicht umzustimmen.
Der Ruf meiner Frau als einer bedeutenden Mozart- und Straussinterpretin hatte sich schon in New York verbreitet, und für ihr Debüt im «Figaro» herrschte lebhaftes Interesse. Da an diesem Abend auch Irmgard Seefried zum erstenmal an der Met sang, knisterte das bis auf den letzten Stehplatz ausverkaufte Haus vor Spannung.
Als meine Frau am Anfang des zweiten Aktes das Boudoir der Gräfin betrat – in dieser Inszenierung von Herbert Graf stand die Gräfin nicht wie üblich auf der Bühne – spendete man ihr einen großen Begrüßungsapplaus, in dem die ersten Töne ihrer Cavatine untergingen. Nach dieser kurzen Arie wurde ungewöhnlich lange geklatscht, im dritten Akt nach der großen C-Dur-Arie steigerten sich die Ovationen zu «brava»-Rufen. Nachdem auch das darauffolgende «Briefduett» mit der Seefried stürmisch bejubelt worden war, hielt ich es nicht mehr auf dem Sitzplatz aus – in der alten Met durfte man unbehindert ein- und ausgehen – und schlich ins Foyer. Meine Hand zitterte, als ich die Zigarette anzündete.
Nach der Vorstellung war die Garderobe meiner Frau fast eine Stunde von Menschen belagert; sie drängten sich in den kleinen Raum, schüttelten ihr beide Hände, gratulierten, redeten. Die meisten sah ich zum erstenmal, darunter auch eine selbstsichere, attraktive blonde Frau, die sagte: «You stole the show, Madame Della Casa», auf deutsch etwa: Es war Ihr Abend. Sie war eine einflußreiche kanadische Kritikerin, Ruby Mercier.

Der New Yorker Direktor der Londoner Plattengesellschaft Decca klopfte mir auf die Schulter. «Congratulations! She made it, she made it. And she was really great.» (Sie hat's geschafft und sie war großartig.) Wir saßen noch lange mit Felice, Pop und anderen Bekannten und schliefen spät ein. Am frühen Morgen weckte uns das Telefon.
«Wunderbar, gratuliere», kam mir aus dem Hörer entgegen.
Ich fragte noch verschlafen: «Wofür?»
«Die Kritiken sind ausgezeichnet, auch die Bilder sind schön ...»
Ich wurde mit einem Schlag hellwach, ein Freund las sie mir vor.
«Mojeli», rief ich aus, «du hast es geschafft! Du hast glänzende Presse. Jetzt kannst du Vesna schreiben, daß du Am-Erika (Vesna sprach es so aus) erobert hast.»
«Am-Erika» verschleierte ihren Blick; statt sich zu freuen, stand sie seufzend auf, kürzte die Blumen und stellte sie in Vasen ein.
Inzwischen erschien Pop mit Zeitungen.
«Gratuliere, Lisa, sehr schön. Habt ihr sie gelesen?»
Ich las sie nun aufmerksam, sie warf einen kurzen Blick über meine Schulter auf die Bilder.
«Aha.» Das war alles.
Pop half mir, die Blumenkarten zu ordnen. «Haha. Das muß ein Europäer sein.»
«Stimmt. Er ist auf der Durchreise hier. Aber woran hast du es erkannt?»
«An der vorgedruckten Karte mit ‹With deepest sympathy›, was auf deutsch heißt: Mit herzlichem Beileid!»
Unsere eigenen Unkenntnisse der amerikanischen Umgangssprache stifteten am Anfang Verwirrungen. Meine Frau rief eines Tages bei einem sie von Europa her verehrenden Arzt an. Die Ordinationsschwester sagte: «Es tut mir leid, Dr. Ebert ‹has passed away›.»
«Wann kommt er zurück?» fragte meine Frau.
Die Schwester verstummte.
«Hallo!» rief meine Frau ins Telefon. «Sind Sie noch am Apparat?»
«Aber Madame ... Dr. Ebert ist vor einigen Tagen von einem Lastwagen überfahren worden, er ist *tot!»*
Jahre danach brachte die Met eine Neuinszenierung des «Zigeunerbarons» heraus, mit meiner Frau, Nicolai Gedda, Regina Reznik und als Hauptattraktion Walter Slezak, dem bekannten Hollywood- und Broadway-Schauspieler. Das Stück wurde englisch gesungen und äusserst unwienerisch inszeniert; es war ein mißglückter Kompromiß zwischen Operette und Musical. Die Regieeinfälle waren sinnwidrig,

die Aufführung verlief zäh und vermochte weder die europäischen Emigranten zu befriedigen noch die Amerikaner zu begeistern. Ich hörte einen alten Wiener sagen: «Von dieser Aufführung werde ich noch träumen!»

Meine Frau hatte nicht viele Dialoge; unter anderem sollte sie sagen: «I do not care for this kind of jest», was ungefähr bedeutet: Ich halte nichts von dieser Art Scherz.

Aber sie sprach das Wort *jest* wie *chest* (Brust) aus. Der völlig veränderte Sinn löste Lachsalven aus; dies war der einzige heitere Höhepunkt der kostbaren Inszenierung.

Der Schweizer Ringier-Verlag beauftragte seinen New Yorker Korrespondenten Peter Gun, über das Debüt der ersten Schweizerin an der Met eine Reportage zu schicken. Gun war ein explosiver Journalist, begleitete meine Frau die letzten Tage vor der Premiere auf Schritt und Tritt, schoß Bilder vor der Met, bei der Kostümanprobe, auf der Bühne während der Vorstellung, und bereits zwei Tage nach dem Debüt zeigte er uns sein groß aufgemachtes Werk in der Illustrierten mit der Überschrift «Sie kam, sang und siegte». Als Untertitel brachte er «Lisa Della Casas Debut an der ‹Metropolitan› war ein beispielloser Erfolg!»

Meine Frau schüttelte den Kopf. «Das stimmt ja nicht. Die Met hat bedeutendere und auch sensationellere Debüts erlebt, denken Sie an Caruso, an Ljuba Welitsch als Salome...»

«Aber das ist ja egal. Sie hatten einen ganz großen Erfolg, das ist Tatsache. Sie müssen ihn nun publizistisch auswerten.»

«Aber ich bin gegen Übertreibungen.»

«Die Leser wollen Sensationen.»

Er hatte geschrieben:

«Es geschah zum erstenmal seit den großen Tagen Schaljapins und Carusos, daß einer Debutantin vom Orchester dic höchste Ehre erwiesen wurde, die es gibt – die Probe wurde unterbrochen! Spontan klopften alle Geiger und Flötisten mit ihren Bögen und Flöten nach der ersten Arie der Gräfin Almaviva Beifall an ihren Pulten, und diese Debutantin war – Lisa Della Casa!»

«Unsinn», sagte meine Frau. «Diese eine Höflichkeitsgeste habe ich schon oft erlebt, und hier war es sicher nicht zum erstenmal seit Caruso und Schaljapin.»

Unter einem Bild, das drei Bühnenarbeiter zeigte, stand:

«Die ersten Kritiken, die Lisa Della Casa bekam, stammten von den Bühnenarbeitern: ‹Endlich eine schöne Frau mit Stimme›, sagten sie,

und da diese Veteranen der ‹Met› von der Melba bis zu Kirsten Flagstad alles, was Stimme hat, hörten, war das Lob bedeutungsvoll.»
Weniger bedeutungsvoll fanden wir die zweiseitige Innenaufnahme der Met während der Eröffnungsvorstellung und mit Pierre Monteux am Pult. Figaro war aber nicht die Eröffnungsvorstellung gewesen und Monteux nicht der Dirigent von «Figaros Hochzeit».
«Dieses Bild hätten Sie nicht bringen dürfen!»
«Ach, wer weiß schon drüben, was das für ein Bild ist.»
Aber Gun irrte. Eine Woche später zeigte er uns einen Brief des Ringier-Verlags, der Guns Erklärung zu einem beigelegten Protestschreiben verlangte. Der Verfasser bezeichnete die Innenaufnahme der Met als eine Fälschung, die Reportage als eine Unterstellung, denn er sei zwei Tage nach dem Debüt der Della Casa in der Met gewesen: «Wie war sie?» – «Großartig.» – «Die Della Casa?» – «Nein, die Seefried.» – «Und die Della Casa?» – «Na ja, ihr Atem war auch auf der letzten Galerie hörbar!»
«Sie sehen, Herr Gun, daß sich Übertreibungen nicht bezahlt machen», sagte meine Frau.
«Kennen Sie diesen Mann? Ist er ein Feind von Ihnen?»
Wir glaubten weder Feinde zu haben, noch kannten wir diesen Namen. Meine Frau riet Gun, doch einfach die New Yorker Kritiken an den Verlag zu schicken.
Bevor es Gun gelang, den Briefschreiber nach mühevoller Forschung als einen Steward der Swissair zu identifizieren, der wie meine Frau aus Burgdorf stammte, schickte der Verlag aus der Schweiz eine offene Karte eines anderen, der es für unerhört hielt, solche Unwahrheiten zu veröffentlichen, zumal allgemein bekannt sei, daß die Della Casa ihre sogenannten Erfolge mit schwerem Geld erkaufe!
Gun war erschlagen.
«Ich habe so etwas noch nie erlebt! Ziehen Sie immer solche Kreaturen an? Kennen Sie auch diesen Mann nicht?»
Wir schüttelten den Kopf.
«Moment!» rief ich aus. «Wie hieß doch der Mann, der vor Jahren unser Haus in Zürich belagerte, im Flur auf dich lauerte, klingelte und immer wieder telefonierte? Der hieß doch so?»
«Ja... Ich glaube ja.»
«Na also», sagte Gun erleichtert, «das erklärt seine Motive.»
Nachdem Gun gegangen war, sagte meine Frau:
«Siehst du jetzt, was die Publicity auslösen kann? Ich hasse solche Sachen.»

Ich war nicht gegen Publicity, und unsere amerikanischen Freunde und der Manager unterstützten mich darin. Sie fanden, daß man nichts auslassen dürfe, was eine große Karriere fördern könnte.
Meine Frau war anderer Ansicht.
«Dieses Jagen und Treiben liegt mir nicht. Die Einladungen, die Zeitungs- und Rundfunkinterviews sind nur zeitraubend. Es sind doch immer dieselben Fragen, ich kann sie schon nicht mehr hören. Dieses ganze Getue ödet mich einfach an, ich verstehe nicht, was du dir davon versprichst!»
Ich hatte nicht ihre Gabe, so mühelos die Spreu vom Weizen, das Wesentliche vom Unwesentlichen zu trennen. Auch Unechtheiten entdeckte sie sofort. Dieselbe unbedingte Ehrlichkeit, die ihrer Natur entsprach, erwartete sie von andern; keine noch so geschickte Floskel konnte sie täuschen.
Karajan versuchte einmal, sie während einer etwas schwierigen Verhandlung abzulenken. «Jean Cocteau bewunderte Sie gestern Abend als Marschallin. Er fand Sie sehr poetisch.»
«Ja? Das ist sehr schmeichelhaft, aber kommen wir auf unser Thema zurück...»
«Frau Della Casa, auf der Bühne sind Sie wirklich ein Poet, aber in der Verhandlung sind Sie eine tüchtige Eidgenossin.»
Manche wurden ihr gegenüber plötzlich unsicher, sie fühlten offenbar, daß ihre Röntgenaugen auch die letzten Hintergedanken wahrnahmen. Auch ich pflegte Wahrheitsliebe und Gerechtigkeitssinn, aber doch mit kleinerem Radius; sie schritt durch das Leben mit dem festen Glauben eines Missionars, die Welt verbessern zu müssen.
Es fiel ihr schwer, sich mit dem System des amerikanischen Musiklebens zurechtzufinden. Allein die Bezeichnung «show business» deutet darauf hin, daß es sich dabei um ein organisiertes Geschäft handelt. Ohne Agentur hätte kein Künstler bestehen können. Im Gegensatz zu den europäischen Agenturen zwingen die amerikanischen Managements dem Künstler durch gewerkschaftliche Vorschriften ein starkes Abhängigkeitsverhältnis auf; Arbeit und Verantwortung trägt der Künstler, alles andere liegt in der mächtigen Hand des Managers. Der obligatorische Vertrag räumt dem Manager uneingeschränkte Rechte ein; er übernimmt die Führung, die sehr kostspielig ist: zwanzig Prozent der Gage sind ihm zugesichert. Außerdem setzt er jedes Telefongespräch, jedes Telegramm, jede Briefmarke, jeden Buchstaben auf die Rechnung des Künstlers. Er ist auch berechtigt, bis zu tausend Dollar pro Saison für Publicity-Zwecke auszugeben, ohne seinen

Künstler zu fragen; Bilder in Großformat werden massenhaft vervielfältigt, Prospekte und Broschüren hundertfach gedruckt. Der Manager bucht Auftritte ohne Rücksicht auf die Entfernungen, kreuz und quer, die hohen Reisekosten bestreitet der Sänger sowohl für sich als auch für den Pianisten. Selbstverständlich zahlt er auch dessen Honorar, bei Orchesterkonzerten die Notenleihgebühr und die Urheberrechte. Um auftreten zu können, muß man zuerst der Gewerkschaft beitreten und vor allem Beiträge leisten; Rundfunk- und Fernsehgewerkschaft kommt noch dazu. Nach all diesen Abzügen – die Steuer inbegriffen – kann sich der Künstler glücklich schätzen, wenn ihm dreißig Prozent übrigbleiben.
Damit hat es meist nicht sein Bewenden. Wenn der Manager findet, daß mehr Publicity angebracht wäre, zieht er die Dienste der teuren Public relations heran. Aber obwohl sich der Künstler weigern kann – wie dies meine Frau tat – zusätzlich Presseagenten zu halten, findet der Manager immer noch einen Weg, neue Ausgaben für das Publicity-Material zu verrechnen.
Für meine Frau wurde ein etwa hundertseitiges Büchlein angefertigt, das ihr Image im ganzen Lande verbreiten und ihren «Verkauf» erleichtern sollte; es ging dabei weniger um ihre künstlerischen Qualitäten als um die Präsentation einer geschickt frisierten Persönlichkeit. Nur ein interessanter, großer Name verkauft sich gut. Im show-business ist nicht die Leistung, sondern der Name Trumpf.
Man entwarf das Bild meiner Frau als das einer europäischen Schloßherrin, angeblich adeliger Abstammung; das hat in Amerika besonderen Reiz. Selbstverständlich ließ sie nur in den teuersten Pariser Modesalons arbeiten. Sie fuhr, wie ihr «Freund» Karajan, in halsbrecherischem Tempo schnelle, phantastische Wagen. Sie aß mit Vorliebe Kaviar zum Frühstück, zählte aber Shrimps, Spaghetti und Fondue zu ihren Lieblingsspeisen – was die unangenehme Folge hatte, daß uns Jahre hindurch nach Konzerten nur noch Shrimps oder Spaghetti oder beides vorgesetzt wurden. Fondue war zum Glück nicht bekannt.
Die an die Konzerte anschließenden Parties waren wichtiger als das Konzert. Anfänglich lehnte meine Frau diese Einladungen ab, aber das sei schlecht für das Geschäft, belehrte man uns in New York. «Es ist mir nach einem Konzert einfach zu ermüdend, außerdem sehe ich den Sinn nicht ein», wehrte sich meine Frau.
Diese Unsitte war aber zu stark verankert, als daß man ihr so leicht hätte entfliehen können. Die Lokalmanager beschwerten sich in der

New Yorker Zentrale über die Unfreundlichkeit meiner Frau. Ihr Manager, der Präsident des mächtigen Columbia Artists Management, ließ mich kommen.

«Dragan, Sie müssen mit Lisa ernsthaft darüber reden. Sie hat schon ohnehin den Ruf, schwierig zu sein, weil sie sich auf streng klassische Liederprogramme versteift. Wenn sie auch noch diese Einladungen ablehnt, dann verbaut sie sich selbst den Weg.»

«Herrgott! Was wollen sie von mir, ich bin doch keine Animierdame», sagte sie zu mir.

Nun, diese Gefahr lief sie nie. Ob an der «sophisticated» Ost- oder Westküste, in Texas oder im Mittelwesten, sobald sie das Podium betrat, stellte sich durch ihre Erscheinung, ihre Haltung, ihren Ernst und ihre ganze Art eine unüberwindbare Distanz zwischen ihr und dem Publikum ein; man brachte ihr Respekt statt Herzlichkeit entgegen, man bewunderte sie mehr, als daß man sie liebte. Es war ihr nicht gegeben, die Herzen im Sturm zu erobern.

Nach einem Liederabend in Houston, Texas, schrieb die wichtigste Zeitung: «Ein unvergeßlicher Liederabend, ein Konzert von 5000 Watt! Ihre Schönheit, ihre königliche Haltung, das Stilgefühl, die makellose Gesangstechnik, der künstlerische Vortrag, die gottbegnadete Stimme, das ernste, schwere Programm, all das konnte ich nicht genug bewundern. Das Bewundern war so stark, daß ich kaum zum Genuß kam.»

Ich las sie ihr vor.

«Es wäre schön, wenn es wahr wäre. Ich wünschte, ich könnte den Menschen mehr bieten als nur zwei Stunden genußreicher Unterhaltung.»

Aber die frühe Erkenntnis, daß das Publikum – nicht nur in Amerika – lieber unterhalten als erhoben zu werden wünscht, entmutigte sie nie. Einer der ersten Liederabende in Amerika war in Providence, Rhode Island. Sie bereitete sich gewissenhaft vor.

«Moje, du nimmst dieses Providence viel zu ernst. Laß uns zuerst auf der Landkarte dieses Nest finden, bevor du dich und mich verrückt machst.»

«Wann wirst du begreifen, daß nur der Auftritt zählt? Es ist doch unwichtig, wo die Stadt ist und wie groß sie ist.»

Nach dem Liederabend kamen viele Konzertbesucher in die Garderobe, darunter Gesangspädagogen, Musikstudenten und echte Musikliebhaber. Ich staunte über ihre Kenntnisse: Der Liederabend wurde analysiert, die einzelnen Lieder mit den Interpretationen von Lotte

Lehmann, Elisabeth Schumann, Kathleen Ferrier, Irmgard Seefried verglichen.
«Siehst du jetzt, daß es kein Providence gibt? Und daß jeder Abend wichtig ist, ganz gleich wo?» sagte sie später.
Im gastfreundlichen Hause von Muriel und George Marek, dem Vizepräsidenten der RCA-Victor und Verfasser einiger Musikbücher, traf sich «tout le monde» der amerikanischen Künstlerwelt; Toscanini und Reiner, Solti, Leinsdorf, die Tebaldi, die Moffo, George London, Piatigorski, Milstein, Harry Belafonte gingen dort ein und aus. Die Abende boten anregende Unterhaltungen. Einmal wurde auch über den Ernst des Berufes gesprochen. Toscaninis Sohn Walter erzählte in diesem Zusammenhang von seinem Schwager, dem Pianisten Wladimir Horowitz, der lustlos zu einem Konzert nach Florida fuhr. Im zweiten Satz einer Sonate verlor er plötzlich den Faden, improvisierte geschickt, fing sich wieder auf und wurde wie immer gefeiert. Nach dem Konzert erschien bei ihm ein älterer Herr, sprach seine Bewunderung aus und fügte noch hinzu, bevor er das Zimmer verließ: «Die Kleinigkeit im zweiten Satz der Sonate haben Sie wirklich meisterhaft überspielt!» Seitdem gab es für Horowitz nie mehr «Ach was, Florida», er sagte: «Überall sitzt der kleine schüchterne Mann, dem nichts entgeht!»
Zum siebzigsten Geburtstag von Fritz Busch, am 13. März 1960, planten seine Freunde in New York eine Gedenkfeier in engem Kreis. Man bat meine Frau, einige Lieder zu singen. Sie fühlte sich nicht gut, arbeitete deshalb um so intensiver.
«Wozu die Aufregung? Du singst ja nur vor einer kleinen Gesellschaft.» Ich hatte nicht gewußt, daß Serkin dabei sein würde, als sie das kleine Podium verließ, kam er ihr mit ausgebreiteten Armen entgegen:
«Liebe Frau Della Casa, lassen Sie mich Ihnen für die herrlichen Lieder danken. Es ging vom Herzen zu Herzen. Ich hoffe nur, daß wir bald zusammen musizieren werden.»
Ganz abgesehen von solchen Erfahrungen, wurde mir allmählich klar, daß ihre Einstellung die einzig richtige war. Nicht der Rahmen stimulierte sie, sondern die Arbeit allein.
Sie strebte immer dieselbe Perfektion an in New York, St. Gallen oder in einem College im Mittelwesten. Die Liederabende in den Colleges oder Universitäten gehörten ohnehin zu den von ihr bevorzugten, selbst dann, wenn ihre Erscheinung die jungen Studenten zu pfeifender und trampelnder Begrüßung verleitete oder wenn sie während

Als Salome, München 1961

In Der Rosenkavalier als Marschallin, München 1958

In Die Hochzeit des Figaro als Gräfin, Wien 1959 und Salzburg 1960

Als Salome, München 1961

Dragan, Lisa und Vesna Debeljevic vor der Wiener Staatsoper, 1959

Als Ariadne, Salzburg 1954

Als Ariadne, Paris und Berlin 1959

des Konzertes die strickenden, mit den Nadeln klimpernden Mädchen beobachtete. Diese Jugend war unverbogen, aufnahmefähig und dankbar; sie kam nicht, um den Star zu sehen, sondern aus Liebe zur Musik. Ganz anders waren die sogenannten «straight» oder «community» Konzerte; das Musikleben Amerikas lag in den Händen der Frauen, die ihre Zeit und das Geld ihrer Männer dafür opferten. Sie organisierten die Veranstaltungen und die damit zusammenhängenden Verpflichtungen zum Teil aus echter Kunstbegeisterung, zum Teil aus Prestigegründen. Der künstlerische Erfolg hing von dem Urteil dieser emsigen, von meiner Frau als Hut-Tanten bezeichneten Damen ab. Weder die lokale Presse noch die Reaktion des Publikums waren entscheidend, nur ihre Meinung. Man mußte also sehr auf der Hut vor den Hut-Tanten sein; was man sagte, wie man lächelte.

Es war in Amerika nicht üblich, schon aus finanziellen Gründen, daß die Künstler mit Angehörigen reisten. Wir bildeten die Ausnahme. Meine Anwesenheit entsprach dem puritanischen Geschmack der Amerikaner. Man fand es entzückend, daß eine so schöne Diva ihren Mann immer bei sich hatte, daß er mit ungewohnten Handküssen verschwenderisch umging und sich außerdem bemühte, besonders dann charmant zu sein, wenn seine müde Frau den kürzesten Weg ins Hotel anstrebte.

Die Pflichten begannen schon mit dem Empfang am Flughafen und endeten auch erst dort am Tag nach dem Konzert; dazwischen lag ein ganzer Stundenplan. Presse-, Rundfunk- und Fernsehinterviews, «drink» bei einer der Damen, «lunch» bei der nächsten, «tea» bei der dritten und so fort. Jede Stadt hatte Sehenswürdigkeiten, dic man bewundern sollte. Wir wurden herumgereicht. Kaum hatten wir uns an ein Gesicht und seinen Hut gewöhnt, schon stand vor uns ein neues Modell; nur die Unterhaltung blieb unverändert. Erst nach der Abschlußparty, nachdem man vor dem Hotel ausgeladen und mit «it was such a pleasure» oder «it was so nice having you here» verabschiedet worden war, kam man zu sich; meist fuhr man allein zum Flughafen, die Hüte bereiteten schon den nächsten Empfang vor. Hatten wir die seltene Möglichkeit, bei Freunden abzusteigen und dem Getriebe zu entfliehen, so mußten wir mit verstimmten Rapporten rechnen.

Die sogenannten Exklusivkonzerte trugen nicht umsonst diesen Namen: Sie waren tatsächlich außergewöhnlich. Eines der ersten fand in Chicago statt, im «Four Arts Club». Zwei Tage vor dem Konzert kamen wir an, und ich suchte vergeblich in den Zeitungen nach der

Ankündigung des Liederabends. Ich wußte nicht, daß es sich um ein Konzert für die Mitglieder des vornehmen Klubs handelte. Niemand kümmerte sich um uns; rein zufällig erfuhren wir vom Pianisten, daß der Liederabend erst um halb zehn beginnen sollte, nach einem festlichen Dinner.

Die üppige, mit Champagner begossene Mahlzeit dehnte sich bis nach zehn aus. Als meine Frau das winzige Podium des kleinen Saales – mit einer drückend niedrigen Decke – betrat, schlich der Zigarren- und Zigarettenrauch wie ein blauer Nebel aus dem Speisezimmer herein. Die erste Schubert-Gruppe ging in der halblauten Unterhaltung der verdauenden Klubmitglieder unter.

«Ich wollte mitten im Lied aufhören und sagen: ‹Ich hoffe, Sie können mich genauso gut hören wie ich Sie›. Es ist sagenhaft, was man einem Sänger zumutet! Die Zeit, der Raum, der Rauch und dann noch diese Unruhe», klagte meine Frau.

Auch in Palm Beach, Florida, existierte ein exklusiver «Arts Club»; wir flogen mitten im Winter in das sommerliche Paradies, in dem Stahl- und Ölmagnaten, Eisenbahnbarone und andere Milliardäre unter sich lebten und meist nur für ihre Angestellten sichtbar waren. Der Applaus klang merkwürdig dumpf; das kam von den seidenen Abendhandschuhen der schmuck-glitzernden Damen. Er wurde von anerkennenden, mit Rücksicht auf die Frisur vorsichtigen Kopfbewegungen unterstützt; die Begeisterung glich dem gezwungenen Lächeln einer sich herzlich gebenden Schwiegermutter.

Der Liederabend in Miami, Florida, blieb mir in Erinnerung, trotz Hitze, als ein besonders kühler. Das Publikum, die auf Hochtouren laufende Aircondition und meine Frau wetteiferten in Kälteausstrahlung. Es war unser Hochzeitstag, und meine Frau sagte widerwillig: «Alle normalen Menschen können einen solchen Tag mit Freude feiern, ich muß singen.»

Zudem war sie verkühlt, und eine aus Europa eingetroffene schlechte Nachricht bedrückte sie. Sie konnte sonst jede Art von Indisposition überwinden, sobald sie die Bühne betrat, aber in Miami gelang es ihr nicht. Sie blieb verstimmt, reagierte auf meine Aufmunterungsversuche gereizt und seufzte über das Publikum, was nicht ihre Art war.

«Du behauptest sonst, das Publikum ist gut, wenn du gut bist, und ist nur dann schlecht, wenn du es bist...»

«Das stimmt, es liegt an mir. Aber heute gehen mir die Menschen auf die Nerven, ich fühl' mich elend, ich mag einfach nicht.»

«Vielleicht geht's dir im zweiten Teil leichter», sagte ich.

Es ging aber nicht; sie und das Publikum kamen sich nicht näher. Der Lokalmanager verabschiedete sich mit einem rätselhaften Satz: «Seit Milsteins letztem Konzert kann ich mich an einen solchen Abend nicht erinnern.» Ich fragte mich, was Milstein wohl angestellt hatte. Obwohl die Presse überraschend gut war – man wünschte, sie bald auch auf der Opernbühne in Miami zu sehen – schrieb der Organisator in seinem Rapport nach New York, daß die Leistung meiner Frau enttäuschend sei; außerdem scheine sie launisch und schwierig zu sein.

Eine Bekannte wollte uns am nächsten Morgen zum Flugplatz fahren. Sie kam sehr spät ins Hotel, wir warfen in Eile unser Gepäck in ihren schon mit Kindern und Hunden überfüllten Stations-Wagen, meine Frau, der Pianist und ich stiegen ein, und sie fuhr los. Zwischen den Kindern und Hunden eingeklemmt entdeckte ich erst nach einer Viertelstunde, daß unser wichtigstes Stück, meine große schwarze Aktentasche fehlte. Darin war der Schmuck, das ganze schwer ersungene Geld einer langen Saison, die Pässe, die Flugbillette. Wir rasten wie die Feuerwehr zum Hotel zurück.

Nach bangen Minuten erblickte ich schon von weitem die Tasche, einsam und verloren vor der Hoteltür auf dem Gehsteig; die Menschen stolperten fast darüber, aber niemand würdigte sie eines Blickes!

«Moje, Moje, du bist unverbesserlich! Wie oft habe ich dich gebeten, nicht das ganze Geld mitzuschleppen.»

«Ich weiß, aber schon meine Großmutter trug die Dukaten unter ihrem Mieder...»

Ich weigerte mich all die Jahre, in Amerika ein Konto zu eröffnen und mit Checks zu bezahlen, was dort üblich war. Niemand hatte Geld bei sich, außer für Taxi oder Zigaretten. Bargeld war auch in keinem Haus zu finden. Brauchte man Kleingeld, so fuhr man zum nächsten Supermarket, kaufte irgend etwas, füllte den Check auf fünfzig oder hundert Dollar aus und ließ sich den Rest des Betrages herausgeben. Obwohl die amerikanische Wirtschaft jährlich Millionenverluste durch ungedeckte Checks hinnahm, erweckte ein Check nie Mißtrauen.

Dagegen wirkte eine Hundertdollarnote immer suspekt; der Geschäftsführer wurde geholt, er prüfte sorgfältig den Schein und seinen Besitzer. Eine Fünfhundertnote vorzulegen war leichtsinnig, einen Tausender konnte man nur in der Bank nach Vorweisung des Passes wechseln; das tat ich nur einmal.

Selbstverständlich zahlte auch die Met per Check – die einzige Ausnahme bildete die Callas, die ihre Gage in bar bekam. Der Check wurde auf den Namen meiner Frau ausgestellt, nur sie persönlich konnte ihn einlösen, und dies nur in der auf dem Check angegebenen Bank; in einer andern Filiale war es schon unmöglich.

Im dritten Jahr, 1955/56, wohnten wir nicht mehr in Manhattan. Wir zogen in die grüne, ruhige Gegend von Forest Hills um. Aber die langen Fahrten in der Untergrundbahn bis zur Met, vor allem die Rückfahrten nach den stundenlangen Proben waren anstrengend. Meine Frau mußte in den überfüllten Subways immer stehen; die Männer neigten nicht zur Galanterie, die Kinder nicht zur Höflichkeit. Die Sitze wurden erst beim Aussteigen freigegeben und blitzschnell wieder belegt.

Wir beschlossen einen Wagen zu kaufen. Überzeugt, schlau zu handeln, erkundigte ich mich gleich, ob ich eine Ermäßigung bekäme, wenn ich den vollen Betrag sofort auf den Tisch legte.

«Ermäßigung? Für mich ist es doch günstiger, wenn Sie den Wagen auf Raten kaufen.»

Ich fing an, blanke Scheine zu zählen.

«No, sir, nicht in bar. Check.»

Beinahe wäre der Kauf daran gescheitert.

Bei der Versicherung gab ich meine Frau als Besitzerin an, um den Abschluß zu beschleunigen. Das war ein Fehler; gerade ihr Beruf schien ein Hindernis zu sein.

«Eine Met-Sängerin... Ein Star?»

Ich bejahte stolz, aber das verfehlte die Wirkung gänzlich; der Beamte weigerte sich, den Wagen zu versichern. Ich ging zur nächsten Versicherung, wieder ohne Erfolg. Nach dem sechsten Versuch gab ich es auf. Ich erzählte dem Wagenverkäufer von meinem Pech und hoffte, daß er den Wagen, der noch bei ihm stand, zurücknehmen werde.

«What's the matter with you anyway (was ist mit Ihnen eigentlich los)? Zuerst zwingen Sie mir das Bargeld auf, dann bekommen Sie keine Versicherung, sonderbar», sagte er. «But deal is deal» (Geschäft ist Geschäft).

Unsere Freundin Hilla Fischer rief einen Bekannten an, der ein Freund von Fritz Busch gewesen war und auch meine Frau verehrte. Er versicherte den Wagen und sagte mir, daß die Versicherungen Verträge mit der Prominenz aus dem Show-business meiden. Wenn die Stars in den kleinsten Unfall verwickelt werden, versuchen die Anwälte der Gegenpartei es aufzubauschen. Nach langwierigen Prozessen muß

die Versicherung oft horrende Entschädigungen zahlen. Er führte mir einige unglaubliche Beispiele an.
Im Herbst 1957 schickten wir Vesna, obwohl sie kein Englisch sprach, in die Volksschule; nach drei Monaten sprach sie nur noch Englisch. Sie fühlte sich überall sofort zu Hause, in New York, in San Francisco als einzige Hellfarbige unter den zauberhaften Chinesinnen (wir wohnten in der Nähe von China-Town), in Greenwich, Connecticut, in der amerikanischen Schule in Wien, wo sie später ihr Abitur bestand.
Solange wir in Forest Hills wohnten, verkehrten wir mit einem Malerehepaar, Clara und Alfred Zwiebel. Auch ihre Tochter Andrea, kaum älter als Vesna, war künstlerisch begabt und kopierte schon ausgezeichnet. Ihre Eltern malten verschieden, die Mutter eher akademisch, der Vater ungestüm impressionistisch; wir beteiligten uns lebhaft an den Diskussionen darüber, und meine Frau sah oft dem produktiven Alfred beim Malen zu.
Eines Abends saßen wir bei Clara und Alfred. Ich stand immer noch unter dem Eindruck der Bilderausstellung, die ich am Nachmittag besucht hatte.
«Wenn ich überflüssige siebzehntausend Dollar gehabt hätte, hätte ich auf der Stelle ein Bild von Vlaminck gekauft!»
«Wie war das Bild?» fragte meine Frau.
Ich zeigte ihr die schwarzweiße Reproduktion im Katalog.
«Erinnerst du dich noch an die Farben?»
«Sicher.» Ich beschrieb das Bild.
Sie verschwand mit dem Katalog. Nach längerer Zeit kam sie mit einem Blatt in der Hand zurück.
«Sah der Vlaminck ungefähr so aus?» fragte sie.
«Ja! Wer hat das gemalt?»
«Ich.»
«Duu? Aber seit wann kannst du denn malen?... Das wußte ich ja gar nicht...»
«Ich auch nicht», sagte sie, «aber deine Begeisterung hat mich inspiriert. Hier hast du deinen Vlaminck.»
Diese übrigens sehr gute Kopie hängt heute noch in unserem Schlafzimmer.
Sie entdeckte das Malen; Clara und Alfred weihten sie ins Handwerkliche ein, sie malte in jeder freien Minute. Mehrmals wurde sie aufgefordert, ihre Bilder auszustellen, aber sie lehnte es ab.
«Ich bin nur eine Sonntagsmalerin. Eine Ausstellung kommt überhaupt nicht in Frage.»

Sie malte mit lockerem Pinselstrich, mischte die Farben kühn und verlieh jedem Bild südländische, sonnige Atmosphäre. Wir gehörten schon immer zu den Sonnenanbetern; meine Frau ist eine wahre Sonnenblume, die sich noch den letzten Strahlen zuwendet.
In New York fuhren wir auch im Winter wann immer möglich zum Strand, saßen in der Sonne und bräunten oder erkälteten uns. Auf dem Heimweg hielten wir in einer neapolitanischen Pizzeria, wo wir mit Fischern und Arbeitern herrliche Fischsuppe aßen; das waren richtige Festtage.
Meine Frau ersuchte den erstaunten Manager, die Konzerte hauptsächlich im Süden zu buchen; beruflich, ohne private Aufenthalte mitzuzählen, waren wir vierzehnmal in Texas, siebenmal in Florida. Neben Miami, Palm Beach, Jacksonville gehörte auch Orlando zu den musikliebenden Städten Floridas. Der erste Auftritt meiner Frau in Orlando spielte sich im Rahmen eines Gala-Abends ab, an dem auch die Altistin Nikolaidi, der Tenor Tucker und der Bariton Merrill mitwirkten. Man sang Arien, Duette, Terzette und abschließend das Quartett aus «Rigoletto».
Als uns der Manager das Programm mitteilte, sagte meine Frau:
«Das Rigoletto-Quartett kommt nicht in Frage. Ich habe früher die Gilda oft gesungen, aber nur deutsch. Ich habe keine Zeit, es auf Italienisch umzulernen.»
«Sie brauchen es ja nicht unbedingt auswendig zu singen, nehmen Sie halt die Noten.»
In der Probe nahm meine Frau die Noten.
«Haben Sie die Gilda nie gesungen?» fragte Tucker.
«Doch, früher oft, aber nur deutsch.»
«Na und? Singen Sie einfach blablabla. In einem Quartett brüllt man ohnehin zu viert, kein Mensch versteht, was man singt. Die Noten würde ich auf keinen Fall nehmen.»
Meine Frau versuchte bis zum Abend, den Text halbwegs auswendig zu lernen, trat im Quartett ohne Noten auf und sang ein italienisches Kauderwelsch. Nicht einmal der italienische Dirigent merkte es, das Publikum raste, und ein uralter Mann strahlte nach dem Konzert:
«Ich habe Rigoletto unzählige Male mit Caruso und Galli-Curci erlebt, aber ein solches Quartett habe ich in meinem ganzen Leben noch nie gehört. Bravi tutti!»
Das war eine neue Fassung von dem «alten Mann in Florida», das Gegenteil der Erzählung von Horowitz.
Richard Tucker, den man drüben vielerorts – und auch er sich selbst –

für Carusos Nachfolger hielt, schmunzelte zufrieden. In guter stimmlicher Verfassung war er tatsächlich ein Tenor ersten Ranges; er war sich dessen bewußt.
In einer großen Fernsehsendung trat er mit meiner Frau auf, sie sangen Duette aus «Traviata» und «Tosca», während ein anderes Paar, Anna Moffo (diese Sendung war ihr amerikanisches Debüt) und Giuseppe Campora Arien und Duette aus «Butterfly» und «Bohème» vortrugen. Vor der Sendung fragte meine Frau:
«Wer sind eigentlich diese zwei? Müßte ich sie kennen?»
«Nein», antwortete Tucker gelassen, «sie sind nicht *unsere* Klasse, Lisa!»
In einer anderen Fernsehsendung sang Tucker mit meiner Frau das große Duett aus «Butterfly». Die erste run-through-Probe (ohne Unterbrechung) war sehr früh auf halb zehn angesetzt. Als wir ins Studio kamen, sang sich Tucker in seiner Garderobe auf vollen Touren ein.
«Der Mensch macht mich nervös, warum singt er sich ein? Ich kann so früh am morgen unmöglich aussingen.»
«Das sollst du ja auch nicht. Er wird's sicher auch nicht tun.»
Die Probe fing an, Tucker setzte ein mit den satten, vollen Tönen seines kräftigen Tenors, zum Entzücken aller Anwesenden und zum Entsetzen meiner Frau, die ihn fassungslos ansah, aber dann selber gab, was ihre zwei Stimmbänder bieten konnten. Sie sangen wie um die Wette und versetzten die apathischen Studioleute in Begeisterung.
«Sie bringen mich nicht nur um den Verstand, sondern auch um die Stimme», sagte meine Frau nach der Probe zu Tucker. «Wie kann man so früh mit voller Stimme singen?»
«Lisa, wenn Sie ein Kantor wären, würden Sie es auch können», antwortete er lachend.
Er war ursprünglich Kantor. Auch noch als großer Met-Star sang er an besonderen Festtagen in der Synagoge.
In San Francisco sang meine Frau 1958 «Bohème» mit Gianni Raimondi und dem großen Jussi Björling, die als Rodolfo alternierten. Raimondi stand am Anfang seiner Karriere und sang mühelos das hohe c; meine Frau und er machten sich einen Spaß daraus, im Schlußduett des ersten Aktes das hohe c zu überhalten. Björling trat erst in einer späteren Galavorstellung auf. In der Probe fragte ihn meine Frau:
«Singen auch Sie den Duettschluß hinauf?»
«Ich singe es *immer* hinauf», antwortete er eisig.

Am Abend war meine Frau schon auf dem Weg zur Bühne, als der Studienleiter ihr nachlief.
«Madame Della Casa, kennen Sie die Björlingsche Transponierung?»
«Ich habe keine Ahnung, wovon Sie reden. Was für eine Transponierung?»
«Ich dachte, Sie wüßten, daß kein Met-Tenor seine Arie und das Duett in der Originaltonart singt. Beides wird um einen halben Ton transponiert. In Björlings Vorstellungen, darf ich Ihnen zeigen», er öffnete den Klavierauszug, «bleibt die Mimi von dieser Stelle an einen halben Ton tiefer bis zum Schluß.»
Als sie Jahre später mit Tucker die «Bohème» an der Met sang, gab es eine Tuckersche Transponierung. Bohème-Transponierungen, wie auch die der Stretta im «Troubadour», gehörten zu den Met-Traditionen. Renata Tebaldi transponierte als Violetta ihre große Arie im ersten Akt gar um einen ganzen Ton. Die Stars konnten es sich erlauben, bei exponierten Stellen nicht zittern zu müssen; eine Sitte, die im deutschsprachigen Raum undenkbar war, oder fast undenkbar: Man erzählt, daß die Lehmann die Fidelio-Arie unter Toscanini in Salzburg, die Berger die Königin der Nacht um einen halben Ton transponiert gesungen hätten.
In diesem Punkt teilen sich die Meinungen; viele halten die Transponierungen für ein Sakrileg, während die anderen ein sicheres h oder b dem mißglückten c vorziehen.
Von den Stars erwartet man fast Übermenschliches, und nicht allen ist gegeben, den Beruf mit der Weisheit einer Bergner oder mit der Ruhe meiner Frau auszuüben. Die meisten machen Qualen durch. In einer Fernsehsendung in New York sang meine Frau mit Franco Corelli Teile aus «Tosca». Diesen Sendungen gingen ausgiebige Proben voraus; es wurde immer live ausgestrahlt, der Ablauf mußte genau auf die Sekunde stimmen. Corelli erschien zur ersten Probe mit wunden Lippen. Auf die Frage, ob er eine Fieberblase habe, antwortete seine Frau, er habe sich über die Kritiken der gestrigen «Gioconda»-Premiere geärgert und sich beim Lesen auf die Lippen gebissen.
Der von vielen Tausenden vergötterte, schöne Corelli, dessen Name die größten Häuser füllte, der sagenhafte Honorare forderte und sie auch bekam, war im Grunde ein bescheidener, scheuer, mit sich selbst beschäftigter und verwundbarer Mensch, der sich über Kritiken die Lippen wund biß.
Am Tag der Sendung, der wie üblich hektisch wurde – drei voll auszusingende run-throughs in Kostüm und Maske, Regiebesprechun-

gen, Korrekturen, Schminkmeister und so fort – verlor Corelli die Ruhe. Nach dem letzten run-through sah man seine Blässe unter der Schminke.
«Ich kann nicht singen, ich bin ganz ausgetrocknet...»
«Das kommt nur von der Hitze der Scheinwerfer.»
«Nein, von der Aufregung. Ich mache nie mehr eine live-Sendung, ich habe dafür einfach keine Nerven.»
«Aber Sie beherrschen den Cavaradossi doch im Schlaf. Es ist doch gleich, ob Sie ihn hier im Studio oder auf der Bühne singen.»
«Auf der Bühne bin ich genauso ausgetrocknet. Meine Frau steht gewöhnlich mit einem Glas in der ersten Gasse, und wenn das nicht möglich ist, dann trage ich einen nassen Schwamm in der Brusttasche. Aber das hier ist noch schlimmer; der Gedanke, daß Millionen zuschauen, macht mich nervös.»
Unmittelbar vor der Sendung wurde er ein sich mehrmals bekreuzigendes Espenlaub. Ich nahm seine Frau in den Kontrollraum mit. Auch sie schlug Kreuze und murmelte: «Wenn nur alles gut geht.» Wir setzten uns hin, die Sendung lief an. Als Corelli auf dem farbigen Bildschirm wie ein junger Gott erschien und zu singen begann, stürzte seine Frau aus dem Zimmer, um von Zeit zu Zeit die Tür zu öffnen und zu fragen: «Wie läuft es?»
«Wunderbar, kommen Sie doch herein.»
Aber sie wackelte mit dem Kopf: «Non posso, non posso, impossibile», und verschwand wieder.
Auch die Göttlichen haben Nerven.

An einem der jährlichen Bach-Festivals in Orlando sang meine Frau in Haydns «Jahreszeiten». Nachdem man in Interlaken jahrelang ausschließlich Mozart-Festwochen abgehalten hatte, dafür in Mozarts Geburtsstadt zu Ostern Wagner zelebriert, verwunderte mich Haydn an einem Bach-Festival nicht mehr.
Dort führte mich ein Bekannter irrtümlicherweise als Graf de Beljevic ein, was meiner Person unerwarteten Glanz verlieh. Der Mann einer Diva sollte wirklich ein Graf sein – sei es nur ein Graf Bobby – Orlando hat es mir gezeigt.
Obwohl Della Casa ein klangvoller Name ist, verleitete er die Menschen, damit zu spielen. Fritz Busch änderte ihn in «del Castello», Frau Hartmann in «Della», viele in «Bella Casa» oder einfach «Bella», einige in «della Cassa» oder «della Chiesa». Ein Kollege meiner Frau aus Hamburg fand, wir sähen aus wie eine lebende Reklame für Okasa

und taufte uns «Ocasas». In Wien stand unser Wagen vor dem Bühnentürl mit dem Schweizer Kennzeichen TG... Einer fragte:
«Wem g'hört dieser Kreuzer?»
«Bist du teppert? Siegst nicht TG? Tella Gasa!»
In Glyndebourne war ich selbst schuld: «Wir essen kein Fleisch, nur Käse, und heißen Käseljevic.» Man nannte uns in England jahrelang nur noch Käseljevic. Vesna variierte es später in Della Käse.
Ich lernte früh, daß mein Name nicht nur schwer, sondern auch unwichtig war. In Europa hieß es: Della Casas Tochter, Della Casas Wagen, Della Casas Schloß, Della Casas Hunde – und – Della Casas Mann. So stellte ich mich auch vor und nahm die Telefone ab.
In Amerika ging das nicht so einfach. Sobald jemand sagte: «Mme Della Casa and her husband», kam unweigerlich die Frage: «Wie ist denn Ihr Namc?»
Auf amerikanischen Fluglinien kontrollierten die Stewardessen die Namen der Passagiere unmittelbar nach dem Start. Bald lernte ich zu antworten: «Ich muß es buchstabieren: Di-i-bi-i-el-dschej-i-vi-ai-si.»
«Ooh! Dibelltschevik? Richtig?»
Ich ersuchte später den Manager meiner Frau, die Flugbillette für Mr. and Mrs. Della Casa zu bestellen.
Nach einem Liederabend in Kanada gab der schweizerische diplomatische Vertreter einen Empfang, hauptsächlich für seine Kollegen. Zur Begrüßung der Gäste stand meine Frau neben dem Gastgeber, ich einen Schritt hinter ihr. Er stellte uns vor, Madame Della Casa and her husband, Mr. Deb... Die ersten drei Buchstaben stimmten, danach ereignete sich eine Explosion von unartikulierten Konsonanten. Ich bekam Angst um seine Zunge:
«Bitte sagen Sie Mr. Della Casa», flüsterte ich ihm zu.
Im Laufe des Abends kam der jugoslawische Diplomat zu mir und sprach mich auf italienisch an, worauf ich antwortete, solange es meine Kenntnisse erlaubten.
«Wir können uns aber auch unterhalten, wie uns die Schnäbel gewachsen sind», sagte ich auf serbisch.
«Wieso sprechen Sie so gut Serbisch?» fragte er erstaunt.
«Weil das meine Muttersprache ist.»
«Mit diesem Namen?»
«Das ist der Name meiner Frau.»
«Aber warum tun Sie das? Sie sind schließlich der Mann. Das ist nicht richtig.»
«Wirklich?»

Vesna erfaßte mit fünf Jahren, was «richtig» war. Sie nahm leidenschaftlich gern Telefone ab:
«Hier spricht Vesna Debeljevic, aber *wir* gehören zu Della Casa!»

Es war leider nicht möglich, alle Konzerte in den Süden zu legen; wohl oder übel mußte man auch in den nördlichen Regionen Hundekuchen verdienen.

Auf einer solchen Reise flogen wir aus Florida kommend durch Donner und Blitz nach Minneapolis, um von dort aus mit einer anderen Maschine die Reise nach Grand Forks, Nord Dakota, fortzusetzen. Die kleine DC-3, die uns über fünf Zwischenlandungen ans Ziel bringen sollte, wackelte schon am Boden unter den Hieben des eiskalten Sturmes. In der Luft stöhnten die Motoren, der Rumpf ächzte, das Absacken hob uns trotz der angeschnallten Gurten aus den Sitzen. Nach der zweiten Zwischenlandung schlug ich – der sonst gern flog – vor, auszusteigen und die Reise mit der Bahn fortzusetzen. Meine Frau, die auch bei schönstem Wetter ungern flog, war so erschöpft, daß sie sich nicht rühren wollte. Wir gerieten in heftiges Schneetreiben; die Stewardeß teilte uns mit, daß man von weiteren Zwischenlandungen absehen und direkt nach Grand Forks fliegen müsse.

Der Sturm nahm zu, unsere Ruhe ab. Der Pilot setzte endlich zur Landung an, aber trotz der eingeschalteten Scheinwerfer war außer faustgroßen Schneeflocken nichts zu erkennen, bis plötzlich die schwach schimmernde Piste auftauchte – allerdings nicht in unserer Flugrichtung, sondern quer unter uns. Der Pilot riß die Maschine wieder in die Höhe und zog eine größere Schleife um den Flugplatz, der inzwischen unter den Schneewolken hoffnungslos verschwand. Der Pilot beschloß, nach Fargo zurückzufliegen, wo er vor einer halben Stunde nicht landen konnte.

Nach beunruhigend langem Kreisen über Fargo und einer Art Sturzflug schlugen die Räder wuchtig auf. Die Maschine machte einen Luftsprung, berührte den Boden wieder, sprang abermals hoch und kam nach einem kurzen Rollen zum stehen. Man bat uns auf den Sitzen zu bleiben und auf den Autobus zu warten, ohne uns zu erklären, warum die Maschine nicht bis zum Gebäude weiterrollte; ich nehme an, daß sie keinen Treibstoff mehr hatte.

Wir setzten uns immer noch mit leicht schlotternden Knien in einen Zug, ohne das im Flugzeug zurückgelassene Gepäck, und kamen gegen drei Uhr morgens im ausgestorbenen Grand Forks an; außer dem Stationsbeamten war niemand zu sehen.

Meine Frau warf mir einen ihrer Pelzmäntel mit Kapuze um die Schultern, und wir stapften durch den knietiefen Schnee. Endlich tauchte aus dem weißen Gestöber ein Mann auf. Auf die Frage, wo das Hotel liege, sagte er:
«Sorry, ich bin fremd hier!» Aber er deutete uns wenigstens die Richtung zum Zentrum an.
Das Gepäck kam erst mittags nach, der Sturm hielt bis zum Abend an, meine Frau sang vor halbleerem Saal; am nächsten Morgen kamen wir nach einer abenteuerlichen Fahrt über vereiste Straßen zum Flughafen, wo man uns bedauernd mitteilte, daß die Kursmaschine wegen eines Motorschadens ausfalle. In der Tat sah ich sie planmäßig aus Winnipeg, Kanada, kommend in großer Höhe den Flugplatz überfliegen; eine Zwischenlandung für nur zwei Passagiere war wahrscheinlich unrentabel. Wir nahmen den Zug nach Minneapolis und trafen gerade noch rechtzeitig zur Orchesterprobe ein. Nach der Probe und dem langen Tag saßen wir erledigt im Hotel.
«Mein Traum von einer amerikanischen Karriere war anders als die Wirklichkeit», sagte ich.
«Das ist halt immer so mit den Träumen. Es ist schon gut, den Träumen nachzujagen, aber es ist schlimm, von ihnen gejagt zu werden.»
«Hej! Kafka!»
«So? Du hast halt eine g'scheite Frau...»
Das wußte ich schon längst. Was ich aber nicht verstand, war ihre Nachgiebigkeit, sich von meinen Träumen jagen zu lassen. Wir drehten uns in dem magischen Kreis der Träume und ihrer Verwirklichung. Die Versuchungen in diesem Lande der vielen Möglichkeiten waren unwiderstehlich.

1956 flogen wir auf eine karibische Tournee, zuerst nach Havanna, in das Vor-Castro Kuba. Nach fünf Tagen und zwei ausverkauften Liederabenden führte uns die Reise über Caracas nach Maracaibo. Wohlstand und Elend lebten auch in Venezuela dicht nebeneinander. Der Maracaibo-See ist eine echte Ölfundgrube, ein unübersehbarer Bohrturmwald. Im pittoresken Stadtzentrum entdeckten wir pariserischen Luxus mit entsprechenden Preisen, aber nur zwei Gehminuten hinter unserem feudalen Hotel lagen die winzigen, brüchigen Hütten der Eingeborenen, die eine unvorstellbare Anzahl von Erwachsenen, Kindern und Tieren beherbergten. Einen Steinwurf davon entfernt protzten leere, farbenfrohe, von der Regierung aufgestellte Hoch-

häuser, in die sich die Eingeborenen weder mit List noch mit Gewalt verpflanzen ließen.
Weiter draußen lebten die Einheimischen noch in den uralten Pfahlbauten: Eine ganze Stadt aus Holz im und auf dem Wasser; daher der Name Venezuela (Klein Venedig). Auch hier wohnten in einer Hütte ganze Sippen, aus denen bestenfalls ein Erwachsener arbeitete. Die andern schaukelten in den Hängematten, im Wasser spielten die dunkeläugigen, hübschen Kinder, mit dicken Bäuchen infolge der einseitigen Ernährung aus gekochten Bananen.
Die echten Indianer bewohnten die Stadtperipherie. Die Zivilisation machte aus sauberen, fleißigen und würdevollen Menschen herumstreunende Bettler und Diebe; man wollte sie verpflanzen, aber man entwurzelte sie nur. Sie flohen rehscheu – in ihren farbenprächtigen Gewändern und mit bemalten Gesichtern – vor den Fremden in ihre Hütten zurück, aber sobald man ihnen: «Bolivar» (Geld) nachrief, ließen sie sich bereitwillig photographieren.
Am Morgen nach dem Konzert bestiegen wir die früheste Maschine, um in Caracas den Anschluß nach San Juan, Puerto Rico, zu erreichen; wir hatten unsere Plätze noch nicht eingenommen, als das Flugzeug schon über die Piste donnerte und sich in die Luft schwang. Andere Länder, andere Sitten.
In Caracas eilte ich zum Schalter.
«*Sie* können weiterfliegen, aber Ihre Frau nicht.»
«Wie? Meine Frau hat in San Juan ein Konzert, nicht ich.»
«Das Visum Ihrer Frau ist abgelaufen.»
«Aber sie *muß* nach San Juan!»
«Es tut mir leid, das Visum ist ungültig. Fahren Sie in die Stadt zur amerikanischen Botschaft und versuchen Sie es zu erneuern.»
Wir ließen das Gepäck im Flughafen und fuhren eine geschlagene Stunde nach Caracas. Als wir vor der Botschaft hielten, war die Tür schon verschlossen. Hinter dem Glas saß ein amerikanischer Wachtmann, ich klopfte. Er bedauerte, uns nicht helfen zu können, in der Botschaft sei niemand mehr, am Freitag mittag beginne das Wochenende. Wir sollten Montag wiederkommen.
Das Konzert in San Juan war aber auf den Samstag angesetzt, ich rief den Lokalmanager an. Er hörte sich mein aufgeregtes Gestammel an und versicherte mir, daß er das Konzert in San Juan ohne weiteres verschieben könne.
Meine Frau meinte, ich sollte die Schweizer Botschaft anrufen. «Sie können vielleicht etwas tun.»

Sie wollte immer das Unmögliche – mir schien oft das Mögliche unmöglich; ich stand, obwohl auf der gleichen Treppe, meist eine Stufe tiefer. Nun, ich rief an, aber der Botschafter erklärte sich kurz angebunden für nicht zuständig und überließ uns unserem Schicksal. Inzwischen erschien der Manager und sagte, das Konzert sei verschoben worden. Wir fuhren zum Flughafen, um das notwendigste Gepäck zu holen, und stiegen in einem Hotel in der Nähe der amerikanischen Botschaft ab.

«Wenn Sie Lust haben, zeige ich Ihnen gerne die Stadt», schlug der Manager vor.

Wir hatten zwar keine Lust, aber es war immer noch besser, als wie Gefangene im Hotel zu sitzen. Er fuhr uns über sieben Stadthügel, durch die malerischen engen Gassen der Altstadt, durch die modernen, imposanten Stadtviertel, durch die Slums. Caracas wäre unter anderen Umständen gewiß eine touristische Sehenswürdigkeit von besonderem Reiz gewesen.

Am Samstagabend führte er uns in die Villa einer, wie er sagte, einflußreichen Amerikanerin. Obwohl sie mit den letzten Vorbereitungen für eine große Einladung beschäftigt war, hörte sie sich aufmerksam unsere Geschichte an und erreichte, daß uns am Sonntagmorgen einer der vielen Konsuln empfing. Leider war er nicht kompetent.

Am Montagmorgen suchten wir den richtigen Konsul auf. Ich schilderte ihm kurz unsere Lage und ersuchte ihn, meiner Frau, dem Met-Star, zu helfen. Er musterte sie stirnrunzelnd: Sie trug einen roten, einfachen Baumwollrock, eine Matrosenbluse, kleine offene Sandalen ohne Strümpfe, eher ein hübscher, braungebrannter Teenager als eine Diva.

Er blätterte in ihrem Paß. «Ja, Sie hätten in unserem Konsulat in Zürich ein Visum für mehrere Ein- und Ausreisen beantragen sollen. Dieses Visum ist nun ungültig.»

«Das haben wir unterdessen begriffen, aber darum sind wir ja hier.»

«Ich kann nichts tun. Darüber muß Washington entscheiden.»

«Dann rufen Sie bitte Washington an.»

«Das geht nicht, Sie müssen Formulare ausfüllen...»

«Aber nächsten Freitag hat meine Frau ihre letzte Aufführung an der Met, unser Kind ist in New York und wir haben auf den Samstag unsere Heimreise gebucht.»

«Bedaure, das ist ausgeschlossen.»

«Glauben Sie, daß die Met in Washington etwas erreichen könnte?»

«Versuchen Sie's.»

Den Rest des Tages verbrachten wir am Telefon: Zuerst mit Zürich, was nur Zeitverlust bedeutete, dann mit der Met, mit dem New Yorker Manager und mit den Freunden, wo sich Vesna mit der Kinderschwester aufhielt. Niemand schien den Ernst der Lage wirklich zu begreifen. Die Verbindung mit Vesna war schlecht, wir hörten sie ganz deutlich, aber sie verstand uns überhaupt nicht.
«Hahaha... Nana spricht spanisch, ich verstehe sie nicht», lispelte sie durch die ersten Zahnlücken zu Schwester Klara.
Ich ging zur Fluggesellschaft, um unsere Plätze umzubuchen. Die Angestellte sprach kaum Englisch, kein Deutsch, kein Französisch, kein Italienisch und ich nicht Spanisch.
«O Gott! Können Sie nur Spanisch?» fragte ich verzweifelt.
«Nein, auch Serbisch!»
Sie versprach mir, für jeden Flug nach San Juan zwei Plätze freizuhalten.
Dienstag und Mittwoch ging ich viermal täglich zum Konsul, aber er hatte nichts aus Washington gehört. Das Konzert in San Juan wurde inzwischen auf den Donnerstag verschoben; wir saßen in Caracas fest und kamen uns wie Kafka-Figuren vor.
Als mir am Donnerstagmorgen der Konsul mit schon gereizter Höflichkeit sagte, ich brauchte nicht jeden Tag zu erscheinen, er wisse, wo wir wohnten, fragte ich, ob er ein Durchreisevisum ausstellen könne.
«Das kann ich, aber damit darf Ihre Frau unter keinen Umständen auftreten, weder in San Juan noch in New York».
«Die Hauptsache ist, daß wir das Kind holen und nach Europa fliegen können.»
Der Manager bestand trotzdem darauf, daß wir nach San Juan flögen; wir rasten zum Flugplatz. Die Maschine rührte sich nicht vom Fleck; als ich nach einer halben Stunde Bruthitze zum Fenster hinausschaute, sah ich einen der Propeller auf dem Boden und einen Mechaniker, der bis zu den Hüften im Motor steckte; Zangen, Hämmer, Schrauben fielen zu Boden, wurden gesammelt – es war aufmunternd.
Nach einer weiteren halben Stunde drehten sich alle vier Propeller, aber wir landeten mit nur dreien in San Juan.
«Na, endlich!» begrüßte uns der dortige Manager. «Das war kein Kinderspiel, das ausverkaufte Konzert immer wieder zu verschieben.»
«Aber meine Frau darf nicht auftreten, sie hat nur ein Durchreisevisum.»
«Nicht auftreten! You must be kidding (das ist wohl ein Scherz). Natürlich wird sie auftreten, wer kümmert sich schon um ihr Visum?»

Er fuhr uns eilig zur Probe; der ständige Begleiter meiner Frau war verhindert, nach San Juan zu kommen, so mußte sie mit einem dort ansässigen Pianisten vorliebnehmen. Er spielte vorzüglich, aber er hatte noch nie einen deutschen Liederabend begleitet. Die Probe war lang und zermürbend, wir fuhren anschließend ins Hotel, erfrischten uns kurz im Ozean und gingen zum Konzert, das wegen des Theaterumbaus für das Casals-Festival ins Auditorium Maximum der Universität verlegt worden war.
Da es keine Garderoben gab, brachte man einen kleinen Tisch, einen Spiegel und einen Stuhl in eine überdachte Pergola und stellte zwei hohe Schiefertafeln als Abschirmung auf. Die Tafeln standen allerdings auf hohen Gestellen, so daß die untere Hälfte meiner Frau sichtbar blieb. Sie setzte sich an den Tisch und versuchte mit Geduld, die in der Hitze davonfließende Schminke immer wieder neu aufzutragen und aus dem feuchten salzigen Haar eine Frisur zu zaubern.
Ich hielt ihren Schminkmantel ausgebreitet, um sie beim Umziehen vor den Blicken der vorbeiströmenden Konzertbesucher zu schützen. Von der heißen Pergola führte eine Tür in das gekühlte Auditorium; sie deckte Decolleté und Hals mit beiden Händen zu.
«Ich werde mir in diesem eisigen Saal noch den Tod holen», sagte sie nach der ersten Liedergruppe, während ihre drinnen festgewordene Schminke draußen wieder zu schmelzen anfing. Aber sie sang, als ob es um ihr Leben ginge. Das Publikum war hitzig wie das Klima, erklatschte sich viele Zugaben, lief neben dem offenen Wagen her und legte ihr Kamelien, Mimosen, Gardenien und Rosen in den Schoß. Wir erreichten die Mitternachtsmaschine und landeten gegen fünf Uhr morgens in New York, das unter Schneemassen lag. Am Abend sang sie die Arabella, am Samstag flogen wir nach Europa.

Ich neigte immer stärker dazu, in Amerika Wurzeln zu schlagen, vor allem seit wir im Haus der Familie Fischer in Old Greenwich, Connecticut, wohnten. Das amerikanische «suburbian life» entsprach unseren Lebensgewohnheiten, in nichts erinnerte es an europäische Vorstädte. Das idyllische Leben wirkte erholend auf die angeschlagenen Nerven und den strapazierten Körper.
New York war für uns auf die Dauer unerträglich. Durch den Lärm, die verseuchte Luft, die Fülle von Verpflichtungen und durch den unheimlichen Pulsschlag dieser Stadt fühlten wir uns überfordert und als ob wir die Stirn an die nur angelehnte Tür eines Irrenhauses schlügen. Je weiter wir aufs Land zogen, um so schöner wurde unser Alltag.

In DIE ZAUBERFLÖTE als Pamina mit Walter Berry (Papageno), Salzburg 1959

In DER ZIGEUNERBARON als Saffi mit Walter Slezak (Zupan) und Laurel Hurley (Arsena), New York 1959

In DER ROSENKAVALIER als Marschallin mit Sena Jurinac (Octavian), Salzburg 1960

Nach der ROSENKAVALIER-Probe mit Hilde Güden (Sophie) und Sena Jurinac, Salzburg 1960

Hilla Fischer, die Tochter des Verlegers S. Fischer, hatte uns ihr Familienhaus schon seit Jahren angeboten, aber die Entfernung von etwa 70 km bis New York schreckte uns anfänglich ab, wir fuhren nur ab und zu übers Wochenende nach Old Greenwich. Als sich dann herausstellte, daß ich mit dem Wagen über die ausgezeichneten Autobahnen kaum länger bis zur Met brauchte als etwa von Forest Hills aus, mieteten wir das abgelegene Fischer-Haus, das in der Kriegszeit seine Tür für viele Schriftsteller aus der alten Welt, von Thomas Mann bis Carl Zuckmayer, offen gehalten hatte.
Es ließ sich in diesem Haus, das eine besondere Atmosphäre ausstrahlte und über eine hervorragende Bibliothek verfügte, wunderbar leben; es lag in der Ozeanbucht in einer träumerischen Landschaft, deren Wälder im Herbst wie Feuer glühten und die sich im Frühling mit berückenden Dogwoodblüten schmückte.
Es gab keine Gartenzäune – fremde Kinder, Katzen, Hunde waren auf dem Rasen willkommen – die Fenster wurden abends nicht mit Vorhängen verhüllt, keine Haustür war verriegelt. Man war wie in einer großen Familie, und doch blieb man ungestört, völlig für sich; man grüßte sich herzlich, ohne sich zu kennen. Aber man fühlte sich in einer hilfsbereiten Gemeinschaft geborgen.
Hilla Fischer, die in ihrem Berliner Elternhaus Gerhart Hauptmann, Hofmannsthal, Rilke, Thomas Mann, Richard Strauss, Furtwängler, Bruno Walter und viele andere gekannt hatte, erwähnte eines Tages den Tod von Hofmannsthals Witwe.
«War sie denn hier?» fragte ich.
«Ja, kannten Sie sie nicht? Sie hat Lisa doch bewundert.»
«Hilla! Das sagen Sie uns erst jetzt! Hätte ich es nur geahnt, so hätte ich Sie gebeten, uns mit ihr bekannt zu machen. Sie wäre eine letzte Berührung mit der Welt von gestern gewesen! Übrigens, wüßten Sie zufällig, wo ich die vergriffenen Bücher von Friderike Zweig finden könnte?»
«Wieso kommen Sie auf Friderike?»
«Durch ihren Briefwechsel mit ihrem Mann. Später stieß ich bei Rilke wieder auf ihren Namen und versuchte vergeblich ihre Bücher aufzutreiben.»
«O Gott! Ausgerechnet die Friderike!»
«Aber Hilla! Sie muß eine faszinierende Frau gewesen sein.»
«Was heißt denn ‹gewesen›? Sie lebt noch ganz munter hier in unserer Nachbarschaft, in Stamford. Wenn Ihnen wirklich so viel an ihr liegt, rufe ich sie an.»

Hilla kam lachend vom Telefon:
«Friderike sagte, was für ein sonderbarer Zufall, der Mann verehrt mich, ich seine Frau, ich möchte sie beide sofort kennenlernen, kommen Sie morgen bitte zu mir. Zufrieden?»
Friderike Zweig war zu dieser Zeit achtzig, ihre lebhaften Augen und das Gesicht wirkten aber zeitlos, ihr Geist lebendig.
Ich weiß nicht, ob sie in ihrer Jugend schön war; als alte Frau hatte sie eine durchgeistigte Heiterkeit, die sie schön machte. Sie las dreimal wöchentlich an der Universität in Stamford, und sie konnte erzählen, von einer Welt, die es nicht mehr gab. Stundenlang hörte ich ihr andächtig zu; selbst ihre Behauptung, Stefan Zweigs sehnlichster Wunsch, bei den Salzburger Festspielen mitzuwirken, sei nur an Hofmannsthal gescheitert, konnte mir diese Welt von gestern nicht trüben.
Die Alltagsmonotonie war wohltuend und wurde nur durch engste Freunde unterbrochen. Seit es nicht mehr erlaubt war, Hunde in der Flugzeugkabine mitzunehmen, und wir unseren Nenad in der Schweiz zurücklassen mußten, verwandelte sich unser Haus in Old Greenwich in ein Asyl für obdachlose Katzen. Eine von ihnen, von meiner Frau Babettli genannt, blieb nach unserem Abflug bei Hilla. Als wir im Herbst 1966 zurückkamen, führte uns die stolze Babettli fünf zauberhafte bunte Knäuelchen vor, die ihre zarten Krallen mit Vorliebe an Teppichen, Polstermöbeln, Seidenvorhängen wetzten, im Handumdrehen die Bäume erkletterten, oben aber ängstlich schrien, so daß ich mich von Baum zu Baum schwang und sie herunterholte. Sobald ein Hund auftauchte, flüchteten sie wieder auf die Äste, mußten wieder gerettet werden – ich hatte gar nicht gewußt, daß es so viele Hunde in der Nachbarschaft gab.
Meine Frau nahm die Kätzchen als Vorwand, um alle Einladungen in der Eröffnungszeit der neuen Met abzulehnen. «Sag einfach, wir hätten fünf junge Kätzchen im Haus und könnten sie nicht allein lassen. Es genügt mir schon, daß sie während der Proben und Vorstellungen allein bleiben.»
Fünf kleine Kätzchen; ich glaube, man hielt uns für verrückt.
Es war ein Wunder, daß wir durch den Beruf nicht wirklich längst verrückt geworden waren. Ich fragte, welcher Teufel wohl das Feuer schüre; meine Frau sagte, ich selbst sei der Heizer.
Die Gefahr, in dieser Glut zu verbrennen, war groß. Aber meine Frau schien aus zähem Holz zu sein, sie hielt stand, ohne zu Asche zu werden. Sie trug acht lange Jahre zwischen 1955 bis 1963 pausenlos die Last der Strapazen, ohne darunter zusammenzubrechen. Sie kam

in dieser Zeit kaum zur Besinnung; der Berufsdämon jagte uns weiter. Nach einer längeren Tournee im Süden flogen wir nach St. Louis, wo wir mit einem brennenden Triebwerk landeten, um dann von dort aus die Reise in einem Mietwagen nach Joplin, Missouri, fortzusetzen. Der Liederabend fand in der Hochschule statt, im Saal saßen viele rastlose Kinder, die sich in den Zwischenpausen mit Eis und Pop-corn versorgten und, während meine Frau sang, zufrieden aus Kartonbechern Eis löffelten, mit Papiertüten raschelten und knirschend kauten.

Doch waren solche Abende, bei denen man das Gefühl hatte, «Perlen vor die Säue» zu werfen, äußerst selten; zwei Konzerte im benachbarten Universitätsstädtchen Columbia, Missouri, blieben uns in bester Erinnerung.

Auf dem Rückflug nach New York gerieten wir bald nach dem Start in starke Turbulenzen, aber meine Frau schlief; sie war von der langen Tournee erschöpft. Über New York kreisend meldete der Pilot, daß alle drei Flugplätze infolge des Nebels geschlossen seien. Nach einer Viertelstunde kam wieder seine Stimme: «Folks, hier spricht der Kapitän. Inzwischen sind auch Boston und Philadelphia geschlossen, aber ich habe genügend Treibstoff, um nach St. Louis zurückzufliegen, also kein Grund zur Beunruhigung.»

Wir kreisten noch eine gute Stunde über New York, mit zahlreichen andern Maschinen; der klare Himmel sah im Dämmerlicht wie ein rotierender Christbaum aus.

«Folks», ertönte von neuem die Stimme des Kapitäns, «ich habe Erlaubnis, in Philadelphia zu landen», und im Reden drückte er schon ruckartig alle Motoren auf volle Touren und uns auf die Rücklehnen. Bald versanken wir in der gespenstischen Finsternis des dicken Nebels, die Unterhaltungen verstummten, die Stewardessen verloren ihr Lächeln, man starrte gespannt durch die Fenster ins Nichts hinaus.

«Jetzt sehe ich endlich ein paar Lichter», sagte meine Frau.

Was sie sah, war schon die Piste, mitten in ihrem Satz berührten wir den Boden; es war eine perfekte Blindlandung.

Inzwischen war es spät geworden, man bot den Passagieren an, entweder in Philadelphia zu übernachten oder mit der Bahn nach New York zu fahren. Wir entschlossen uns für letzteres.

Während meine Frau im Zug zu schlafen versuchte, blätterte ich in den Zeitungen und sah, daß am folgenden Abend «Figaros Hochzeit» an der Met angesetzt war. Diese Vorstellung war die einzige in der Saison, in der sie nicht die Gräfin zu singen hatte. Aber ein teuflischer

Gedanke schoß mir durch den Kopf, ich legte raschelnd die Zeitung zusammen.
«Kannst du eigentlich nie leise umblättern?»
«Verzeih, aber ich hatte so ein dumpfes Gefühl, daß du morgen die Gräfin singen wirst.»
«Nur das nicht! Ich bin am Ende meiner Kräfte, ich könnte unmöglich singen...»
Als wir um fünf Uhr morgens nach Hause kamen, lag neben dem Telefon die Nachricht: Die Met bittet, die Vorstellung zu retten, da die Kollegin plötzlich erkrankt ist!
Während sie am Abend in der Garderobe ihr müdes Gesicht schminkte, ging ich zum Inspizienten. «Ich möchte Sie bitten, eine Ansage vor dem Vorhang zu machen...»
«Das ist nicht nötig», unterbrach er mich, «die Umbesetzung ist wie üblich am Eingang angekündigt, außerdem sind gedruckte Zettel in den Programmen...»
«Es geht mir nicht darum», unterbrach ich ihn meinerseits, «das ist ja auch unwichtig, aber meine Frau ist nicht nur total erschöpft, sie fühlt sich auch nicht gut. Das müssen Sie ansagen, damit Sie ihr die Arbeit erleichtern.»
Alle Häuser geizen mit solchen Ansagen, um die Stimmung nicht zu trüben, womit sie nicht ganz unrecht haben; das Publikum wird dadurch auf die Indisposition aufmerksam gemacht, die es sonst vielleicht gar nicht bemerkt hätte. Ich versteifte mich aber darauf, daß man das Publikum um Nachsicht bitten möge.
Ich stand hinter dem Studienleiter, der sich mit einem Korrepetitor unterhielt. «Singt nun die Della Casa?» fragte der Korrepetitor.
«Ja.»
«Dann ist ja alles gut. Weshalb denn diese Spannung in der Luft?»
«Oh, die *gnädige Frau* hat die Gnade zu singen und wünscht nun noch, vor dem Vorhang angesagt zu werden.»
Jetzt springe ich ihm an die Gurgel, dachte ich – und sagte: «Nicht die gnädige Frau wünscht es, sondern *ich!*»
Die Ansage wurde gemacht. Sie sang ihre erste Arie gut, aber im Laufe des langen zweiten Aktes schien sie zu ermatten. In der Pause zum dritten Akt fragte ich sie, ob ich nicht den Dienstarzt rufen sollte.»
«Keine schlechte Idee», sagte sie.
Der Arzt erschien.
«Meine Frau braucht eine intravenöse Calciumspritze.»
Er trat von einem Fuß auf den andern.

«Muß es wirklich eine Spritze sein? Hm... Ich fürchte, das geht nicht, ich habe weder eine sterile Spritze noch Calcium.»
«Aber wie soll sie denn über die Runden kommen?»
«Mit Gottes Hilfe», sagte er, schlug das Kreuz und fügte im Weggehen hinzu: «God bless you (Gott segne Sie)!»
Nach dieser ungewöhnlichen Therapie sang sie die Vorstellung zu Ende.
«Den ganzen Abend hatte ich das Gefühl, neben mir zu stehen. Nicht ich selbst sang, sondern *es* sang neben mir, so erschöpft war ich. Unheimlich.»
Neu war das nicht. Während der Verfilmung von «Don Giovanni» in Salzburg drehte sie 48 Stunden pausenlos, legte sich danach für zwei Stunden nieder und fuhr mit mir nach München, wo sie in den Festspielen eine Figaro-Gräfin «neben sich stehend» sang.
Ähnliches erlebte sie auch im Winter 1958. Darüber lasse ich «My Mistress's Voice» durch einen Brief an unseren Hausarzt und seine Frau berichten:

Washington, den 6. Februar 1958
Unsere Lieben, vielleicht ist es ganz bekömmlich, wenn ich mich in diesem tollen Wirbel hinsetze und über alles, was geschehen ist und zu geschehen hat, berichte und es mir damit von der Seele wegschreibe. Ich sitze nach dem Frühstück im Bett, tue auf gemütlich, huste ähnlich wie im Sommer in Salzburg (nur nicht ganz so schlimm) und habe heute Abend Adriadne zu singen. Am 27. Januar fing der Wirbel so richtig an; da war Television, und nachdem ich zwanzig amerik. Pfund abgenommen hatte, sah ich, wie man so schön sagt, toll aus und habe tüchtig Staub aufgewirbelt. Vesna hat aber die Woche vorher wieder eine Erkältung nach Hause gebracht, mit einem Schnupfen, Husten, Heiserkeit und sehr hohem Fieber. Am Montag, also am Tag der Sendung, fing ich dann auch damit an. Wir hatten Sonntag den ganzen Tag Proben und Montag von zwölf mittags bis zur Sendung um 21 Uhr mit zirka 18mal Kostüm in einer Minute wechseln. Ich kam aus dem «schweißgebadet» vor Mitternacht nicht heraus. Am nächsten Tag flogen wir nach Atlanta, Georgia, wo ich dann am 30. und 31. in einem Orchesterkonzert die vier letzten Strauss-Lieder plus C-Dur Figaro-Gräfin zu singen hatte. Im ersten Konzert habe ich mich nicht einsingen dürfen, weil ich sonst für den Beginn bereits heiser hätte sein müssen; denn ich hustete den ganzen Tag. So sang ich eben auf gut Glück, ohne jemand über meinen Zustand zu orientieren. Es ging auch für das Publikum mit viel Erfolg, für mich mit grosser Plage vorbei. Nachher saß ich im Bett bis 0 h, denn beim Liegen hat mich der Husten fast zur Verzweiflung getrieben. Am Abend noch einmal das «Janze» von Vorn. Da war ich schon raffinierter, sang

leichter darüber hinweg und wurde auch weniger heiser. Anschließend eine Party mit über 100 Personen, Rauch, «Gelafer», ermüdend. Am Tag darauf New York und am nächsten Tag, Sonntag, durften wir als mein Geburtstagsgeschenk das Haus liquidieren, alles einpacken, aufräumen, einteilen, was auf die Reise in den Süden mit muß, was in New York bleibt; denn am Montag den 3. hatten wir unzählige Erledigungen in der Stadt zu besorgen, es war der einzige Wochentag in New York vor dem Abflug. Am Abend des 3. hatte ich dann in der Met meine letzte Figaro-Gräfin zu singen, immer schön hustend, niemand hat etwas gemerkt, alle fanden es herrlich (nur ich nicht), geklungen hat es schön, behauptete Dragan, aber ich hasse Singen und Seiltanzen zugleich. Als Dessert durften wir dann nach vier Stunden Schlaf in aller Frühe nach Washington fliegen, um am 4. um 9.30 Ariadne Orchesterprobe zu singen (diese Ariadne-Vorstellungen habe ich nach langem Drängen übernommen, weil die hier nach Erkrankung oder Unfähigkeit ihrer Besetzung ohne Ariadne blieben und auch niemanden von Europa dafür bekamen). Gestern Generalprobe, heute Premiere, Morgen früh Flug nach New York, 11 h Vormittags einen halben Liederabend, abwechselnd mit dem Cellisten Schneider, singen, gleich danach 4 Stunden im Zug oder Auto nach Washington zurück, am Abend zweite Ariadne mit Wiederholung am 9. Am 10. Flug nach Oklahoma, am 11. Liederabend. Am 12. in drei verschiedenen Flugzeugen nach Orlando. Am 13. um 10 h Probe für ein Orchesterkonzert am gleichen Abend. Bohème-Arie und I. Akt-Schluß, Così-Duett, Tosca-Arie, Rigoletto-Quartett (noch zu lernen!) Am 14. sechs Stunden Rückflug New York. Am 15. Europa. Bei allem Niederschreiben kam ich mir beinahe selber wie eine Verrückte vor; denn all dies ist doch etwas verrückt! Ich bitte auch sehr um Entschuldigung, dass ich so ausführlich alles niederschrieb, der Satz in Walters letztem Brief, wo er meinte, keine Ahnung von unserem Tun und Lassen der letzten Zeit zu haben, hat mich dazu ermutigt. – Und jetzt fühle ich mich ganz leicht, ich habe unsere ganze Last zu Euch über den Ozean weggeworfen, damit habe ich auch Luft geschaffen und kann an Euch und Eure Gewichte besser denken...

Beim Lesen dieses Briefes kam mir das gigantische Pensum – *zehn* Auftritte innerhalb von *achtzehn* Tagen, mit dazugehörenden Proben und Tausenden von zurückgelegten Meilen! – wie ein Alptraum vor. Sie schrieb den Bericht zur Zeit ihrer größten Erfolge in Amerika, aber sie berührte sie mit keiner Zeile, obwohl sie zwischen Oktober 1957 und Februar 1958 an der Met allein in drei dicht aufeinanderfolgenden Premieren gefeiert worden war. Dazwischen gab sie ihren ersten Liederabend in der New Yorker Town Hall, drei Wochen später einen zweiten in der begehrten Konzertserie im Hunter College (New York), in der Presse folgendermassen angekündigt:

Nach dem überwältigenden Erfolg ihres ersten Liederabends in der Town Hall ist es uns eine Ehre, die gefeierte Prima Donna Lisa Della Casa mit einem Liederabend im Hunter College zu präsentieren.

Die Neuinszenierung von «Don Giovanni» unter Karl Böhm und Herbert Graf, mit Cesare Siepi in der Titelrolle, wurde eine Sensation, die Vorstellungen waren Wochen im voraus ausverkauft. Die *New York Times* schrieb: «Lisa Della Casas Donna Elvira ist nicht ein zänkisches Weib, sondern eine mißhandelte und liebende Frau, ihr Gesang ist rein, elegant und gefühlvoll.» Die *Herald Tribune* bezeichnet sie als «Vollendung schlechthin». Die *New York Post:* «Lisa Della Casa war als Elvira die Idealbesetzung. Sie sang mit Schönheit, Stil und bewundernswerter Zurückhaltung.» *Journal American:* «Lisa Della Casa als Donna Elvira war wunderschön anzusehen und entzückend zu hören. Üppiger Gesang und pointiertes Spiel rückten die Rolle in das richtige Verhältnis zu Don Giovanni.» *New York World-Telegramm:* «Lisa Della Casas Elvira war hinreißend für Auge und Ohr, vom Herzen gar nicht zu reden!»
Die bedeutende Zeitschrift *The Saturday Review* schrieb:

Die moderne Met hatte nie eine bessere Elvira als Lisa Della Casa. Sie ist rachsüchtig und vertrauensvoll zugleich und verbindet die beleidigte Weiblichkeit mit dem unnachgiebigen Glauben, Don Giovanni noch zu retten. Ihre Stimme ist strahlend, schmeichelnd und fein kontrolliert, sie bringt für die Bravourarien «Mi tradì» und «Ah fuggi il traditor» vollblütige Musikalität mit.

Dabei hatte sie sich ursprünglich gegen die Neuinszenierung gesträubt. Ein Jahr zuvor, 1956, bot ihr Bing diese Rolle an, aber sie hätte wegen einer Probewoche in New York auf Buenos Aires verzichten müssen: fünfzehn Vorstellungen und ein Liederabend im Teatro Colòn – eine seltene Anerkennung, die meines Wissens nur Kirsten Flagstad einmal beschieden war. Überdies zahlte Buenos Aires fürstliche Stargagen; meine Frau war daher von Bings Angebot nicht entzückt.
Aber Bing, von Böhm und Graf sekundiert, bestand darauf, daß meine Frau Buenos Aires zugunsten der Met aufgäbe.
Im hitzigen Dialog mit Bing suchte sie meine Unterstützung: «Sag doch auch du ein Wort dazu.»
«Ich würde an deiner Stelle die Elvira annehmen.»
«Waaas?!»
«Ich halte eine Neuinszenierung von ‹Giovanni› an der Met, die wahrscheinlich nur alle zwanzig Jahre kommt, künstlerisch für sehr

wichtig. Auf alle Fälle für interessanter als die ganze Saison in Buenos Aires.»

«Lisa, wenn Ihnen die Absage peinlich ist», sagte Bing, «werde ich an Direktor D'Urbano schreiben. Einverstanden?»

Er tat es, sie war betrübt, ich erleichtert, D'Urbano enttäuscht, aber... nicht nur D'Urbano, sondern auch die ganze Saison 1957/58 fiel später zum erstenmal in der Geschichte vom Teatro Colòn einem beharrlichen Musikerstreik zum Opfer.

Nach dem großen Erfolg von «Giovanni» fragte Bing triumphierend: «Na, Lisa, glauben Sie immer noch, daß es ein Fehler war, Buenos Aires aufzugeben?»

Drei Wochen nach dem «Don Giovanni» kam der «Rosenkavalier», wieder mit Böhm und Graf. Harold Schonberg von der *New York Times* schrieb: «Lisa Della Casa ist die beste Marschallin, die seit dem Abgang von Lotte Lehmann diese Bühne zierte.» Paul Henry Lang von der *Herald Tribune:* «Lisa Della Casa als Marschallin ist eine Fürstin von Geblüt!» *New York World Telegram:* «Lisa Della Casa ist wahrscheinlich die schönste und gewiß die jüngste Marschallin, die je die Metropolitanbühne zierte. Es ist beinahe unfair, daß sie neben so auffallender Jugend und Schönheit auch noch über eine so prachtvolle Stimme verfügt.» *Daily News* brachte als Überschrift «Casa Superb» und: «Jeder Dirigent, der Lisa Della Casa je gefährden könnte, bekäme es mit mir persönlich zu tun. Gestern abend war diese Lady in der Rolle der Marschallin herrlich und ließ mich diese Partie besser als je zuvor verstehen.»

Nach «Figaro», der dritten Premiere, riß das Lob der Presse nicht ab: «Sie ist eine Gräfin von bestechendem Charme. Eine vornehme Frau, die ebenso vornehm singt. Ihre große Arie war Musikdrama von klarstem Wasser.» – «Die Met brachte eine fabelhafte Besetzung. Höchste stimmliche Ehre gebührt Lisa Della Casas warmherziger, prächtiger Gräfin und Cesare Siepis aufregendem Figaro. Das war unsere dritte günstige Gelegenheit in dieser Saison, die Della Casa zu hören und jedes Mal sang sie besser als das vorige.» – «Mit Della Casa als Gräfin im dritten Akt erlebte ich einen jener echten Schauer, die nur ein wahrhaft herrlicher Gesang auszulösen vermag.»

Keine dieser Partien bedeutete eine Neuigkeit – sie hatte sie schon wiederholt an der Met gesungen, es war ihre fünfte Met-Saison.

Ihr erster New Yorker Liederabend fand ebenfalls ein starkes Echo; das Publikum erzwang sogar schon nach dem ersten Teil eine Zugabe.

The Herald Tribune schrieb unter anderem:

Lisa Della Casas Liederabend in der Town Hall zeichnete sich sowohl durch ihre persönliche Schönheit als auch durch ihren herrlichen Gesang aus... Nur zu selten begegnet man heutzutage einem so feinfühlenden Sänger für das deutsche Lied. Lisa Della Casa singt nicht ein Lied, sie lebt darin und trägt es wie ihre eigene Haut. Der reine und ergreifende Vortrag ihrer Auffassung von Schuberts «Du bist die Ruh» bedeutet nichts weniger als Wiederentdeckung dieses Liedes...

The New York Times:

Lisa Della Casa, Starsopran der Met, wurde bereits beim Betreten des Podiums mit einer solchen Ovation begrüßt, daß sie lange nicht beginnen konnte... Sie ist so behexend schön und verfügt über einen so außergewöhnlichen Charme, daß sich selbst der mürrischste Kritiker dieser starken Ausstrahlung nicht zu entziehen vermag und zu ihren Gunsten voreingenommen wird... Man verließ widerstrebend am Ende dieses ausgezeichneten Liederabends die jubelnde, applaudierende Konzerthalle, denn es regnete Zugaben... Besonders packend waren die Lieder von tragender Dramatik, wie z. B. Strauss' «Befreit» oder Schœcks «Mit vollen Atemzügen». In diesen Liedern war Miss Della Casa auch stimmlich am besten, in der Tat vollendet. Aber selbst ihr Zweitbestes, wie etwa die Schubertgruppe, war immer noch ein seltener Genuß und bewunderungswürdig.

The New York Post:

Ein bekannter New Yorker Literat, der gestern im Liederabend der Della Casa hinter mir sass, sagte, als sie das Podium betrat: «Mein Gott, wenn man so ausschaut, braucht man überhaupt nicht zu singen!» Nun, dieser Met-Star besitzt immerhin auch noch eine der reizvollsten Stimmen unserer Zeit. In einem sehr variablen Programm offenbarte sie Töne des schönsten Gesangs und erntete wohlverdiente Ovationen...

New York Journal-American:

Lisa Della Casa ist für das New Yorker Publikum schon lange keine Unbekannte mehr, seit einigen Jahren ziert sie die Metbühne. Mit ihrem ersten Liederabend erlebte sie einen neuen durchschlagenden Erfolg. In der ersten Gruppe war sie besonders eindrucksvoll durch die überzeugende Wiedergabe der zwiespältigen, delikaten Stimmung in «Lachen und Weinen» und durch die unheimliche Ruhe im Lied «Du bist die Ruh». «Feldeinsamkeit» war die hervorragende Darbietung in der Brahmsgruppe: Die Künstlerin nahm die weiten, sprunghaften Bögen mit einem wunderbar sanften, ebenen Tonfluß, und es gelang ihr, die friedliche, getragene Stimmung einzufangen... Aber die Schönheit von «Befreit» übertraf alles, was sie gestern bot, Jubel brach aus, sie hätte es leicht wiederholen können, wenn sie nur gewollt hätte. Ein bemerkenswerter Abend!

Sie las schon damals keine Kritiken mehr.
«Ausschlaggebend für mich ist, was *wir* beide fühlen. Nur das zählt für mich. Jeder hat seine Erfolge und Mißerfolge, man darf sich weder berauschen noch verzweifeln...»
Der Erfolg des zweiten Liederabends im Hunter College war drei Wochen später genauso groß wie jener in der Town Hall, aber sie war mit sich selbst unzufrieden und blieb tagelang bedrückt.
Auch die Washingtoner «Ariadne» war erfolgreich, obwohl sie in der Premiere indisponiert und aus Übermüdung «neben sich stehend» sang. Paul Hume schrieb in der *Washington Post:*

Lisa Della Casa, die eine lange und liebevolle Beziehung zur Ariadne pflegt, singt diese Rolle mit einer faszinierenden Mischung aus dem Launenhaften des Prologs und der mysteriösen Leidenschaft des nachfolgenden Aktes. Ihre Darstellung geht immer von der Charakterpersönlichkeit aus, sie gibt die doppelte Natur der Rolle glänzend wieder. Ihr Gesang steigert sich herrlich von silberklarem Wispern zum Reichtum eines einzigartigen Wohlklangs und Timbres. Ihre Kunst ist eine unheimlich stark entwickelte, wir sind glücklich, sie noch zweimal als Ariadne hören zu dürfen.

The Washington Daily News:

Im zweiten Akt unterbrach das Publikum die Vorstellung durch minutenlangen Applaus nach Lisa Della Casas unheimlich ergreifender Szene, in der sie von dem Reich sang, «in dem alles rein ist, mit dem Namen Totenreich». Madame Della Casa bringt absolut alles mit, was eine Opernheroine haben soll – zauberhafte Erscheinung, grosse Darstellungskunst und eine Stimme von seltener Schönheit.

Ariadne gehörte zu den Lieblingspartien meiner Frau. Seit Jahren versuchte sie, Bing zu bewegen, diese Oper an der Met herauszubringen, zumal man dort andere Strauss-Opern, «Rosenkavalier», «Arabella», «Salome» und «Elektra» mit Erfolg aufführte. Aber Bing sagte jedesmal lächelnd:
«Das machen wir, Lisa, in der neuen Met.»
Diese scherzhafte, stereotype Antwort bedeutete, daß er überhaupt nicht an «Ariadne» dachte; so war es auch mit «Capriccio» oder Händels «Julius Cäsar».

Im Sommer 1960 in Salzburg ließ mich Karl Böhm aus einer Probe meiner Frau zu sich rufen. Er sagte mir im Vertrauen, er habe aus zuverlässiger Quelle erfahren, daß Bing eine Neuinszenierung von «Ariadne» plane. In diesem Fall hätte er natürlich großes Interesse dafür, und wäre dankbar, wenn wir es Bing ans Herz legen würden.

«Herr Doktor, ich bin sicher, daß Bing niemals eine ‹Ariadne› ohne Sie machen würde. Aber selbstverständlich will ich mit ihm reden, auch mir liegt an dieser ‹Ariadne›!»

Einige Tage später wartete ich vor einem Laden auf meine Frau, und plötzlich stand Bing vor mir.

«Wo ist die schöne Lisa?»

«Sie kommt gleich, aber es ist gut, daß ich Sie sehe. Also doch ‹Ariadne› in der alten Met?»

«Woher wissen Sie das?» fragte er überrascht.

«Das ist ja unwichtig. Aber Lisa ist auf alle Fälle entzückt, daß sie nicht bis zur neuen Met darauf warten muß.»

Das Gespräch schien ihm nicht zu behagen, um so entschlossener drängte ich weiter:

«Besetzungsprobleme haben Sie kaum, Sie haben alle schon im Haus, Lisa, Jess Thomas, die Peters, nur für den Komponisten müßten Sie noch sorgen. Und dann natürlich Karl Böhm, *der* ‹Ariadne›-Dirigent...»

«Nur nicht so eilig! So weit bin ich ja selbst noch nicht.»

Aber damit gab er den «Ariadne»-Plan doch zu. Ich fragte mich nur: Warum dann diese Zurückhaltung – ob ihm am Ende Böhm doch nicht paßt?

Als wir im Herbst darauf nach New York kamen, stand Böhm als Dirigent der Neuinszenierung fest. Die Titelpartie war es, die Bing Kopfzerbrechen bereitete; er mußte sich für meine Frau oder Leonie Rysanek entscheiden. Ich hatte mit der Rysanek nicht gerechnet, da sie, seit sie für die spektakulär abgegangene Callas eingesprungen war, an der Met vorwiegend das italienische Fach sang. Aber bevor Bing nach Salzburg gekommen war, hatte er die Neuinszenierung der «Ariadne» mit der Rysanek in Stuttgart gesehen und war davon wohl so beeindruckt, daß er meine Frau vergessen und die Ariadne der Rysanek versprochen hatte.

Die Met pflegte nicht, wie Wien und München, aus Verlegenheit Doppelbesetzungen in sogenannten zwei Premieren herauszubringen. Meine sonst so gleichgültige Frau überraschte mich mit ihrer Entschlossenheit, um diese Premiere zu kämpfen. Die zähen Gespräche zogen sich über Monate hin, Bing befand sich in einer schwierigen Lage.

Als ich merkte, daß meine Frau im Begriff war, Bing ein hartes, aber unkluges Ultimatum zu stellen, hakte ich ein:

«Leider hat ‹Ariadne› nicht zwei gleichwertige Akte, so etwa wie Tristan drei, sonst hätte die eine den einen Akt, die andere den andern singen können.» (Damit spielte ich auf eine «Tristan»-Aufführung an, die dadurch Geschichte machte, daß auf Bings Wunsch in jedem Akt ein anderer Tristan sang, obwohl der zweite Tristan, der für den ersten plötzlich erkrankten einsprang, durchaus bereit war, die Vorstellung zu Ende zu singen. Aber Bing versprach sich von drei Tristanen an einem Abend Schlagzeilen, die er auch bekam.)

«Also», fuhr ich fort, «unmöglich können beide die Premiere singen. Ich glaube, eine sollte die Premiere, die andere die Radioübertragung bekommen.»

Dieser Vorschlag brachte uns nur einen bescheidenen Schritt weiter, da sich keine der beiden kämpfenden Primadonnen damit zufrieden erklärte; die allererste «Ariadne» an der Met war natürlich verlockend, aber auch die traditionsreiche Radioübertragung mit ihren Millionen von Zuhörern war keineswegs zu unterschätzen.

Ich befürwortete die Radioübertragung: «Für die dreißig Millionen Zuhörer ist es ohne Bedeutung, wer die Premiere gesungen hat, für sie bist du die erste Met-Ariadne.»

Meine Frau willigte ein, und es wurde vertraglich festgelegt. Sie sicherte sich noch das Privileg, bei den Proben nicht anwesend sein zu müssen, was an der Met sonst üblich war. All das geschah zwei Jahre vor der Premiere.

Im Herbst 1962 gingen wir in die Generalprobe, um einen Gesamteindruck zu bekommen. Oliver Messel, der zuvor die wunderschönen Bühnenbilder und Kostüme für «Figaro» entworfen hatte, beging in der «Ariadne» einen Stilbruch: Er präsentierte sie weder griechisch noch barock, sondern im reinsten Louis XIV. Die Ariadne erschien auf der «wüsten Insel» in einer Aufmachung, die eher an die sternflammende Königin der Nacht erinnerte als an die trauernde mythologische Gestalt. Dafür wirkte ihre Gegenspielerin, die muntere Zerbinetta, in ihrem schlichten, langen Rock bieder.

Auch der Regisseur Carl Ebert zeigte keine glückliche Hand und verzeichnete die Figuren, vor allem die der Ariadne; er ließ sie erregt hin- und herschreiten in den Augenblicken tiefster Trauer, in denen

sie oder ihr «Sinn wirr ist von vielem Liegen ohne Trost». Als Zerbinetta an einem hochpostierten Seitenfenster (!) von der Ariadne sagte: «Sie hebt nicht einmal den Kopf!», maß Ariadne mit unruhigen Schritten die Bühne. Und so fort.
«Ich bin froh, daß du in dieser Inszenierung nicht vor die Presse mußt, das Stück ist nicht wiederzuerkennen.»
«Aber sobald man die Augen schließt, ist es doch herrlich, Böhm ist halt großartig», sagte meine Frau.
Nun, Presse gab es nicht – die New Yorker Zeitungen streikten. Allerdings brachte Harold Schonberg von der *New York Times* im Fernsehen anschließend an die Spätnachrichten eine knappe, vernichtende Kritik, in der er nur Karl Böhm mit einem Satz würdigte. Das hinderte allerdings den Wiener *Express* nicht, groß über den Publikums- *und* Presseerfolg der Aufführung zu berichten!
Der Zeitungsstreik hielt wochenlang an, auch meine Frau sang ihre erste Ariadne, noch lange vor der Radioübertragung, in voller Anonymität.
Zwei Wochen vor der Rundfunkübertragung, an einem Samstag, dem 2. Februar, saßen wir bei bester Stimmung am Geburtstagstisch meiner Frau.
«Bin ich selig, daß ich heute nicht singen muß! Es ist sonst mein Schicksal, zu singen, statt zu feiern.»
«Was würdest du sagen, wenn nun die Met wegen einer Spielplanänderung anriefe? Was ist heute nachmittag im Rundfunk, ‹Der fliegende Holländer›? Also, wenn zum Beispiel statt dessen die ‹Ariadne› gespielt werden müßte?»
«Du hast einen sonderbaren Sinn für Humor!»
Kurz nach zwei Uhr rief ihr Manager an.
«Was sagen Sie zu dieser Unverschämtheit?»
Ich hatte keine Ahnung, wovon er redete.
«Aber um Himmelswillen, hören Sie die Übertragung nicht?»
«Ich denke doch nicht daran, mir den ‹Holländer› anzuhören.»
«Aber sie spielen ‹Ariadne›!»
«Soll das ein Scherz sein?»
«Nein. Sandor Konya mußte im allerletzten Augenblick absagen, man hatte keinen Ersatz, und nun spielen sie ‹Ariadne›. Hat man Sie denn überhaupt nicht gefragt? Das ist ja unmöglich, Sie müssen sofort Bing anrufen...»
Ich kam verstört vom Telefon zurück.
«Was sagst du jetzt? Sie haben tatsächlich eine unerwartete Spielplan-

änderung, man gibt heute ‹Ariadne›, allerdings ohne dich!» Ich schaltete das Radio ein, der erste Akt lief.
Meine Frau verlangte Bing ans Telefon:
«Nein, unterbrechen Sie mich bitte jetzt nicht... Natürlich bin ich wütend... Ich wollte mich für diese Geburtstagsüberraschung bedanken und zugleich mitteilen, daß ich morgen mit dem ersten Flugzeug New York verlasse... Nein, das ist mein Ernst, nicht ich, Sie sind vertragsbrüchig...»
Es gab ein endloses Gespräch.
«Nein, ich kann nicht vernünftig reden... Ein Notfall geht mich nichts an... Nein, darüber gibt's gar nichts mehr zu reden.»
Aber Bing rief zurück, und es gelang ihm, meine Frau zu beruhigen. Nachträglich schickte er ein prachtvolles Blumenarrangement.
Es war ein Notfall gewesen. Nach der kurzfristigen Absage von Konya wurde die Direktion von Panik ergriffen, eine Radioübertragung abzusagen war undenkbar, einen Ersatz für Konya hatte man nicht, die Rysanek, die Senta der geplanten Übertragung, saß bereits an ihrem Schminktisch. Kurzentschlossen, bevor Bing noch im Haus war, fragte man die anwesende Rysanek, ob sie bereit wäre, die Ariadne zu singen. Schlag auf Schlag rief man die übrige Besetzung zusammen. Punkt zwei hob sich der Vorhang, die Übertragung war gesichert.
Niemand dachte in der ersten Aufregung daran, daß die Radioübertragung der «Ariadne» meiner Frau vertraglich zukam.
Bing zeigte sich jeder Situation gewachsen, er war kaltblütig, überlegen und schlagfertig. Als gebürtiger Wiener wurde er zu einem Inbegriff des harten amerikanischen Managers; äußerlich gab er sich als britischer Gentleman und war ohne Schirm, Charme und Melone undenkbar. Hinter seinen, wie er selbst sagte, schönen Augen verbarg sich ein computerhaft arbeitendes Hirn. Seine für den amerikanischen Geschmack etwas zu absolutistische Art trug ihm einerseits Bewunderung, andererseits Unbeliebtheit ein; beides ließ ihn unberührt. Rühren konnte ihn nur sein Dackel, die Hunde der Primadonnen hatten es leichter mit ihm als diese selbst. Hunde sind sonst in keinem der Opernhäuser geduldet, an der Met waren sie willkommen. Wenn er in die Garderobe kam, galt sein erster Blick unserem Weimaraner Nenad; auch Tebaldis Pudel gehörte zum Hausinventar.
Bing konnte gewinnend, aber auch unnachgiebig, verletzend sein. Er ging, wenn es sein mußte, vor Corelli in die Knie, aber er sagte gleichzeitig dem New Yorker Kritiker Allen Rich, zweifellos wissend,

daß dieser ihn öffentlich zitieren würde: «Ich weiß, daß Corelli ein unmusikalisches Schwein ist, aber das Publikum verlangt ihn!»
In einer unserer Besprechungen fragte er, wohin wir anschließend gingen.
«Aha, nach Wien. Dann grüßen Sie Herrn Direktor Hilbert von mir und sagen Sie ihm, er sei ein Schwein.»
«Solche Grüße sind zwar etwas ausgefallen, aber ich werde sie mit Wonne bestellen», sagte ich leicht verlegen.
«Im Ernst, ich bitte Sie darum. Er saß unlängst hier bei mir und hat mich eine Stunde lang angelogen, ohne zu ahnen, daß ich die Kopien seiner hinterlistigen Briefe in meiner Tischlade hatte. Ein Mensch, der so unverschämt lügt, ist für mich ein Schwein.»
«Warum sagt er es ihm nicht selbst? Warum haben die Menschen nie den Mut, direkt offen zu sein? Und überhaupt, zu uns darf er so etwas über seinen Kollegen nicht sagen», meinte meine Frau nach der Besprechung.
Im Herbst 1964 dirigierte der junge Thomas Schippers zum erstenmal den «Rosenkavalier» an der Met, seine Tempi waren im allgemeinen etwas ungewöhnlich, insbesondere aber der Walzer im dritten Akt, was Bing dann auch beanstandete, wie er uns erzählte. Schippers behauptete, er fühle es so in seinem Blut.
«Mag sein», antwortete Bing darauf, «aber Calamazoo (Schippers Geburtsort) liegt eben weder an der Isar noch an der Donau!»
Sein Abschiedsgeschenk an Fritz Reiner, mit dem er sich nicht bestens verstand, soll eine silberne Zigarettendose mit der Eingravierung gewesen sein: «Wie du warst, wie du bist, das weiß niemand, das ahnt keiner.» Reiner galt als «Rosenkavalier»-Spezialist.
Mit George Szell kam es zum offenen Bruch, Szell verließ die Met. «Schade», meinte einer von Bings Mitarbeitern, «er ist ein hervorragender Musiker, aber schwierig. Szell ist wirklich sein eigener ärgster Feind», worauf Bing trocken sagte: «Nicht solange ich lebe!» Und als jemand Szells Interpretation von Debussys «La mer» lobte, reagierte Bing sofort darauf: «Ja, es klingt nach Szell-am-See.»
Die Mehrzahl der Sänger klagte bitter über ihn; zwischen ihm und meiner Frau blieb die Beziehung viele Jahre hindurch ungetrübt. Als wir uns darüber mit Herbert Graf unterhielten, sagte er:
«Kein Wunder, Lisa. Sie sind Bings Liebling.»
«Das glaube ich nicht», antwortete meine Frau. «Ich bin nur ein angenehmes Mitglied, das ihm keine Schwierigkeiten macht. Er schätzt mich vielleicht, aber ich bin bestimmt nicht eine Sängerin nach seinem

Geschmack. Er hat zu mir außer ‹reizend› nie etwas anderes nach einer Vorstellung gesagt. Das ist nach einer Marschallin oder Arabella nicht viel. Und wenn er mich wirklich mag, warum läßt er mich dann nie italienische Opern singen?»
«Doch, doch, Lisa, ich weiß, daß er Sie liebt. Ich verstehe allerdings nicht, warum er Ihnen nicht eine Desdemona oder Violetta gibt.»
«Er behauptet, ich hätte einen großen Namen auch ohne Italiener gemacht und er brauche mich für Strauss und Mozart und Wagner; für italienische Rollen habe er mindestens fünf Sängerinnen für jede Partie.»
In fünfzehn Jahren sang meine Frau nur zweimal die Butterfly und einmal die Mimi an der Met. Die Erfolge mit diesen Partien nützten ihr nichts. Die Presse machte auf Bing keinen Eindruck, und er blieb diesen Aufführungen fern. Als er vor Beginn der «Bohème» im Mantel und mit Melone in die Garerobe kam, fragte ihn meine Frau: «Sie gehen doch nicht nach Hause, ohne meine Mimi gehört zu haben?»
«Doch, Lisa, die ‹Bohème› *ergreift* mich immer so sehr», scherzte er und verließ das Haus.
Meine Frau war der Meinung, daß ein Met-Engagement für die Karriere ihrer Kollegin Anneliese Rothenberger wichtig wäre, und setzte sich mit Beharrlichkeit dafür ein.
«Lisa, Sie brauchen sich nicht so zu ereifern, ich kenne die Rothenberger», sagte er wiederholt.
Eines Abends kam er in die Garderobe. «Lisa, wir haben beschlossen, nächstes Jahr wieder die ‹Arabella› zu bringen.»
«Und was ist mit der Zdenka? Wer soll die Zdenka singen?»
Er zog die Augenbrauen in die Höhe: «Sie können doch nicht beide singen?»
«Ach, dummes Zeug, Sie wissen genau, was ich meine.»
Er sagte nichts darauf, aber am nächsten Morgen rief er bei uns an und fragte nach meiner Frau mit den Worten:
«Herr Debeljevic, kann ich bitte die Managerin von Frau Rothenberger sprechen?»
Anneliese Rothenberger wurde als Zdenka engagiert und war damit so erfolgreich, daß sie noch weitere fünf Jahre an der Met sang, zur großen Freude meiner Frau.
Die Met, wie alle amerikanischen Kunstinstitutionen, ist nicht subventioniert und lebt von privaten Spenden, natürlich auch aus eigenen Einnahmen. Obwohl Bing im allgemeinen ein künstlerisch hohes Niveau anstrebte – Presse und Publikum stellten auch tatsächlich hohe Ansprüche – war die Met im Grunde ein Startheater, in dem die großen

In ELEKTRA als Chrysothemis mit Inge Borkh (Elektra), Salzburg 1957

In ARABELLA mit Dietrich Fischer-Dieskau (Mandryka), Salzburg 1958

Als Salome, München 1961

Als Tosca mit Franco Corelli (Caravadossi), TV New York 1962

In Der Rosenkavalier als Octavian mit Anneliese Rothenberger (Sophie), New York 1964

Als Madame Butterfly, New York 1954

Namen besonders zählten; sie füllten in den meisten Fällen das Riesenhaus bis auf den letzten Platz. Glücklicherweise waren die Leistungen fast immer adäquat.

Wurde die Leistung an der Met geschätzt – Proben und Einstudierungen waren gründlich, geradezu von schulmeisterlicher Pedanterie –, so hing die Position und auch die Gage der Sänger doch in erster Linie vom Grad ihrer Beliebtheit beim Publikum ab. Je nach Resonanz und Kassenerfolg war der Gagenplafond sehr beweglich. Aber es wäre sinnlos gewesen, mit Bing um eine Erhöhung zu kämpfen; er entschloß sich nach eigenem Gutdünken dazu.

Wir hörten, daß eine neue italienische Kollegin schon in ihrer zweiten Saison dieselbe Gage wie meine Frau bezog, worüber sie sich bei Bing beklagte.

«Woher wollen Sie wissen, Lisa, was sie bekommt?» fragte Bing. «Es gibt bekanntlich dreierlei Gagen, solche, die der Sänger behauptet zu haben, jene, die der Direktor behauptet, daß der Künstler sie hat, und dann die wirkliche Gage.»

Aber es folgte überraschend eine Erhöhung.

Trotz seiner betonten Sachlichkeit äußerte er sich manchmal unüberlegt. «Karajan und die Schwarzkopf können nur über meine Leiche dieses Haus betreten», versicherte er uns in den ersten Jahren.

«Es gibt immer wieder lebende Leichname», sagte meine Frau dann zu mir.

Es zeigte sich später tatsächlich, daß auch Bing ein durchaus lebendiger Leichnam war, über den sowohl Karajan als auch die Schwarzkopf an die Met kamen.

In der Besprechung für die zwölfte Saison meiner Frau an der Met teilte er uns etwas umständlich mit – es schien ihm peinlich zu sein – daß er nun unter dem Druck des Verwaltungsrates die Schwarzkopf für die kommende Saison verpflichtet habe.

«Ich bin zwar nicht der Ansicht dieser Herren, aber sie finden, daß eine Künstlerin dieses Ranges an die Met gehöre. Wie Sie wissen, habe ich mich bis jetzt geweigert, sie zu engagieren, aber ich muß mich dem Verwaltungsrat fügen. An sich hatte ich für Sie, Lisa, zwei Premieren geplant, ‹Rosenkavalier› und ‹Figaro›. Jetzt muß ich Sie bitten, auf eine Premiere zu verzichten, Sie werden trotzdem auf die vorgesehene Anzahl Ihrer Vorstellungen kommen...»

«In diesem Fall also ‹Figaro› für mich, nicht wahr? Es liegt doch auf der Hand, daß Frau Schwarzkopf ihr Debüt als Marschallin haben möchte.»

«Das stimmt. Ich werde diese zwei Premieren so weit auseinander ansetzen, daß sie sich gar nicht begegnen.»
«Oh, sehr aufmerksam, aber im Grund überflüßig, wir sind ja nicht verfeindet. Außerdem müssen wir uns nach meinen anderen Terminen richten, ohne Rücksicht auf Frau Schwarzkopf.»
Ich meldete mich zum Wort: «Ich hätte einen Vorschlag: Lisa als Octavian!»
Meine Frau und Bing starrten mich an. Dann fragte er: «Ist das Ihr Ernst?»
«Ja, falls Lisa einverstanden ist.»
Sie zögerte, und Bing wartete ihre Antwort nicht ab: «Gesetzt den Fall... glauben Sie wirklich, daß das gut geht? Haben Sie den Octavian je gesungen?»
«Freilich», sagte ich, «ihren letzten sogar mit Frau Schwarzkopf.»
Bing sprang auf und beriet sich sofort mit seinem Assistenten John Gutman. Meine Frau flüsterte mir zu:
«Warum brockst du mir so etwas ein? So eine Spinnidee. Ich weiß nicht... schließlich war ich hier zehn Jahre lang die Marschallin.»
«Du kennst ja Schwarzkopfs Publicity-Apparat, warum solltest du nicht auf dem vorbereiteten roten Teppich mitlaufen?»
Gutman fand meine Idee glorios, Bing war nun auch davon begeistert.
«O.K. Ich mache den Octavian, aber unter der Bedingung, daß ich wenigstens eine Marschallin singe!»
«In einer Saison beide Partien? Wirkt das nicht wie ein ‹stunt› (Sensationslust)?» fragte Bing erstaunt.
«Look who is talking (ausgerechnet Sie)! Ihnen waren ‹stunts› sonst immer willkommen. Ich möchte aber aus rein künstlerischen Gründen nicht auf die Marschallin verzichten.»
Wir einigten uns auf sechs Octaviane und zwei Marschallinen.
Am nächsten Morgen brachten die New Yorker Zeitungen die Nachricht über den «Rosenkavalier» mit Schwarzkopf *und* Della Casa.
Bing und seine Mitarbeiter versprachen sich offenbar aus der Rivalität zwischen den beiden eine Sensation, die allerdings ausblieb. Die Schwarzkopf und meine Frau probten wochenlang friedlich; die kollegiale Zusammenarbeit hielt auch in allen Vorstellungen an, so daß man in Wien sogar darüber witzelte (Schwarzkopf und die Casa bei den Proben: «Haben Sie, Liebste, etwas dagegen, wenn ich hier stehe?» – «Ach nein, Liebste, ganz im Gegenteil.» – «Danke, Liebste.» – «Aber ich bitte Sie, Liebste!» und so fort).
Verlief die Arbeit ohne erhoffte Sensation, so war dafür der Abend

sensationell. Ich hatte keinen Augenblick am Publikumserfolg der Schwarzkopf gezweifelt, aber ich hatte Bedenken, ob sich meine Frau auch als Octavian durchsetzen würde, da sie mit dieser Rolle zugleich eine Hypothek übernahm: Seit über zwanzig Jahren war Risë Stevens das Idealbild des Octavian. Die in Europa kaum bekannte, in Amerika aber als Star gefeierte Stevens sah blendend aus und spielte unheimlich intensiv. Sie hatte den Octavian mit der Gutheil-Schoder einstudiert, ihn später mit Vera Schwarz noch vertieft und bis zur Vollendung entwickelt, so daß mancher profilierte europäische Octavian in New York nicht dagegen aufkam. Sie war ein Kassenmagnet und hatte einen außergewöhnlich großen Anhang, der sich in die Met drängte, wenn Sie Carmen, Octavian, Orfeo oder Dalila sang.

Ich war freudig überrascht, als nun nach dem ersten Octavian meiner Frau nicht nur dieselbe Verehrerschar, sondern auch die Mitglieder des «Risë-Stevens-Music-Clubs» begeistert in der Garderobe erschienen: Das war mehr, als ich erwartet hatte.

Auch Rosalind Elias, die den Octavian in dieser Premiere gern selbst gesungen hätte, kam in die Garderobe: «Lisa dear, I hate to admit it, but you were just great!» (Ich gestehe es ungern, aber Sie waren großartig.)

Viele der Met-Stars hatten eigene, nach ihren Namen benannte Musik-Klubs. In der dritten Saison erschien eine Gruppe junger Menschen in der Garderobe und bat um Erlaubnis, den Della-Casa-Music-Club gründen zu dürfen.

«Ich verstehe den Sinn eines solchen Klubs nicht», sagte meine Frau. «Ich habe einen Horror vor organisiertem Beifall.»

Sie erklärten uns aber, daß sie nicht beabsichtigten, sich als eine Claque zu betätigen, sondern den Klub behördlich anmelden und eine monatliche Zeitschrift herausgeben wollten.

«Ich würde ihnen die Zustimmung geben», riet ich. «Sie machen mir einen seriösen Eindruck.»

Der Klub wurde gegründet, und sie bereiteten die erste Nummer der Zeitschrift vor.

«Erkundige dich bitte bei ihnen, worüber sie schreiben wollen. Ich möchte auf keinen Fall, daß sie darin Kritiken veröffentlichen. Versuch zu verhindern, daß die Zeitschrift wie der ‹Merker› aussieht.» («Merker» war die stark verbreitete Zeitschrift des Wiener Stehparterres, in der jede Aufführung der Staatsoper unsachlich und meist in haarsträubendem Stil besprochen wurde.)

Aber die Initianten ihres Klubs waren keine Hitzköpfe, sondern kluge junge Akademiker; die Zeitschrift hatte Format, so daß die New Yorker Zentralbibliothek um Exemplare für ihr Archiv ersuchte. Ich weiß nicht, wie sie um Mitglieder warben, aber ihre Zahl war überraschend groß und im ganzen Land, Kanada eingeschlossen, verstreut. Die Zugehörigkeit zur Met bedeutete schon eine solide Basis für eine Karriere, aber auch die New Yorker Liederabende und die Engagements mit den New Yorker Philharmonikern hatten Gewicht. Der Manager meiner Frau, Kurt Weinhold, war stolz, endlich meine Frau als Solistin (unter Karl Böhm) zu verpflichten.

Die Probe fand am Vormittag des ersten der vier Konzerte statt. Böhm wirkte abgespannt und nervös, ging einige Male dicht an mir vorbei, ohne mich zu sehen, und erst als er meine Stimme erkannte, begrüßte er mich freundlich, aber mit abwesendem Blick: «Blendend schaun Sie aus!...»

Zwei Stunden später saß er schon im Flugzeug nach Europa wegen akuter Netzhautablösung, um sich zu Hause der Operation zu unterziehen. Das erklärte auch sein Verhalten in der Probe.

«Was geschieht jetzt?» fragte ich den aufgeregten Weinhold am Telefon.

«Drei junge Assistenten von Bernstein übernehmen zu dritt das Konzert, und der Vorstand der Philharmoniker ist besorgt, ob Lisa unter solchen Umständen noch bereit ist aufzutreten.»

Meine Frau war zwar enttäuscht, aber sie sang am Abend ohne Probe mit dem jungen Dirigenten. Dieser Auftritt trug ihr die Dankbarkeit und Bewunderung der Musiker ein. Bernstein erschien erst nach dem letzten Konzert, bedankte sich herzlich und schien besonders vom Kleid meiner Frau angetan zu sein: «But your gown, Madame, your gown!»

«Auch eine Möglichkeit, dem Sänger ein Kompliment zu machen», sagte sie, als sich die Tür hinter ihm geschlossen hatte.

Unmittelbar nach der Arbeit fühlen sich die Künstler wie Alchimisten, die glauben, soeben Blei in Gold verwandelt zu haben. Anerkennung ist Balsam für die bloßliegenden Nerven, und ein Wort aus Fachkreisen überwiegt hundert laienhafte Komplimente.

Ein knappes sachliches Lob spornt zu Leistungssteigerungen an. Ich denke dabei an die «Ariadne» in Paris, 1959. Wir kamen von Amerika mit Verspätung an, meine Frau hatte nur eine kurze Verständigungsprobe in einer ihr völlig fremden Inszenierung von Günther Rennert, der nach der Generalprobe Paris verlassen mußte, aber noch in Eile einen Zettel für meine Frau schrieb:

«Liebe Frau da Casa,
Finde es großartig, wie Sie sich reingefunden haben, gefällt mir glänzend. Das ist ausdrucksmäßig und stimmlich so stark, daß ich vor allem die Verwirrung *noch nie so* gesehen habe! Alle Stellungen bei den Circe-Stellen sehr gut. Mußte leider zum Zug, bin übermorgen wieder da. Herzlichst Ihr G. R.»

Zur Premiere vom «Rosenkavalier», mit dem man das neue Festspielhaus in Salzburg 1960 eröffnete, schickte Karajan einen Rosenstrauß:

«Liebe Frau Della Casa, ich danke Ihnen von ganzem Herzen für die wundervolle Zusammenarbeit und den beglückenden Kontakt. Jetzt freue ich mich nur noch auf heute Abend. Tausend Liebes Ihr Herbert Karajan.»

Auch Böhm, Busch, Kleiber, Hollreiser, Hartmann, Graf ließen sich mitreißen; vielen fehlte diese Spontanität, wie zum Beispiel Bing oder auch seinem Assistenten Robert Hermann.
Hermann verfluchte die Abende, an denen er in Bings Vertretung das Ende der Vorstellung abwarten mußte, weil er nie, wie er bei uns einmal klagte, die passenden Worte finden konnte: «Das Schreckliche daran ist, daß ich genau weiß, jeder gibt sein Bestes, aber das ist leider nicht immer gut genug. Was sagt man denn in einem solchen Fall?»
«Bedanken Sie sich einfach für die Leistung, damit vergeben Sie sich nichts. Die Künstler sind unmittelbar nach der Arbeit hellhörig.»
Und auch nachtragend.
1949 suchte der englische Filmproduzent Michael Powell eine Antonia für den Film «Hoffmanns Erzählungen». Er sah meine Frau in Wien, glaubte die ideale Darstellerin gefunden zu haben und bat sie, sofort nach London zu fliegen, um Sir Thomas Beecham vorzusingen. Der Film wurde in englischer Sprache gedreht, und obwohl meine Frau damals kaum Englisch sprach, drängte Powell auf die Begegnung mit Beecham. Wie er sagte, wollte er Sir Thomas beweisen, daß es doch eine Sängerin gebe, die blendend aussehe und singen könne, was Beecham nicht glaube. Sie flog nach London und wurde von Sir Thomas abgelehnt.
Zehn Jahre danach hatten wir in New York einen kleineren Freundeskreis bei uns, man sprach über den Beruf, über die Kritik im allgemeinen, über den Kritiker Irving Kolodin. Am nächsten Morgen klingelte das Telefon.
«Hier spricht Kolodin.»
Wir kannten ihn nicht persönlich, und ich hielt den Anruf für eine scherzhafte Fortsetzung des gestrigen Abends: «Na und?»

«Meine Frau und ich würden uns freuen, wenn Madame Della Casa und Sie am kommenden Mittwoch zu uns zum Lunch kommen würden...»

«Ah, höchst schmeichelhaft... Soso, Kolodin... Nun aber genug mit dem Unsinn. Wer spricht wirklich?»

Er schöpfte tief Atem. «Hier spricht Kolodin.»

Ich glaubte es noch nicht. «Kann ich in einigen Minuten zurückrufen? Ich muß erst meine Frau fragen...»

Kolodin meldete sich und wiederholte seine Einladung. Wir gingen hin. Vor dem Aufzug stand Sir Thomas Beecham mit einem Herrn, der uns entgegenkam.

«Schön, daß Sie kommen, ich bin Kolodin... Sir Thomas kennen Sie ja schon.»

«Wie ist Ihr Englisch jetzt?» fragte Beecham als erstes.

In dem eleganten Duplex (zweistöckiges Appartement) stellte sich heraus, daß Kolodin seinen fünfzigsten Geburtstag feierte. Während wir uns mit andern Gästen unterhielten, rieselte diskret aus unsichtbarem Lautsprecher die Stimme meiner Frau herab; ihre Schallplatte mit Händel- und Mozartarien wurde gespielt. Wir wechselten kurze fragende Blicke.

Nach Tisch sagte Kolodin:

«Madame Della Casa, Sir Thomas sucht für eine Aufnahme von Händels ‹Messias› einen Sopran. Meiner und Sir Thomas' Meinung nach wären Sie die Idealinterpretin. Es würde uns freuen, wenn Sie diese Aufnahme machen könnten.»

Unser Leben lang runzelte jedes Angebot ihre Stirn und glättete die meine: Sie sah darin nur die Arbeit, ich den Erfolg. Dieses Mal zeigte sie überhaupt keine Bereitwilligkeit. Es gelang Kolodin nicht, sie umzustimmen. Er schwieg enttäuscht, Beecham blinzelte verlegen, ich saß wie auf Kohlen.

Auf der Heimfahrt fragte ich: «Warum?»

«Als ich noch unbekannt war, hat Beecham sich unmöglich benommen. Er dachte auch keinen Moment daran, daß seine Ablehnung mir schaden könnte. Damals wollte er *mich* nicht, und heute will ich *ihn* nicht!»

«Aber... das paßt ja gar nicht zu dir.»

«Doch. Ich habe halt auch meine Launen.»

Die Künstler sind sonderbare Wesen, auch die größten unter ihnen voll merkwürdiger Überraschungen.

Wir sahen Wilhelm Backhaus im Jahre 1956 in Wien bei Plattenaufnahmen. Er sprach ungewöhnlich langsam, mit großen Denkpausen.

«Wann singen Sie wieder mal die Laura, gnädige Frau?» fragte er aus heiterem Himmel.

Meine Frau hatte 1948 für die bereits vom Tode gezeichnete Cebotari über Nacht die Laura im «Bettelstudent» in der Wiener Volksoper übernehmen müssen und sang sie nur eine Saison lang.

«Ich singe sie schon lange nicht mehr, Herr Professor», antwortete meine Frau verwundert.

«Ah, schade... Ihre Laura war entzückend...»

Jahre später trafen wir ihn in Dallas. Wir gingen in seine Orchesterprobe, in der Pause plauderte er mit uns, plötzlich: «Wann singen Sie wieder mal die Laura?»

«Aber Herr Professor», sagte ich, «ich habe Sie doch auch in andern Vorstellungen meiner Frau gesehen, im ‹Giovanni›, im ‹Rosenkavalier›, im ‹Figaro›. Warum fragen Sie nur nach der Laura?»

Er schwieg nachdenklich, dann sprach er langsam:

«Ja... das ist doch etwas *ganz* anderes... Aber die Laura, die Laura...»

Seine Augen glänzten.

Ich konnte mir kaum einen Backhaus vorstellen, der für Millöcker schwärmte, aber er tat es, der abgeklärte Patriarch, der soeben seinen Beethoven mit letzter Vollendung gespielt und auch die Texaner fasziniert hatte.

Wir liebten Texas. Gewiß begegnete man dort märchenhaftem Reichtum; aber nicht nur Ölmagnaten, zigarrenkauende, steinreiche Farmer oder rauhe Cowboys beherrschten das Bild dieses Landes. Die weite, hügelige Landschaft, das trockene, auch im Winter sonnige Klima und die gastfreundlichen, kunstliebenden Menschen gaben ihm erst das richtige Gepräge.

In Texas erwartete man von meiner Frau weder Johann Strauß noch Millöcker, auch nicht Puccini und Verdi; man wollte Händel, Mozart, *Richard* Strauss, und klassische Liederprogramme. In Kiel, Dortmund und manchen andern deutschen Städten war man enttäuscht, daß sie keine Operettenarien sang!

Nach wiederholten Auftritten in Dallas, Fort Worth, Austin und San Antonio verlangte auch das Symphonieorchester von El Paso meine Frau als Solistin. Mit Rücksicht auf den italienischen Dirigenten und die Lage der Stadt – unmittelbar an der mexikanischen Grenze – schlugen wir Arien aus italienischen Opern vor. El Paso wünschte aber die Vier letzten Lieder von Richard Strauss und den Ariadne-Monolog, ein anderes Mal Händel und Mozart.

An San Antonio knüpft sich die Erinnerung an das gepflegteste,

geradezu keimfreie Haus; weder bei der Herzogin von Kent noch beim Cousin der Königin, dem Earl of Harewood, noch sonst irgendwo erlebten wir so spiegelglatte Böden, so polierte Möbel, so blankes Silber, so glänzendes Porzellan. Unordnung kann erdrücken, aber peinliche Ordentlichkeit lähmt; wir wagten uns kaum zu rühren, zumal der Hausherr herbeieilte, um die Polster im Fauteuil zu glätten, noch ehe man sich ganz erhoben hatte.
Pedanterie und Engbrüstigkeit sind sonst nicht charakteristische Eigenschaften im Süden; die Texaner sind ein großzügiges, verschwenderisches Volk, das mit jeder Art von Überdimensionen zurechtkommt. An einem texanischen Steak könnte sich anderswo eine ganze Familie sattessen; beim Geflügel, ob es Hühner, Wildenten oder Schnepfen und Fasane gab, servierte man jedem Gast den ganzen Vogel. Die Nachspeisen hatten festliche Maße wie sonst bei Geburtstags- oder Hochzeitsfeiern.
Im Gästehaus unserer Freunde Frannie und James Snowden aus Fort Worth legten wir uns nie zweimal in dieselbe Bettwäsche, aßen selten zweimal aus demselben Geschirr; während der schwarze, immerzu lächelnde Diener Jim uns das Frühstück am Kaminfeuer in der Halle des Gästehauses servierte, sammelte die stille, dunkelhäutige Georgeana in unserem Schlafzimmer alles, was ihr unter die Hände kam, für die Wäsche oder Reinigung, füllte täglich den Eisschrank mit neuen Leckerbissen auf und ergänzte die Gästehausbar; die Gäste hatten sich wie im Schlaraffenland zu fühlen.
In Dallas waren wir in einem vorwiegend aus gelbem Marmor gebauten Haus eingeladen. Ein großes Schwimmbecken beherrschte den goldgelben Wohnraum, der durch eine Art maurisches Marmorgitter von einem zweiten goldgelben Raum getrennt war. Von dort gelangte man in das etwas ausgefallene Eßzimmer: Auf einer großen runden gelben Marmorplatte, die in einem viereckigen Schwimmbassin ruhte und nur an vier Stellen den Rand berührte, stand ein ausladender Marmortisch. Alles, was nicht aus gelbem Marmor war, war mit gelber Seide bezogen; viele Gegenstände aus purem Gold, Vasen, Teller, Besteck, Kerzenleuchter, Feuerzeuge, Aschenbecher und so fort.
Vor der Mahlzeit servierte ein älterer Filipino-Butler Erfrischungen und führte zwischendurch unerwartete Zaubertricks vor; er wäre für jedes Varietéprogramm eine gute Nummer gewesen.
Als wir zu Tisch gingen und vorsichtig das schwimmende Eßzimmer betraten, fragte ich unsere Gastgeberin, ob es nicht vorkomme, daß die Gäste im Wasser landen.

«Natürlich», lachte sie, «aber ich bin für solche Fälle hoch versichert!» Sie behauptete, eine Verehrerin meiner Frau zu sein, die sie in Salzburg und an der Met oft gehört habe, aber sie war stocktaub. Auch ihr Mann war schwerhörig, so daß wir heiser das Haus verließen.
Über ein Wochenende nahmen uns die Snowdens zu ihren Freunden auf eine entlegene Ranch mit. Zu dem Besitz gehörten ein kleiner See und ein privater Zoo mit Tieren aus Indien und Afrika. Familienliebling war ein Babyelephant, der sich mit Vorliebe an der Hausbar aufhielt. Die Gäste, die nicht im Rolls Royce, Princess oder Bentley, sondern mit ihren zweimotorigen Flugzeugen kamen, landeten auf einem privaten Flugplatz. Aber wenn man abends gemütlich am Kaminfeuer zusammensaß, merkte man diesen Menschen weder ihre Luxusmaschinen noch ihre Ölquellen an; sie waren einfach, fröhlich, unprätentiös. Fehlte es hie und da an Bildung, so ersetzte der gesunde Verstand diese Lücke.
Natürlich flogen sie mit ihren eigenen Maschinen nach San Francisco, New York, Acapulco, den Karibischen Inseln, machten ausgedehnte und aufregende Safaris in Afrika und Indien, schickten ihre Kinder in die exklusivsten Schulen – man kannte keine unerfüllten Wünsche. Aber das Geld war geruchlos, ihre Hilfsbereitschaft geräuschlos. Ihre offenen Hände ernährten Legionen von Künstlern, ermöglichten den wissenschaftlichen Fortschritt, stellten Krankenhäuser auf, bekämpften die Armut.
Der Amerikaner ist von der Idee der Unabhängigkeit besessen und für ihre Erhaltung zu jedem Opfer bereit; er lehnt sowohl das Geld als auch die Einmischung des Staates auf den Gebieten der Kunst und Erziehung ab.
Im Laufe eines Monstrebanketts in Los Angeles anläßlich der Gastspiele der San Francisco Oper plädierte der einstige Wagnertenor Lauritz Melchior in seiner Rede für eine staatlich subventionierte Oper. Nur so könne man unzähligen jungen Talenten ermöglichen, eine Existenz aufzubauen. Der Präsident der Oper verwarf seinen Vorschlag.
«Wir sind stolz darauf, frei und unabhängig zu sein», sagte er später zu mir. «Der Staat soll das Gesetz und die Ordnung hüten, die Straßen und Brücken bauen, das Land verteidigen, aber er darf sich nicht in die geistige Sphäre unseres Lebens einmischen. Ich möchte nicht eine Sängerin verpflichten müssen, nur weil sie die Frau oder Geliebte eines einflußreichen Regierungsmitgliedes ist.»
Diese enorm begüterten Menschen waren tatsächlich große Idealisten

und brachten große Opfer. Immerhin nahm man auch Rücksicht auf ihre persönlichen Wünsche. Selbst Bing war darauf bedacht, seine Geldgeber nicht zu verstimmen.
Während der Frühjahrstournee der Met 1960 sang meine Frau in allen Städten entweder die «Figaro»-Gräfin oder die Saffi oder auch beide Rollen. In Detroit war sie nur als Saffi vorgesehen, da «Figaro» und «Zigeunerbaron» auf zwei aufeinanderfolgende Tage angesetzt waren und die Met für die Gräfin einen Ersatz hatte. Zwei Tage vor Detroit ersuchte Bing meine Frau doch auch die Gräfin zu singen. Sie weigerte sich, zweimal hintereinander aufzutreten.
«Aber Mrs. Ford (die damalige Frau von Henry Ford hatte die ‹Figaro›-Neuinszenierung gestiftet) wünscht, daß Sie die Gräfin singen. Sie wünscht in Detroit die New Yorker Premierenbesetzung.»
Bing bot drei Honorare für zwei Abende, meine Frau wurde schwach, sang eine keineswegs schwache Gräfin und die Saffi dazu und erwarb sich damit Mrs. Fords besondere Sympathie.
Die Tourneen brachten der Met große Einnahmen; für die eigenen Konzerte waren diese Gastspiele den Künstlern wichtig, für die betreffenden Städte bildeten die Aufführungen den gesellschaftlichen Höhepunkt.
Bing bemühte sich seit Jahren vergeblich, seine farbigen Sänger auch in den Süden zu bringen. Er war es, der die erste Negersängerin an die Met engagierte, Marion Anderson. 1964 gelang es ihm endlich, den Auftritt der schwarzen Leontyne Price in Atlanta durchzusetzen. Am Tag der «Giovanni»-Vorstellung, in der die Price Donna Anna sang, war das Opernhaus durch die Polizei hermetisch abgeriegelt, die Garderoben der Price und meiner Frau wurden ausgetauscht, zwei Detektive bewachten ihre Tür und eskortierten sie zur Bühne. Durch diese ungewöhnlichen Vorsichtsmaßnahmen erhöhte sich die Spannung noch mehr, der sonst immer gefaßte Bing ging nervös auf und ab.
«Das Publikum wird Schwierigkeiten haben festzustellen, wer farbig ist. Lisa ist so sonnverbrannt, daß sie dunkler wirkt als Leontyne», sagte ich zu ihm. Er fand meine Bemerkung nicht komisch.
Seine Besorgnis erwies sich als grundlos, die Price wurde stürmisch gefeiert. Auch ihr Freund Martin Luther King, der nach der Vorstellung mit seiner Frau und Gefolge auf die Bühne kam, strahlte.
In dieser Zeit warf die Eröffnung der neuen Met im Herbst 1966 ihre Schatten voraus; alle Stars waren schriftlich verpflichtet, sich dafür frei zu halten, meine Frau eingeschlossen. Es versprach tatsächlich

ein großes Ereignis zu werden, und wie schon in Wien, Salzburg und München hielten viele Künstler ihre Mitwirkung auch in New York weniger aus künstlerischen als aus Prestigegründen für wichtig.
Die einzige für meine Frau in Frage kommende Oper in der Eröffnungswoche war «Don Giovanni», aber noch im Sommer 1965 lag kein konkreter Vertrag vor. Sie behielt wie immer ihre Ruhe:
«Ich könnte ohne weiteres darauf verzichten. Was hatte ich auch von den Eröffnungen in Wien, Salzburg und München? Eine Woche danach sprach niemand mehr darüber. Vieles in diesem Beruf wird überhaupt überschätzt. Wenn ich eines Tages zu singen aufhöre, weiß bald niemand mehr, daß es mich gab. Es bleiben einige Platten übrig, aber denk an Peter Anders, an die Cebo, an die Rethberg, Ursuleac, wie viele Menschen kennen diese Namen überhaupt noch?»
Trotzdem schrieb ich Bing in diesem Sommer aus der Schweiz und fragte, ob er meine Frau vergessen habe.
Am 4. September 1965 schickte er das folgende Telegramm:

«just returned thank you for letter stop of course want you first season new house happily offer first elviras overall period september october 1966 stop please cable acceptance urgently stop apologize for long delay but still madly love you regards = bing» (soeben zurückgekommen danke für ihren brief stop selbstverständlich wünsche sie für die erste saison des neuen hauses glücklich anbiete erste elviras periode september oktober 1966 stop erbitte dringend telegrafische zusage stop verzeihung wegen verzögerung aber liebe sie wahnsinnig nach wie vor herzlichst = bing.)

Eine für Bing charakteristische Art, Geschäfte zu führen. Ich war einerseits beruhigt, daß sie bei diesen Festlichkeiten mitwirken sollte – mit Siepi, Price, Gedda und unter Karl Böhm – andererseits mißfiel mir der zu heitere Ton des Telegramms. Wenn man Bing kannte, wußte man, daß sich dahinter etwas verbarg.
Während der letzten Saison im alten Haus, von dem sich meine Frau als Arabella wehmütig verabschiedet hatte, versuchte ich herauszufinden, was der Verzögerungsgrund war. Aber Bing ließ sich nicht zu einer ernsthaften Aussprache bewegen, er bagatellisierte, scherzte, wich dem Gespräch aus. Immerhin konnte ich aus einer undeutlichen Bemerkung schließen, daß Böhm eine andere Elvira wünschte.
Obwohl wir selbst an diese Möglichkeit gedacht, überraschte sie uns doch; vor allem meine Frau fühlte sich gekränkt.
«Am liebsten möchte ich die Elvira zurückgeben. Ich werde mit Bing reden. Unter diesen Umständen habe ich gar kein Interesse daran,

unter Böhm zu singen. Ich hätte ihn eigentlich nicht für *so* kleinlich gehalten.»

«Tu's nicht. Erstens wissen wir noch nicht, ob es wirklich nur an Böhm lag. Wenn ja, dann wäre es Bing gegenüber unfair, denn in diesem Fall hatte er sich für dich eingesetzt.»

Böhm blieb in den Proben genauso kühl und distanziert, wie er sich schon seit geraumer Zeit auch in der Gesellschaft uns gegenüber zeigte. Vor der «Giovanni»-Premiere kam Dr. Falk, der Bratschist aus dem Met-Orchester, zu uns, und riet uns, «den ersten Schritt» zu tun und mit Böhm «über die Sache» zu reden.

«Er hat doch Ihre Frau sehr geliebt», sagte Dr. Falk zu mir. «Sie sind doch die Jüngeren, sprechen Sie sich mit ihm aus und entschuldigen Sie sich.»

«Aber wir haben absolut nichts getan, wofür wir uns entschuldigen müßten!»

«Seien Sie nicht so unnachgiebig. Es ist auch unklug, ihn gegen sich zu haben. Sie wissen, wie sehr er seinen Sohn liebt.»

«Aber sollen wir uns denn entschuldigen, daß wir seine Schwiegertochter mit ihren drei kleinen Kindern über die Scheidungszeit hinwegtrösten wollten? Wir haben nichts gegen Böhm, auch gegen seinen Sohn nicht.»

Böhm fand weder beruflich noch menschlich den Weg zu meiner Frau zurück, was sie aus künstlerischen Gründen bedauerte. Sie existierte für einen ihrer Lieblingsdirigenten nicht mehr.

Ein Jahr danach soll er zwar nach dem von Krips dirigierten «Rosenkavalier» in Montreal zu einem gemeinsamen Bekannten gesagt haben: «Ich kann mir nicht helfen, aber die Della Casa ist halt doch unsere beste Marschallin!»

Diese Gastspiele der Wiener Staatsoper in Montreal anläßlich der Weltausstellung 1967 fielen in eine für meine Frau überfüllte Zeit. Anschließend an den Festspielsommer mußten wir nach Berlin zur allerersten in Farbe ausgestrahlten Fernsehsendung, welcher nach einigen Tagen eine andere Farbfernsehsendung folgte. Von Berlin flogen wir nach Montreal, wo der Zeitunterschied es möglich machte, daß sie vom Flugzeug direkt zur Generalprobe für «Don Giovanni» ging; am Tag darauf war die Eröffnungsvorstellung. Eine weitere Elvira und die Marschallin kamen in kurzen Abständen nach.

Meine Frau ist kein Riese, ich wunderte mich in Montreal, wie auch sonst schon oft, wo sie die Kräfte hernahm, um solche Strapazen zu bewältigen. In Montreal war sie erschöpft, von fast unerträglichen

Kopfschmerzen geplagt. Aber singen konnte sie, es grenzte an Hexenkünste.
Im Jahre 1970 flogen wir nach der Japantournee von Tokio direkt nach Stuttgart, wo wir vom Flughafen zur Orchesterprobe für ein Gala-Konzert fuhren. Während der Probe sagte meine Frau: «Mir ist schwindlig vor Müdigkeit, ich kann mich kaum mehr auf den Beinen halten.»
Die bekannte Sängerin Gloria Davy schüttelte den Kopf. «Sie ist ein Unikum: Stehen kann sie nicht, aber singen!»

Von Montreal aus flogen wir nach Wien, wo sie gleich mit Proben für eine Neuinszenierung von «Dantons Tod» begann. Nach zahlreichen Vorstellungen führte uns der Weg zum zweitenmal in diesem Herbst über den Ozean, nach New York, zu ihrer fünfzehnten und, wie wir vermuteten, auch letzten Saison an der Met.
In der Besprechung mit Bing fanden wir einen ungewohnt kühlen, ernsten, ununterbrochen in seinem Heft blätternden Bing vor. Er sprach schneller als sonst und meist über unwesentliche Dinge. Er verhaspelte sich, als er uns eröffnete, daß er leider für die kommende Saison keine interessante Aufgabe für meine Frau habe, worauf sie sich erhob und ruhig sagte: «Danke und auf Wiedersehen.»
«In der übernächsten Saison werde ich bestimmt wieder etwas für Sie haben, Lisa.»
Sein Assistent Bob Hermann kam hinzu. «Eigentlich ist die kommende Saison doch nicht defintiv entschieden. Es besteht noch die Möglichkeit, daß wir Ihnen einige Marschallinnen anbieten können. Aber wir müßten Sie um ein wenig Geduld bitten. In diesem Fall müßten Sie aber auf die Tour mitkommen, was Sie, soviel ich weiß, ungern tun.»
«Vielen Dank, Bob, aber bemühen Sie sich bitte nicht, das Frühjahr ist ohnehin besetzt.»
Auf der Straße sagte sie still: «So sieht es also aus, wenn man ausgebootet wird...»
«Mir schienen sie überrascht zu sein, daß wir das Feld so widerstandslos räumen. Ich bin sicher, wenn ich es versuchen würde...»
«O nein», unterbrach sie mich, «du versuchst nichts mehr. Entweder ist meine Zeit hier wirklich abgelaufen, und wir habens' nicht gemerkt, oder jemand hat ihn schlecht beeinflußt. Jedenfalls... hier ist es damit zu Ende.»
Mit der Gräfin hatte sie ihre Karriere an der Met begonnen, als Gräfin verabschiedete sie sich, nicht nur von der Met, sondern auch von

Amerika – ihre letzte Vorstellung wurde im Rundfunk übertragen. Ich weiß nicht, wie es im Leben der andern zugeht, aber bei uns gab es nie Zufälle; nichts blieb ohne einen tieferen, vom Schicksal geführten, oft seltsam anmutenden Sinn, der deutliche Zusammenhänge herstellte und für jedes «Warum» des Lebens ein «Darum» bereithielt.
Bevor es zur letzten Aussprache mit Bing kam, wurde eine Bestechungsaffäre bekannt, in die unser Steuerberater verwickelt war. Gegen eine hohe Geldkaution freigelassen, warnte er uns vor möglichen Komplikationen und hielt es für ratsam, daß wir einige Jahre nicht nach Amerika zurückkämen.
«Alle Steuererklärungen von mir», sagte er, «werden nun Jahre zurück nachgeprüft und natürlich auch angefochten. Verschwinden Sie so bald wie möglich, sonst müssen Sie noch als Zeuge vor Gericht aussagen.»
Diese unvorhergesehene Angelegenheit erleichterte uns den Abschied von Amerika, das in unserem Leben eine wichtige Rolle gespielt hatte; wir liebten dieses Land.
Die Warnung des Steuerberaters erwies sich als richtig; einige seiner Klienten mußten tatsächlich später im Gerichtssaal erscheinen, darunter auch die Tebaldi, was von der Presse besonders breitgetreten wurde.

Ich glaube nicht an Zufälle. War es Zufall, daß meine Frau auf mein auch für mich unerklärliches Drängen eine Neuinszenierung der Händelschen «Agrippina» in Zürich für den Herbst 1970 annahm, obwohl das alle Pläne umstieß? Sie seufzte den ganzen Sommer unter der Arbeit:
«Moje, daß ich diesen Händel büffeln muß, statt den Sommer zu genießen! Ich verstehe dich nicht. Das war ein Fehler...»
Es war aber kein Fehler und auch kein Zufall, sondern eine Fügung.
Am 7. Oktober mußte sich Vesna unerwartet einer komplizierten, lebensgefährlichen Aneurysma-Operation unterziehen – in *Zürich,* in dem zwei der größten Neurochirurgen der Gegenwart lebten, Professor Kräyenbühl und Professor Yasargil.
Nach der Operation, deren Ausgang Professor Yasargil mit der Bescheidenheit der wirklich Großen als ein Wunder bezeichnete, schwebte Vesna tagelang zwischen Leben und Tod. Zwei Tage nach dem Eingriff mußte meine Frau auf die Bühne – für die Agrippina gab es noch keinen Ersatz.
Sie trennte sich schwer vom Krankenbett.
«Please, Mams», flüsterte ihr Vesna zu, «go and sing. The better you

sing, the healthier I'll get.» (Bitte, geh und sing. Je besser du singst, um so gesünder werde ich.)
Meine Frau ging und sang, mit eiskalten Händen und am ganzen Körper zitternd; erst nach dem ersten Schlußvorhang brach sie zusammen. Eine Opernbesucherin belehrte sie schriftlich, daß die Pflicht des Künstlers keineswegs nach dem Schlußvorhang ende, es gehöre zu seiner Aufgabe, die Anerkennung des Publikums dankbar entgegenzunehmen.
Zwei Tage nach der «Agrippina», immer noch unter dem zermürbenden Druck, mußten wir nach München, wo eine festliche «Arabella» zur Feier von Rudolf Hartmanns siebzigstem Geburtstag gegeben wurde. Von München aus telefonierte meine Frau mehrmals mit Vesna, die – statt mit uns zu sein, worauf sie sich seit Monaten besonders gefreut hatte – mit schwacher Stimme die Mutter aufzumuntern versuchte. Wenige Minuten vor ihrem Auftritt sprach sie immer noch mit Vesna:
«Schlaf gut, Stupsi, ich schließ dich fest in meine Arme und trag dich den ganzen Abend mit mir auf der Bühne, du bist bei mir...»
Während meine Frau für Vesna und wie um ihr Leben sang – es war eine ihrer besten und ergreifendsten Vorstellungen – versteckte ich mich auf der Hinterbühne und heulte, aus Angst um das Kind und aus Sorge um diese Frau, die unmenschliche Augenblicke mit übermenschlichen Kräften meisterte.
Unser Freund Egloff Schwaiger entdeckte mich:
«Komm, Dragan, keine Angst, Vesna wird's schaffen, und auch Lisa schafft es», aber auch er zog das Taschentuch und schneuzte sich...
Schon nach den ersten Schlußvorhängen sagte meine Frau:
«O Gott, wie geht es wohl unserem Mädchen? Ich halte es nicht mehr aus... Das Singen geht noch, aber danach ist alles so schrecklich leer... Laß uns gehen...»
Aber der Applaus dauerte an die vierzig Minuten, und sie mußte mit Hartmann und Fischer-Dieskau immer wieder vor den Vorhang.
Was uns half, war die große Anteilnahme der Freunde und auch anderer Menschen; wir erkannten dankbar in der Not, daß es bedeutend mehr Warmherzigkeit gibt, als man in guten Zeiten weiß.
Vor der Operation bemühten sich meine Frau und Vesna mit vereinten Kräften Melina, die sich für uns unerreichbar irgendwo in England aufhielt, herbeizuwünschen. Melina, von einer unerklärlichen Unruhe erfaßt, brach ihren Aufenthalt ab und stand an unserer Seite in dieser schwersten Zeit unseres Lebens.

Ich hörte oft von «den Bäumen, die nicht in den Himmel wachsen» reden und hielt es für einen leeren Spruch; im Spital erfaßte ich den tiefen Sinn und lernte Bescheidenheit und Dankbarkeit.
Amerika war tot, der Glanz einer großen künstlerischen Karriere begann zu verblassen, aber das berührte uns nicht. Vesnas Wiedergeburt war ein großes Wunder, das schönste Geschenk, das es für uns gab. Ein großer Traum war ausgeträumt, die neue Wirklichkeit läßt wieder träumen...

Sinn oder Unsinn der Kritik

Die immer wieder auftauchende und nicht nur die Künstler beschäftigende Frage, ob die Kritik in ihrer Funktion und Form sinnvoll oder sinnlos sei, ist gar nicht so müßig. Die Kritiker wissen, daß das gedruckte Wort magische Kräfte hat. Sic mißbrauchen es, indem sie die Gewichte verschieben: Der Hauptakzent liegt weniger auf der Kunst und dem Künstler, als auf ihrem Urteil, mit dem in erster Linie der Leser angesprochen werden soll. Um diese Wirkung zu erreichen, geben sie sich wie flatternde Schmetterlinge, aber sie stechen wie Wespen.
Wespenstiche sind trotz ihrer angeblich heilenden Kraft lästig, zumal diese Insekten die heimtückische Angewohnheit haben, ohne Grund zu stechen. Ihre Existenzberechtigung ist unklar, man hält sie allgemein für Schädlinge, Brockhaus bezeichnet sie als Schmarotzerbienen. Dies führt mich zu Nietzsches Aphorismen aus dem Nachlaß, in denen er sich mit den «Schmarotzern des Geistes» befaßt. Seiner Ansicht nach gibt es «gar nichts Besseres, als das Gute! und das ist: Irgend eine Tüchtigkeit haben und aus ihr schaffen, virtù im italienischen Sinne der Renaissance». Aber «heute, in der Zeit wo der Staat einen unsinnig dicken Bauch hat, gibt es in allen Feldern und Fächern, außer den eigentlichen Arbeitern, noch ‹Vertreter›: z.B. außer den Gelehrten noch Literaten...»
Er klagt über das «Übergewicht der *Händler* und *Zwischenpersonen,* auch im Geistigsten»:

«Den größten Ekel haben mir bisher die Schmarotzer des Geistes gemacht: man findet sie überall schon, und zwar mit dem besten Gewissen der Welt. Vielleicht ein wenig trübe, ein wenig air pessimiste, in der Hauptsache aber

In DER ROSENKAVALIER als Octavian mit Elisabeth Schwarzkopf (Marschallin), New York 1964

In Orfeo ed Euridice von Gluck als Euridice, Chicago 1962

gefräßig, schmutzig, beschmutzend, sich einschleichend, einschmiegend, diebisch, krätzig – und unschuldig wie alle kleinen Sünder und Mikroben. Sie leben davon, daß andere Leute Geist haben und mit vollen Händen ausgeben.»

Während der Künstler diese «virtù» hat, mit vollen Händen auszugeben, und, wie Nietzsche sagt, «sich gut ausnimmt, wenn er seinen Stolz bei seiner Kunst hat und genügsam und zufrieden auf das Leben blickt», taucht plötzlich der Kritiker im Gewand eines Zwischenhändlers auf; er beginnt am Werk und am Künstler zu zehren und gibt sich selbst verschwenderisch aus, «unbekümmert und ohne kleinliche Vorsicht».

Der Kritiker lebt von der schöpferischen Tätigkeit der andern und gibt mit starker Lunge sein Urteil ab, wofür er seltsamerweise keiner besonderen Ausbildung bedarf. Mit etwas Glück kann man sozusagen über Nacht Kritiker werden; Musikkritiker zum Beispiel, vorausgesetzt, daß man Violin- vom Baßschlüssel unterscheidet. Ich kenne Kritiker, mich selbst eingeschlossen, die ihre Stehplätze überstürzt mit den Pressesitzen im Parkett vertauschten, ohne diesen kurzen Weg auch innerlich zurückzulegen.

Aber sie haben sich zu einer einflußreichen, internationalen Vereinigung zusammengeschlossen, die ihre Symposien hält und vor ihrer geradezu epiphanischen Bedeutung überzeugt ist.

Man fragt sich, was sie für ihre meist subjektiven Ansichten allgemeine Gültigkeit beanspruchen läßt. Gewiß nicht die etymologische Bedeutung des Wortes «kritisieren», das griechischen Ursprungs ist: krinein: *scheiden, trennen, entscheiden, urteilen.* Die deutsche Sprache übernimmt dieses Verb erst im 17. Jahrhundert aus dem Französischen (critiquer), dies bereits mit verändertem Sinn: Beanstanden, bemängeln, tadeln, beurteilen.

Nietzsche behauptet, daß man in einer antiken Stadt, und im Nachklang daran noch in mancher Stadt Spaniens und Italiens, nichts auf einen solchen modernen Vertreter und Zwischenhändler gegeben hätte – «es sei denn einen Tritt!»

Suchen wir bei anderen: Oscar Wilde: Der Künstler habe den Kritiker zu erziehen, der Kritiker erziehe das Publikum. Yehudi Menuhin: Die Kritiker schrieben nicht für die Künstler, sondern für ihre Leser. Peter Ustinov: «Obwohl man die Kritik überall fördert, weil sie nun mal zum Inventar unserer Zivilisation gehört, bedeutet das noch längst nicht, daß man eine Kritik beachten oder auch nur anhören soll.»

Henry Miller schrieb anläßlich seines achtzigsten Geburtstags über die vielen Wachträume und Träumereien, die er in keinem seiner Werke festgehalten habe, und bezeichnete es als Unterlassungssünde, da dieses Nicht-Gesagte bei weitem das Ausgesagte überwiege. «Ich weiß», fuhr er fort, «daß das für einen Laien absurd klingt. Aber dieses Bekenntnis ist auch für die Kritiker schwer zu schlucken, zumal sie meiner Ansicht nach vom geistigen Wirken eines Autors weniger verstehen als irgend jemand anderer. Der Kritiker *glaubt,* er wüßte es. Ich bin überzeugt, daß nicht einmal ein Dichter weiß, was im Geist eines anderen vorgeht... Es ist so albern, wie die Kritiker zu wissen glauben, warum ein Autor dieses oder jenes tut, was ihn beeinflußt hat, was seine wirkliche Absicht war und so fort. Wenn ich denke, wie wenig ich selbst weiß, was, wie und weshalb ich es tue, dann frage ich: *Wer soll es denn wissen?* Wie lächerlich diese Frage ist, kann im Grunde jeder Idiot bestätigen.»
Ein anderer amerikanischer Dichter, John Updike, sagte über seine Kritiken:

«Sie sind demütigend. Nicht nur deshalb, weil ich das bestimmte Gefühl bekommen muß, daß die Kritiker klüger sind als ich und daß sie besser schreiben könnten, wenn sie nur wollten, sondern auch weil mir scheint, daß sie etwas ganz anderes gelesen hätten, wenn sie ein Werk von mir loben. All die kleinen, feinen Übereinstimmungen und Arabesken, die man mit so viel differenzierter Vorfreude zubereitet hatte, werden wie von Schweinen am Futtertrog gierig verschlungen. Nach dem ontologischen Beweis muß es doch wenigstens einen idealen Leser geben; seine Unsichtbarkeit, gleich einer dämonischen Illusion, rettet uns vor Verzweiflung.»

Die Hamlet-Interpretation des englischen Bühnen- und Filmschauspielers Nicol Williamson erregte in London größtes Aufsehen; sogar der damalige Premierminister Harold Wilson sprach darüber mit seinem Gast Richard Nixon, worauf Williamson ins Weiße Haus eingeladen wurde. Bevor er nach Washington ging, spielte er den Hamlet am Broadway. Hielt ihn Alan Brien von der *London Sunday Times* für den größten und differenziertesten Schauspieler der englischen Bühne seit dem aufregenden Debüt des jungen Charles Laughton, so lehnte der einflußreiche Kritiker der *New York Times,* Walter Kerr, nicht nur seine Rollenauffassung, das Spiel und die Sprache, sondern auch seine Stimme ab. Bedeutete er Ted Kalem vom amerikanischen *Time Magazine* geradezu eine Offenbarung, so nannte ihn die bekannte Filmkritikerin Pauline Kael «den wahrscheinlich schlechtesten wichtigen Schauspieler der englischsprechenden Welt». Sie fügte hinzu: «Er ist glänzend, er ist blendend – trotzdem ist er schrecklich!» Williamson wurde nach seiner Ansicht über die Kritiken gefragt. «Oh, das Leben ist nicht gerade alles, was man sich wünscht, aber es ist alles, was man bekommt, somit steckt man am besten die Geranie an den Hut und versucht glücklich zu sein. Natürlich hat man mir oft das Messer ins Fleisch gestochen, aber ich zog es schnell heraus, drehte mich um und ging weiter. Immerhin schmerzte der Stahl manchmal sehr, solange er im Fleisch steckte.»

Als meine Frau während einer Tournee in Amerika in einem Interview vor dem Konzert gefragt wurde, was sie von Kritiken halte, antwortete sie:

«Nichts. Ich lese sie nicht. Ich weiß selbst, was ich kann; auch, ob ich einen guten oder schlechten Tag hatte. Ich habe mein Handwerk gelernt. Ich kenne meine Möglichkeiten und meine Grenzen besser als ein Kritiker. Ich habe mich dazu erzogen, unabhängig von seelischen Schwankungen und physischen Belastungen mein Bestmögliches zu bieten. Aber wer garantiert mir, daß sich der Kritiker dem Einfluß von quälendem Föhn, Kopfschmerzen, Magenverstimmung, dem Geschmack seiner Frau entziehen kann? Abgesehen davon: Der Einsatz *und* die Leistung des Künstlers werden von einem ganz andern Verantwortungsgefühl getragen.»

Das Interview erschien am Tag des Konzertes, daraufhin gab es keine Kritiken. Meine Frau sagte: «Wie schön! Man müßte vor jedem Auftritt ein solches Interview geben können.»

Es ist aber nicht ratsam, sich mit Kritikern einzulassen. Vor Jahren hängte der einflußreiche Mann Elisabeth Schwarzkopfs, Walter Legge, bei einem ihrer Liederabende in London das Presseverbot aus. Wie er in einem Rundfunkinterview sagte, wollte er den zweitausend meist beglückten Besuchern die Enttäuschung ersparen, am nächsten Tag in den Zeitungen zu lesen, daß sie alle nichts verstünden. Als die Schwarzkopf dann an der Covent Garden Oper gastierte, konnte Legge die Presse nicht ausschalten, und die Kritiker rächten sich auf ungalante Art.

Der langjährige Studienleiter der Wiener Staatsoper, Professor Heinrich Schmidt, begleitete viele namhafte Sänger, darunter auch die Schwarzkopf. Nach einem Liederabend mit ihr wurde Schmidt von dem jungen Kritiker Endler so unverantwortlich kritisiert, daß Schmidt die Sache vor Gericht brachte. Nachdem im Prozeß auch die Schwarzkopf in kollegialer Weise ausgesagt hatte, sprach man ihm

das Recht zu. Das war ein Pyrrhussieg: Schmidt gewann zwar den Prozeß, aber er verlor die Gunst der ganzen Presse.
Ich erlebte auch selbst, wie unklug es ist, einen Kritiker zur Vernunft zu mahnen. Im Mai 1955 sang meine Frau unter Karajan das Sopransolo in Beethovens «Neunter» in Wien.
Karl Löbl schrieb nach dem Konzert:

Aus dem ausgezeichneten Solistenquartett trat der leuchtende Sopran Lisa Della Casas hervor; sie sang ihr schwieriges Solo mit bewundernswerter Sicherheit und Schönheit der Töne.

Der Kritiker «dlr» der *Weltpresse* fand meine Frau «großartig disponiert», auch Kralik in der *Presse* hob das «vortreffliche Solistenquartett» hervor. Heribert Schneiber aber behauptete im *Kurier,* meine Frau hätte es nicht leicht mit der Höhe, wie auch sonst schon oft. Das machte mich stutzig, da sie in allen drei Aufführungen in bester stimmlicher Verfassung war. Vielleicht sollte ich hinzufügen, daß ich keineswegs zu den Männern gehöre, die für ihre Frau blinde Bewunderung hegen. Sie selbst verlangte von mir schärfste Kritik, ein Teil meiner Aufgabe lag darin, sie noch während der Aufführungen auf eventuelle Unzulänglichkeiten aufmerksam zu machen; somit war ich immer der erste, oft der einzige, der an ihrem Gesang etwas auszusetzen hatte.
Ich glaubte einfältigerweise, hinter die Motive von Schneibers Kritik kommen zu müssen, und schrieb ihm einen Brief – erst viele Wochen später, um Abstand zu gewinnen.
Ich warnte davor, daß man sich als Kritiker leicht zu Unwahrheiten verleiten lasse, was ich aus eigener Erfahrung wisse. Ich erinnerte ihn daran, daß die besprochene Aufführung vom Rundfunk aufgenommen worden sei; man könne daher anhand des Tonbandes feststellen, ob meine Frau es leicht oder schwer mit der Höhe gehabt habe, falls ich ihn etwa wegen Berufsschädigung anklagen wollte, was aber nicht meine Absicht sei. Für seine Behauptung «wie auch sonst schon oft» fehlten stichhaltige Beweise.
Eine Antwort auf diesen wohl etwas herausfordernden Brief blieb aus, ich begann an der Richtigkeit meines Handelns zu zweifeln und sagte: «Du hattest recht, ich hätte diesen Brief nicht schreiben sollen.»
Zwei Monate später waren wir in Salzburg, wo meine Frau wie im Vorjahr «Ariadne» unter Karl Böhm sang. Ich wußte immer noch nicht, ob ich Schneiber nun unter- oder überschätzt hatte. Er schaffte mit seiner Kritik über «Ariadne» Klarheit:

Im übrigen war die alte «Ariadne» bis auf den Harlekin des nicht sehr belcantofreudigen Herrn Kunz ziemlich unverändert, in der Titelrolle also mit einer sehr jungen, sehr attraktiven Ariadne (Lisa Della Casa) ausgestattet, die den reichen klanglichen Ertrag ihrer Partie mit bemerkenswerten Mitteln und beachtlicher Intensität ausschöpfte. Die Intensität ging freilich mitunter a conto der Linie: das häufige Forcieren der Brustregister nahm zumal den Spitzentönen oft die letzte Rundung, das Leichte, Schwebende, das diese Stimme einst, vor dem offenkundig verfrühten Übergang ins schwere Fach, so sehr ausgezeichnet hat. Eine Feststellung, die getroffen werden muß, auch auf die Gefahr hin, vom ebenfalls dem musikkritischen Fach entstammenden Gatten der Künstlerin neuerdings auf liebenswürdige Art darüber informiert zu werden, daß ein Lob mit Einschränkung nicht eben berufsfördernden Charakter hat.

«Aha», sagte ich, «ich habe den Kerl doch überschätzt. Er scheint rachsüchtig zu sein. Dagegen ist die Käthe-Dorsch-Methode die einzig wirksame. (In der sogenannten Watschenaffäre hatte die erzürnte Dorsch den Wiener Kritiker Weigel mit Ohrfeigen und Regenschirm traktiert.) Im Ernst, ich finde ihn unmöglich. Erstens beantwortet er meinen Brief in aller Öffentlichkeit, und das in Salzburg, zweitens meckert er schon wieder grundlos über deine Leistung. Soll man sich das wirklich gefallen lassen?»
«Das ist sein Recht.»
Ich beruhigte mich durch andere Kritiken. Die *Presse:*

Von Lisa Della Casa als Ariadne kann man sagen: Sie gibt nicht Ariadne, sie ist Ariadne; vollkommene Verkörperung und Vergeistigung von Musik und Dichtung; in der reinen, klaren Stimme, im vornehmen Tonfall, in der Erscheinung, in der Gebärde.

Das *Neue Österreich:* Lisa Della Casas wunderbarer, süsser und wohllautgesättigter Sopran, einer der schönsten der deutschsprachigen Opernbühne, gibt der Ariadne allen Schmelz, alle zärtliche Innigkeit der verlassenen, todesbereiten Frau. Ihr großes «Lamento» war schlechthin unübertrefflich gesungen...

Aber ich unterschätzte seine Zähigkeit; fast zwanzig Jahre mäkelte er an meiner Frau herum, erfand immer neue Vergleiche wie «singendes Starmannequin», «Liz Taylor am Bösendorfer», «Schönes Bild im falschen Rahmen», oder wunderte sich gar über ihre «illegitime Vergangenheit».
Heribert Schneiber war ein Sonderfall, der uns in der Suche nach dem Sinn der Kritik nicht weiterbringt. Zum Thema gehört er aber inso-

fern, als gerade extreme Verrisse aufmerksam gelesen werden und lange nachwirken.
Dagegen ist der Künstler wehrlos. Der amerikanische Pianist Oscar Levant berührte dies in seinem Buch «The Memoirs of an Amnesiac». Auf dem Höhepunkt seiner Karriere las er in Chicago die Besprechung seiner Plattenaufnahme von Khachaturians Klavierkonzert. Die «widerhallkräftige Zarin» Claudia Cassidy zog in dieser Kritik eine andere Aufnahme vor. Levant rief sie an: «Ich bin nicht Ihrer Ansicht, meine Aufnahme ist besser.»
«Sie sind berechtigt zu Ihrer eigenen Meinung», antwortete sie.
«Ja. Aber wer liest *mich*?!»
Am Anfang unseres Aufenthaltes in Amerika hörten wir, daß dieselbe Cassidy Rafael Kubelik von seinem erst angetretenen Posten als Chefdirigent der Chicago-Symphony vertrieben habe. Zwanzig Jahre später las ich in *Esquire* die Besprechung der neuesten Plattenaufnahmen von Kubelik. Der Kritiker Martin Mayer schrieb unter anderem:

Rafael Kubeliks Schallplatten sind von besonderem Interesse vor allem im Hinblick auf seine bevorstehende Rückkehr nach Amerika als musikalischer Chef der Metropolitan Oper (in den fünfziger Jahren war er Reiners Vorgänger in Chicago, und Claudia Cassidy von der *Tribune* verjagte ihn damals aus der Stadt).

Was hat nun diese Reminiszenz mit der Qualität der Platten und mit Kubeliks Rückkehr zu tun? Wollte Mayer die Fragwürdigkeit der Kritik demonstrieren? Wollte er Kubelik mit einer alten Sache belasten?
Die Macht der New Yorker Theaterkritiker war erschütternd. Die Laufbahn, ja die Existenz der Schauspieler hing oft von einem Satz ab, auf den sie nach der Premiere bis tief in die Nacht fiebernd warteten; die Frühausgaben der *Times* und *Tribune* entschieden über das weitere Schicksal einer langen Arbeit. Nach einem kritischen Tiefschlag wurde das Stück meist nach der zweiten, dritten Vorstellung abgesetzt.
Die Kunst sollte uns durch ihre geheimnisvollen Vibrationen unmittelbar ansprechen, jeder muß sie auf seine Art erleben, ohne die irreführenden Einflüsse, die sich außerdem fortwährend widersprechen. Welchem von all den Kritikern darf man glauben?
1960, nach der Eröffnung des neuen Festspielhauses in Salzburg mit dem «Rosenkavalier» unter Karajan, mit meiner Frau als Marschallin, wurde ich nicht klug aus der Vielfalt.

Wiener Arbeiter Zeitung:

Lisa Della Casa ist die Feldmarschallin unter den Feldmarschallinnen. Unsere Marie Theresen haben alle das selige Malheur, zu jung zu wirken. Aber Lisa Della Casa gestaltet gerade daraus den Idealfall schlechtweg. Sie führt den Marschallinnenstab der Grazie, ihre Majestät ist der Liebreiz, und doch glauben wir, wenn sie findet, der Friseur habe ein altes Weib aus ihr gemacht, die Angst der schönen Frau vor dem Altern. Von musterhafter Wortdeutlichkeit war ihr zauberhafter Sopran, neben dem philharmonischen Wohllaut wohl die kostbarste Klanggabe zur Weihe des Hauses.

Helmut Schmidt-Garre schrieb unter der Überschrift «Eine Gräfin nach Hofmannsthals Sinn» im *Münchner Merkur:*

Mit Lisa Della Casa steht endlich einmal eine jugendliche Gräfin auf der Bühne, so wie sie Hofmannsthal vorgeschwebt hat. Sie hat Würde und Überlegenheit und läßt doch immer den gedämpften Ton der Resignation durchschimmern...

H. Lehman:

Lisa Della Casa, 1953 noch Octavian, beherrschte 1960 als Marschallin die Aufführung. Die Eleganz der Erscheinung, die Leichtigkeit ihres Spieles und der Glanz ihres wunderschönen Soprans machten sie zur idealen Marschallin. R. Strauss wollte keine alte Generalin, wie sie meist erscheint, sondern eine schöne lebenslustige Frau von 32 Jahren auf die Bühne stellen.

Heribert Schneiber im *Kurier:*

Lisa Della Casa als Marschallin war zu schön, um wahr zu sein, zu jung, um glaubhaft zu wirken, zu wenig reif, um berühren oder gar erschüttern zu können. Sie ist eine Dame, gut; eine wunderbar aussehende, schon schlechter, weil zur Echtheit der Marschallin keine Eignung für eine Prämierung am Strand von Nizza gehört. Leider ist sie aber eine sehr mädchenhafte Dame, worauf sie privat zurecht stolz sein mag, doch die Fürstin Werdenberg ist keine Arabella, sie hat keine Launen, sondern Leiden, keine Kapricen, sondern Kummer. Frau Della Casa ist selbstverständlich immer nobel, diskret, untheatralisch, auch im kultiviert geformten Gesang, doch es bleibt bei aller Zurückhaltung, die Verlegenheit sein mag oder vielleicht die Tiefe vortäuschen soll, alles an der Oberfläche, unsicher, ohne Linie und Konzept. Kein Zweifel: die unglückliche Liebe der Marschallin von gestern war nicht so sehr Graf Rofrano, sondern ihre eigene Partie.

Wie war nun wirklich diese Marschallin? «Zu jung» und zu «mädchenhaft», oder war sie ein «Idealbild einer endlich jugendlichen Mar-

schallin»? Welchen Nutzen zieht ein Künstler aus einem solchen bunten Mosaik, was für ein Bild gewinnt der Leser?
Vor Beginn einer Festvorstellung saß die langjährige Verehrerin meiner Frau, Dr. Ingrid Matison, neben einer Unbekannten, die bedauerte, die extra eingeschobene Aufführung mit der Schwarzkopf als Marschallin versäumt zu haben, worauf Matison sagte: «Heute können Sie dafür die Della Casa erleben.»
«Leider. Sie soll keine gute Marschallin sein.»
«Kennen Sie denn ihre Marschallin?»
«Noch nicht, aber ich habe die Kritik im *Kurier* gelesen.»
« Ach so! Nun, ich würde mich nicht nach einer Kritik richten. Reden wir nach der Vorstellung weiter.»
Schon nach dem ersten Akt, so Matison, geriet ihre Nachbarin aus der Fassung: «Es ist unglaublich, nach einer solchen Leistung eine solche Kritik zu schreiben. Das ist ja empörend! Frau Della Casa müßte diesen Mann verklagen.»
Aber wenn jeder Künstler gleich klagen wollte, wären die Gerichte überlaufen.
«Die Kunst und nichts als die Kunst», sagt Nietzsche. «Sie ist die große Ermöglicherin des Lebens, die große Verführerin zum Leben, das große Stimulans des Lebens.»
Das unmittelbare Kunsterlebnis regt tatsächlich die feinsten Schwingungen an, es erregt ein Gefühl des Rausches. Die Kritik kitzelt die Gebildeten und füttert die Banausen. Wenn man sie ernst nimmt, wirkt sie grotesk:
Nach einer Meistersinger-Festvorstellung in Wien 1961 schrieb Karl Löbl im *Express:*

Dazu Lisa Della Casa, als stimmlich ausgeglichene, dem Timbre nach ideale, technisch souveräne Eva.

Heribert Schneiber im *Kurier:*

Lisa Della Casa als Evchen von unleugbarem optischen Liebreiz aber sehr geringem Stimmschmelz zumal in den von einem unerbittlichen Tremolo befallenen hohen Lagen...

Norbert Tschulik in der *Wiener Zeitung:*

Es gefiel uns bei diesem Evchen die treffende darstellerische Charakterisierung, die man selten so sinnvoll abgerundet und dabei auch frisch empfunden vermittelt bekommt.

Dazu noch einmal Heribert Schneiber:

Ihre Darstellung war sehr kapriziös. Sie brachte mimisch und bewegungsmäßig mitunter viel Unruhe und manche für ein junges Bürgermädchen aus dem 16. Jahrhundert wenig schickliche Pose ins Spiel.

Neues Oesterreich:

Der silberhelle Glockenschlag von Lisa Della Casas herrlichem Sopran und ihre mädchenhafte Erscheinung reihen sie hoch in der Liste der Nürnberger Evas. Tongebung und Phrasierung sind prächtig, die Höhe leicht und kristallklar.

Kurt Blaukopf:

Lisa Della Casa gehört immer meine ungeteilte Bewunderung. Wenn ich also Einwände gegen ihr Evchen erhebe, dann gehen sie von sehr hohen Maßstäben aus, die Frau Della Casa selbst anzulegen pflegt. (Daß ihre Stimme nicht «blond» klingt, ist ein sehr persönlicher Eindruck, den ich durch nichts beweisen kann. Vielleicht vermögen Stimmphysiologen etwas über den Zusammenhang zwischen Haarfarbe und Stimmtimbre auszusagen). Anfechtbar scheint mir die weitgehende Vokalisierung der Intonation von Lisa Della Casa, die es mit sich bringt, daß aus Wagners «Handlung» zuweilen eine unwagnerische Oper wird.

Fünf Eindrücke gehen hier aneinander vorbei. Kann wirklich eine Stimme in derselben Aufführung in der Höhe leicht und kristallklar sein und zugleich stark tremolieren, ideales Timbre haben und dennoch nicht blond (?) klingen, über einen herrlichen Sopran von silberhellem Glockenschlag verfügen, der zugleich von sehr geringem Stimmschmelz ist? Was ist unter der Vokalisierung der Intonation zu verstehen?
Auch hält Schneibers Vorstellung von einem sittsamen Bürgermädchen aus dem 16. Jahrhundert einer gründlichen Prüfung nicht stand. Ein Blick in die Partitur genügt. Wagner läßt Eva während des Gottesdienstes mit dem ihr erst seit einem Tag bekannten Ritter flirten und ihm, immer noch in der Kirche, zurufen: «Euch oder keinen!» Das hindert sie allerdings nicht, dem reifen Witwer Hans Sachs an demselben Abend «blauen Dunst» vorzumachen: «Ihr macht mir Flausen! Gesteht nur, daß ihr wandelbar. Gott weiß, wer euch jetzt im Herzen mag hausen! Glaubt' ich mich doch d'rin so manches Jahr.» Und noch: «Doch starb eure Frau, so wuchs ich groß... da dacht' ich aus, ihr nähmt mich für Weib und Kind ins Haus?» Dabei wartet sie nur ungeduldig auf den Freier, den sie dann auch sofort «einzigen Freund»

und «Geliebten» nennt, mit Magdalene Kleider wechselt, um sich in der Nacht mit ihm im Gebüsch zu verstecken oder gar mit ihm zu fliehen («Wie ich ein End' und Flucht mir ersehne!»), und so fort.

Im Herbst 1962 sang meine Frau die Figaro-Gräfin und die Euridice in «Orfeo» in Chicago. Während Robert Marsh in *Chicago Sun-Times* behauptete, die Schönheit dieser Gräfin lasse sogar ihre strahlende Donna Anna vom letzten Jahr verblassen (meine Frau sang zwar die Elvira), Don Henahan in *Chicago Daily News* ihren Gesang als engelhaft bezeichnete und Roger Dettmer von *Chicago's American* schrieb: «Als Gräfin war Lisa Della Casa famos anzusehen und atemraubend anzuhören. Ihr ‹Porgi amor› ist durch die gesangliche Finesse und technische Virtuosität mit keinem geläufigen Standard zu vergleichen», fand Claudia Cassidy, «Porgi amor» habe zwar mit Rücksicht darauf, daß es für den Anfang einer Oper eine sehr schwere Arie sei, recht gut geklungen, aber «Dove sono» scheine, wenigstens stellenweise, außerhalb ihrer Reichweite zu liegen.
In der Premiere verlor die Susanna den Faden in ihrem Briefduett mit der Gräfin und hörte zu singen auf. Meine Frau sang stur weiter und gab der verzweifelten Kollegin Zeichen, wo sie wieder einsteigen konnte, was diese auch tat. Diese kurzen Augenblicke wirken auf der Bühne wie eine Ewigkeit. Mrs. Fox, die zufällig neben mir hinter den Kulissen stand, preßte die Hände auf die Brust: «My God! Terrible...» «Das hat draußen niemand bemerkt», sagte ich, obwohl mir der Schweiß auf der Stirn stand. Die klare Linie des Duetts war zerrissen, auch für ungeübte Ohren hörbar.
Aber die Zarin Cassidy schrieb: «Die Briefszene war an diesem Abend eine wahre Oase der Wonne.»
Die vierte Inszenierung der «Arabella» an der Met 1965/66 dirigierte Georges Prêtre. Er dirigierte dieses Werk zum erstenmal und hatte während der Proben Schwierigkeiten mit dem Orchester. In der Premiere führten Mißverständnisse zu auffälligen musikalischen Unebenheiten; vor dem großen Duett zwischen Arabella und Mandryka hörte ich plötzlich meine Frau gewisse Töne verkürzen, dafür einige Noten überhalten, und als ich sie nach dem Aktschluß fragte (an der Met machte man zwischen dem zweiten und dritten Akt eine Pause), warum sie gezaubert habe, antwortete sie immer noch sehr erregt: «Weil ich halt habe zaubern müssen! Es war ein Alptraum, ich versuchte zu retten, was noch zu retten war, es ging im Orchester alles drunter und drüber...»

In diesem Augenblick erschien der Konzertmeister in der Garderobe. «Madame Della Casa, ich muß mich im Namen des Orchesters entschuldigen. Nur Ihnen haben wir zu verdanken, daß der Vorhang nicht fallen mußte. Es war ein Alptraum», sagte er genau wie sie, «wir verstanden Maestros Schlag nicht, die Hälfte des Orchesters spielte auf Halbe, die Hälfte auf Ganze, er tanzte mehr, als daß er dirigierte, es war entsetzlich...»
Keiner der Kritiker, außer Harriett Johnson, schien dieses Chaos bemerkt zu haben. Aber sie behauptete, wenn Maestro Prêtre eine *erfahrenere* Interpretin dieser Rolle gehabt hätte, wäre es nicht entstanden! Zu dieser Zeit hatte meine Frau diese Partie schon über hundertmal gesungen, davon unzählige Male – in Harriett Johnsons Anwesenheit – in New York.

1959 wurde meine Frau als Ariadne in Paris von fünfundzwanzig Kritikern aus der ganzen Welt zur besten Sängerin der Saison ernannt. Sie fand auch beim straussliebenden Pariser Publikum und seiner Presse großen Anklang. Der Doyen der Kritik, Claude Rostand, von dem man auch in Londoner und New Yorker Musikkreisen viel hielt, schrieb:

Die Königin des Abends ist zweifellos Lisa Della Casa. Ihre Stimme, ihre grosse Schönheit, ihr natürliches Spiel, ihr feiner Humor im Vorspiel machen aus ihr eine der vergeistigtsten und glänzendsten Interpretinnen dieser Rolle, in der wir viele große Vorgängerinnen kennen. Sie spielt sie nicht, sie ist es, mit verblüffender Richtigkeit in allen Schichten der schwierigen Aufgabe, die so verschiedenartige Dimensionen und subtile Nuancen enthält. Und welche erhabene Art des Gesangs! Welche Darstellerin! Lisa Della Casa auf dem Höhepunkt ihrer Kunst und ihrer Begabung zu sehen und zu hören ist ein glanzvolles Theatererlebnis.

René Dumesnil in *Le Monde:*

Mlle Lisa Della Casa ist im Augenblick eine der besten Sängerinnen, die zu hören sind. Ich habe schon des öfteren über die Qualität ihrer Stimme und die Perfektion ihres Stils berichtet. Zu ihren Vorteilen gehören aber auch noch die Schönheit, die Haltung und die Beseeltheit ihres Spiels.

Hirsch in *France Soir* bezeichnete sie als eine der größten Sängerinnen der Gegenwart, *Paris Presse* ihre Ariadne als hinreißend, Guy Dornard in *Libération* führte die vierzehn Schlußvorhänge auf die außergewöhnlichen Verdienste dieses herrlichen, sinnlichen dramatischen Soprans zurück, *L'Express* fand ihre Stimme von wundervollem Timbre,

strahlender Schönheit, echter und stark vibrierender Darstellung, und *L'Aurore* brachte ihr großes Bild mit der Überschrift: 3 Minister und 27 Botschafter spendeten dieser großen Schweizer Sängerin gestern Abend Beifall.
Eine knappe Woche danach sang meine Frau in derselben Inszenierung in Berlin. Im Publikum brachen Beifalls-Tumulte aus, wie eine Zeitung schrieb, doch die Kritiken lauteten unterschiedlich.
Die Welt fand die Leistung meiner Frau enttäuschend, trotz des jubelnden Beifalls:

Die Ariadne ist nicht ihre beste Rolle, oder sie ist es zumindest noch nicht. Erst in Paris zum Ensemble der Städtischen Oper gestossen, wurde sie über Nacht in die Inszenierung eingebaut. Mit damenhafter Eleganz fand sie sich darin zurecht und gab aus eigenem, was sie zu geben hatte: Sicherheit der Allüre, Schönheit der Geste und immer auch etwas Klischee.

Der Tagesspiegel fand, daß sie ist, was sie sein soll:

Primadonna, strahlende Erscheinung, Sängerin von edlen stimmlichen Mitteln. Sie ist das alles auf seltsam naive, ungebrochene, unmittelbare Weise, und das ist wohl das tiefste Geheimnis ihrer Wirkung. Sie wirkt durch die natürlichsten Mittel und Gaben. Sie gibt den Hörern viel, sie bezaubert, und der Dank ist stürmischer Beifall.

Einerseits zeigte sie «noble Töne und stolze Haltung als große Tragödin», andererseits, so *Der Telegraph,* war «ihr nicht groß gestalteter Gesang noch nicht Ausdruck innersten Erlebens, obwohl sie das Publikum durch den edlen Reiz ihres ungewöhnlich schönen Soprans bezwang.» Eine Kritikerin, deren Name mir leider entfallen ist, fand, ein hübsches Gesicht und ein schönes Decolleté genügten nicht für eine Ariadne.
Der Schauspielintendant Boleslaw Barlog, der in der Premiere war, den wir aber persönlich nicht kannten, schrieb meiner Frau einen schönen Brief, in dem er sich als Berliner und Künstler für diese Kritiken entschuldigte.

1961 kam meine Frau als Ariadne nach Bern. Sie nahm zu diesem Gastspiel ihre Kostüme der Salzburger und Wiener Inszenierung mit, in der die Ariadne nach Gielens Regie am Anfang des zweiten Aktes in einem verwaschenen Lilakleid und mit langem, wirren Haar erscheint. Zum Duett mit Bacchus trägt Ariadne ein hellgelbes Gewand in griechischem Stil und eine entsprechende Frisur.

Die Kleider waren der erste Stein des Anstosses. Den Kostümwechsel schrieb Charlotte von Dach im *Bund* den Starallüren meiner Frau zu. Der Kritiker «pf» der *Bernischen Tagesnachrichten:* «Mit Mätzchen und Starallüren wird man dieser Partie kaum gerecht, Einfachheit und Schlichtheit – auch in der Garderobe – gehören zur Interpretation einer wesensgemäßen Ariadne.» Hans Oesch: «In immer neuen Posten bewunderte man ihre auf süß abgestimmte Robe, die den Körper vorteilhaft verhüllte.»
«pf» schrieb noch:

Lisa Della Casas Darstellung enttäuschte deshalb, weil die bekannte Sängerin glaubte, durch extravagante Gewandung eine oberflächliche, stimmlich unzulängliche Interpretation wettmachen zu können. Die Sängerin hatte ausserordentliche Mühe, bei gewissen Fortissimostellen über das sehr differenziert geführte Orchester zu dominieren.

Auch Hans Oesch war unzufrieden:

...die aus Burgdorf stammende große Strauss-Interpretin, deren Name in Amerika, in Wien und Salzburg höchsten Klang hat und die begeistert gefeiert wurde, obgleich ihre Leistung hinter den Erwartungen erheblich zurückstand. Die Sängerin, von mir genau so verehrt wie von aller Welt, bot nicht das, was man von einem Stern erster Größe erwarten durfte... Sie stand meist isoliert auf der Bühne, was den Hang zum Primadonnenhaften noch verstärkte.

Hans Oesch schwebte offenbar eine kontaktfreudige Ariadne vor. Um diesen Standpunkt zu verfechten, müßte man Hofmannsthals Text umformen, zum Beispiel die Worte des Musiklehrers: «Ariadne ist das Ereignis des Abends... morgen wird überhaupt niemand mehr wissen, daß es außer Ariadne noch etwas gegeben hat», oder auch das Gespräch zwischen der Primadonna und dem Musiklehrer: «Ich soll mit dieser Person Zerbinetta auf einer Szene stehen! Woran denken Sie! Jagen Sie mir die Kreatur von der Bühne...», worauf der Musiklehrer: «Wo hätten Sie eine schönere Gelegenheit als auf der Bühne, ihr zu zeigen, welch unermeßlicher Abstand zwischen Ihnen befestigt ist!» – «Abstand!» lacht sie, «eine Welt, hoffe ich.» Er: «Legen Sie diese Welt in jede Gebärde und – man wird Ihnen anbetend zu Füßen sinken.»
Im zweiten Akt erlebt man das Spiel in doppelter Brechung, Theater im Theater. Die erste Anmerkung des Dichters: «Ariadne vor der Höhle auf dem Boden, regungslos.» Bevor Ariadne ihren ersten Monolog anfängt, schreibt Hofmannsthal vor: «Ohne ihrer (Zerbinettas

munterer Gesellschaft) irgendwie zu achten; vor sich, monologisch.» Ariadne träumt nun vom Totenreich und wartet auf Hermes. Sie singt: «In den *schönen Feierkleidern,* die mir meine Mutter gab, diese Glieder werden bleiben, *schön geschmückt* und *ganz allein...»* Zerbinetta und ihre Gesellschaft versuchen vergeblich, Ariadne aufzuheitern, sodaß Zerbinetta sagt: «Doch die Prinzessin verschließt ihre Augen, sie mag nicht die Weise, sie liebt nicht den Ton. Geht doch! Ihr fallet zur Last.» Hofmannsthal läßt Zerbinetta «mit einer tiefen Verneigung vor Ariadne» ihre große Arie beginnen, «doch Ariadne achtet in keiner Weise auf sie.» Zerbinetta «abermals näher, mit einem Knicks. Ariadne, ihrer nicht zu achten, verhüllt ihr Gesicht», worauf Zerbinetta: «Sie wollen mich nicht hören – schön und stolz und regungslos, als wären Sie die Statue auf Ihrer eigenen Gruft – Sie wollen keine andere Vertraute als diesen Fels und diese Wellen haben?»
Daran beißt leider kein Kritiker einen Faden ab. Hofmannsthal hat eine isolierte Ariadne erdacht.
Hatten Hans Oesch und «pf» Einwände in allen Richtungen, so erlebte ihr Kollege «P.H.» dieselbe Aufführung folgendermaßen:

Den Genuß eines Gastspieles Lisa Della Casas haben die Berner als seltene Gelegenheit mit Begeisterung ergriffen und füllten nicht nur alle verfügbaren Sitzplätze, sondern gar die Treppenstufen der oberen Ränge, um sich beglücken zu lassen von dieser schlackenlosen, strahlenden Stimme. Für die klangselige Titelpartie erweist sich Lisa Della Casa ja geradezu als prädestiniert. Ihre vokale und gestalterische Spannweite, die ebensosehr das Gewaltige wie das Schlichte, das Dramatische wie das Innige bis zum fernen Verdämmern umschließt, verleiht dieser Rolle ein ungemein plastisches Profil. Der große ariose Monolog und zum Schluß das hinreißende Aufblühen aus der Todessehnsucht waren unvergeßliche Höhepunkte. Die Sicherheit, mit der die Künstlerin von der zarten, lyrischen Klage bis zur elementaren Leidenschaft alle Register ihrer reichen stimmlichen Substanz entfaltet, mußte vorbehaltlose Bewunderung erwecken...

In den fünfziger Jahren wünschte Hartmann von meiner Frau außer der Kaiserin in «Frau ohne Schatten» und der «Aegyptischen Helena» auch noch die Salome, aber sie konnte sich nicht dazu entschließen. Im Frühjahr 1961 erreichte uns in Florida ein Telegramm von ihm, in dem er wieder die plötzlich verwaiste Salome für die Festspiele des gleichen Sommers anbot. Nach einer schlaflosen Nacht sagte sie ihm ihre Mitwirkung zu; in diesem Stadium ihrer Laufbahn fühlte sie sich dieser Rolle gewachsen, Bedenken hatte sie nur wegen der knappen Vorbereitungszeit.

Sobald wir nach dem hektischen Amerika-Aufenthalt zu Hause waren, begann sie mit dem Studium; zwei Monate später stand sie in München auf der Festspielbühne, unter Böhm, mit Fischer-Dieskau als Jochanaan.

Ihre Art zu arbeiten kam der eines Dichters nach, sie schöpfte aus dem Inneren. Blatt um Blatt, Schritt für Schritt forschte, überlegte, horchte, formte sie diese Gestalt, bei schönem Wetter am Wasser auf der «Salomewiese».

Während sie sich in der prallen Sonne zwischen dem imaginären Herodes, Jochanaan und einer markierten Zisterne bewegte und sang, las ich in den Noten mit und unterbrach sie, wenn ich eine Stelle wirkungslos fand.

«Danke. Aber das Spiel soll nicht ‹wirken›, es muß überzeugen. Überzeugen kann es erst, wenn ich selbst überzeugt bin. Meine Gefühle müssen sich mit dem decken, was ich auszudrücken habe. Sobald die Menschen fühlen, daß der Künstler schwankt und nicht stärker ist als sie, wenden sie sich leer von ihm ab.»

«Und wenn ihnen deine Überzeugung nicht gefällt?»

«Nur meine Auffassung kann ihnen mißfallen. Aber ich würde trotzdem keine Konzessionen machen, sonst verliert man die geheime Quelle, überhaupt den Boden.»

Auch den Tanz studierte sie allein ein. Von dem «Tanz der sieben Schleier» wußten wir durch Hartmann, daß Strauss ihn sich tänzerisch anders vorgestellt hatte, als seine Komposition vermuten ließ. Er wünschte keinen bewußt erotischen Tanz. Salome, die keine Tänzerin ist, sollte am Anfang eher unbeholfen wirken, improvisieren, und erst später in eine kindliche Exstase geraten.

Ich bat unsere Freundin Zoe, die, obwohl italienischer Zunge, in ihrer Jugend als Schauspielerin und Tänzerin in Deutschland tätig gewesen war, zu uns zu kommen, um Korrekturen und Anregungen anzubringen. Zoe, eine geborene Enthusiastin, war von dem Tanz begeistert und gab nur einige technische Ratschläge. Ihre optimistische Art war ansteckend; wenn sie morgens zum Frühstück erschien und statt «Guten Morgen» «Cari, la vita e bella!» ausrief, mußte der neue Tag fruchtbar werden.

Hartmann war mit der ersten Probe sehr zufrieden, seine Auffassung deckte sich ganz mit der meiner Frau. Auch der Tanz gefiel ihm, aber er wünschte ihn noch verhaltener, naiver, mehr nach Improvisation aussehend.

«Er ist mir noch ein wenig zu tänzerisch. Vor allem am Anfang möchte

ich ganz schwach angedeutete Hüftbewegungen, so wie es die Cebo früher gemacht hat.»
«Noch weniger?»
«Sicher, das entspricht ohnehin Ihrer, unserer Auffassung. Gerade das Unschuldige, das Knospenhafte wirkt auf den lasterhaften Herodes.»
«Wird sie dadurch nicht zu blaß, zu ätherisch?»
«Blaß nicht, aber ätherisch ist richtig. Wissen Sie, daß Strauss Elisabeth Schumann als Salome haben wollte?»
Die bevorstehende Salome wurde zum Stadtgespräch in München. Obwohl meine Frau alle Interviews verweigerte, schrieb man in den Zeitungen von einer «neuen» und «ungewöhnlichen» Rollenauffassung, von ihrem «endlich erfüllten Wunschtraum», man nannte die Salome die «sensationelle, interessanteste Festspielbesetzung» und räumte dem «selbstentworfenen» Tanz besondere Aufmerksamkeit ein.
Hartmann gab der *Süddeutschen Zeitung* ein Interview:

Für uns ist Salome nicht in erster Linie die ausschließlich aus ihren Trieben lebende, wilde und zügellose Frau, sondern zunächst einmal das im Grunde völlig unerfahrene Mädchen, das zum erstenmal wirklich liebt. Da es aber in dieser Liebe von Jochanaan nicht erfaßt und nicht geführt wird, verstrickt sie sich schließlich in jene absurden Ideen und Handlungen.

Die Zeitung fügte hinzu: «Die Gestalt rückt stark ins Orientalische hinüber.» Auch Richard Strauss habe sie eigentlich so gesehen.
Meine Frau empfand dieses lebhafte Interesse für ihre Salome als Belastung. Nach der Generalprobe, in der das Bayerische Fernsehen die Schlußszene aufgezeichnet hatte und das Haus voll war, obwohl es sich um keine öffentliche Probe handelte, sagte sie: «Die Menschen sind nur sensationslustig, sie brauchen nach wie vor panem et circenses!»
Die Erregung um die neue Salome legte sich auch nach der vom Publikum mit Ovationen aufgenommenen ersten Vorstellung nicht. Unter der Überschrift «Scherzo mit tödlichem Ausgang» schrieb Walter Panofsky in der *Süddeutschen Zeitung:*

In der Dresdner Galerie, die Richard Strauss so gerne besuchte, hängt ein von Bartolomeo Veneto gemaltes Bild, das Salome zeigt. Das Mägdelein, von dem der Evangelist Markus spricht, trägt auf einer Silberschüssel den Kopf Johannes des Täufers vor sich her. Die Augen der Prinzessin blicken ins Leere. Es ist kein Triumph in ihnen, keine Erregung. Nur der Mund ist

In CAPRICCIO als Gräfin Madeleine mit Fritz Wunderlich und Lucia Popp (Italienische Sänger), Robert Kerns (Graf), Christa Ludwig (Clairon), Walter Berry (Olivier), Otto Wiener (La Roche), Waldemar Kmentt (Flamand), Wien 1964

Gala-Abend mit Joan Sutherland, Renata Tebaldi, Elisabeth Schwarzkopf und Lisa Della Casa, New York 1964

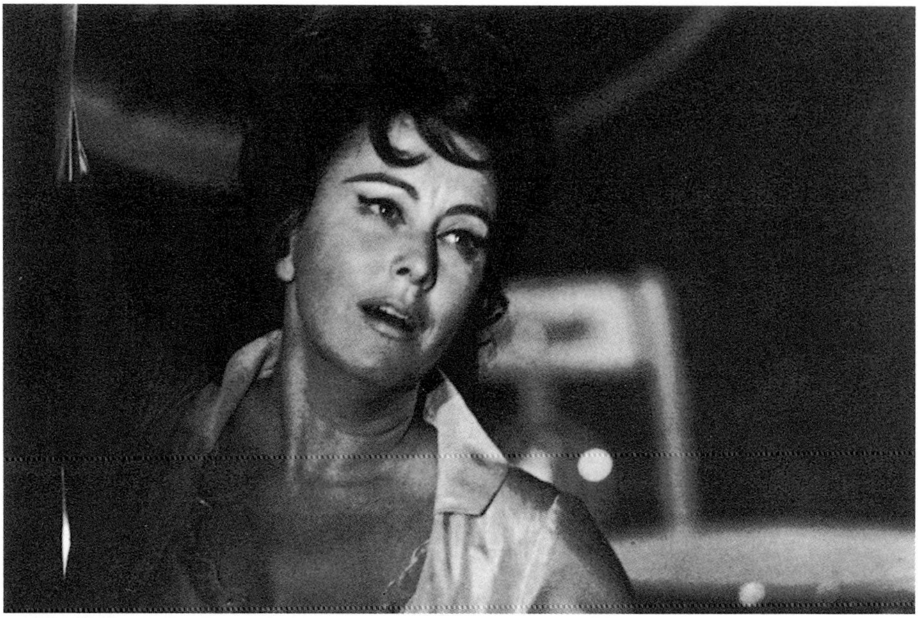

In DANTONS TOD von Gottfried von Einem als Lucille, Wien 1967

In IDOMENEO als Ilia. Letztes Partien-Début, Wien 1971

ein wenig aufgeworfen: ein schmollendes Kind hält ein zerbrochenes Spielzeug in den Händen und weiß nicht, was es nun beginnen soll.
Man könnte meinen, Lisa Della Casa habe sich an diesem Bild orientiert, als sie die Rolle der Salome einstudierte. Es ist nicht die entfernteste Ähnlichkeit, die zwischen ihr und dem Modell des Malers besteht, es ist die Gleichheit der Interpretation dieser biblischen Gestalt, die eine solche Vermutung nahelegt. Es ist eine ganz ungewohnte Ausdeutung. Fast alle großen Darstellerinnen dieser Rolle – Maria Cebotari ausgenommen – machten aus der Prinzessin von Judäa eine Hohepriesterin der Sinnlichkeit, eine klinische Studie des erotischen Exzesses und der höchsten Perversion. Was Strauss in den glühendsten, orgiastischen Tonfarben malte, wurde auf der Bühne repetiert. Kein Zweifel, daß eine solche Interpretation stets die stärksten theatralischen Eindrücke hinterließ. Kein Zweifel aber auch, daß sie nicht ganz den Intentionen des Komponisten entsprach. Wie er selbst das überhitzte Werk fast unterkühlt zu dirigieren pflegte, so hat er – und manche Aussprüche bezeugen dies – eine Salome-Deutung ersehnt, die einmal nicht von pervertierter Sinnlichkeit bestimmt war, sondern von eben jener nichts begreifenden Kindlichkeit, wie sie der Salome des Bartolomeo zu eigen ist. –
Die Salome der Lisa Della Casa bleibt kindhaft-unwissend bis zum jähen Ende. Sie begreift nicht, was die lüsternen Blicke ihres Stiefvaters von ihr verlangen. Wohl weiß sie, daß sie Macht hat über die Männer, aber sie hat sie noch nicht anders gebraucht, als sie sie bei Narraboth erprobt: mit einem Blick, einem vagen Versprechen. Sie ist letzthin ein unberührtes Geschöpf, sie begreift selbst nicht ganz, was ihr beim Anblick des Propheten widerfährt. Nicht seine Gestalt, sein Widerstand ist es, der sie reizt. Wenn sie ihren höchsten Triumph auskostet – «Ich lebe noch, aber du bist tot, und dein Kopf, dein Kopf gehört mir» – ist es ein Triumph eines verzogenen Kindes, das sein trotzig begehrtes Spielzeug bekommen hat. Wenn sie mit dem Kopf des Jochanaan Zwiesprache hält, ist nichts von sinnlicher Gier in ihr. Wenn sie von ihrem Verlangen singt, von ihrem brünstigen Begehren, so weiß sie selbst in diesem Augenblick noch immer nicht, was diese Begriffe bedeuten. Sie ist und bleibt ein törichtes, eigensinniges Geschöpf mit einem Tropfen Lulu-Blut in den Adern. Diese Salome vermag das Geheimnis der wahren Liebe ebensowenig zu begreifen wie das des Todes: Sie ist eine Oscar-Wilde-Figur und kein Symbol Hugo von Hofmannsthals.
Nicht allein die Schönheit dieser Prinzessin von Judäa, die Narraboths Verzweiflungstod begreiflich macht, nicht der Tanz, der sich aus kühler Lässigkeit erst im allerletzten Augenblick zur Raserei steigert, nicht die Eigenart der Stimme, die nahezu alle Tücken der Partie bestechend meistert, bestimmte das Erlebnis dieser Interpretation, sondern vor allem auch die Intelligenz und Konsequenz, mit der sie psychologisch verarbeitet und durchgestaltet wurde.

Sollte ihre Deutung der Salome nicht Schule machen, so wäre dies nur ein Beweis mehr für die Singularität ihrer künstlerischen Persönlichkeit, nicht aber ein Zeichen dafür, daß sie einen falschen Weg gegangen ist. Denn eine Revision des Salome-Bildes, wie sie ihr in Zusammenarbeit mit Rudolf Hartmann gelungen ist, schien lange vonnöten.

Heribert Schneiber, der sich zu dieser Zeit in Salzburg aufhielt, besuchte die zweite Aufführung:

Da ist zum Beispiel eine neue Salome zu sehen, also ein Partiendebüt mitzuerleben, und gleichzeitig der Versuch, die Figur der Salome in neuem Licht erscheinen zu lassen, woran einem Teil der Münchner Kritik, offenbar unter dem Eindruck einer Erstarrung der Strauss-Interpretation, auch bei Diskussionen im Rundfunk viel gelegen zu sein scheint. Diese neue Salome, heraufbeschworen und fixiert selbstredend durch Mentalität und Möglichkeiten der Rollendebütantin Lisa Della Casa, rückt das Kindlich-Naive ins Darstellungszentrum, macht eine rein spielerische Lust, die pure Freude am Widerspruch sozusagen, zum Hauptmotiv der sich immer heftiger steigernden Auseinandersetzung zwischen der Königstochter und dem sich ihr verweigernden Jochanaan. Man wird Zeuge von Trotzköpfchens Wilde-Zeit, und bei aller Problematik, die dem Naiven heute in Produktion und Rezeption anhaftet, sind diese Szenen von der Künstlerin überzeugend bewältigt, bis in die kleinsten Nuancen ausgefeilt. Salomes Anspruch auf tragisches Ende erfüllt sich freilich nicht allein aus den Bezirken kindlicher Unart, im emotionellen Flachland des Ungehorsams, der Dickköpfigkeit und des Starrsinns. Wenn diese äußeren Erscheinungsformen ihres Betragens, für das sie jeder Lehrer und gar der königliche Herr Papa gewiß tadeln müßte, nicht von Anfang an und mählich immer stärker von einer Sinnlichkeit durchglüht sind, der man die Steigerung zur Raserei und zur pervertierten Verzückung glaubt, wenn dies nicht der Fall ist, erscheint diese Figur fragwürdig und die Musik, in die sie Strauss gehüllt hat, erst recht. Es ist indessen kaum anzunehmen, daß der Zahn der Zeit, der einem Teil der Münchner Kritik so zu schaffen macht, etwa den literarisch- musikalischen Nerv der Strauss-Partitur angenagt habe und eine Neuvertonung des Wilde-Strauss-Spiels etwa im Geiste der Humperdinckschen «Königskinder» dringlich erscheinen lassen könnte.
Vielmehr bietet sich der naheliegende Schluss an, die neue Salome sei eben doch nicht die richtige, ein Einzelfall und als solcher nicht ohne Interesse, aber keine Revolution, sondern eine Notlösung mit bescheidenem Tugendertrag. Man versteht schon nicht recht die Erregung des Jochanaan, dessen Reinheit durch die so viel Sauberkeit ausstrahlende Salome keine Sekunde lang bedroht werden kann. Er ereifert sich, so scheint's, mehr der Ordnung halber. Auch der Taumel, der König Herodes angesichts seiner Tochter erfaßt, wirkt wie eine familiäre Übertreibung; wohl bewegt sich Salome

in der meist peinlichen Tanzszene ebenso geschickt wie anmutig, wohl schenkt jeder Schleierwurf einen Blick mehr auf einen wohlgestalteten, sportgestählten Frauenkörper, doch der Sex, der dabei über die Rampe kommt, ist völlig keim- und jugendfrei. Man wundert sich noch mehr darüber, daß Herodes sein ungezogenes Kind auf dessen sonderbares Begehr nach Jochanaans Haupt hin nicht einfach mit einem Klaps auf den Popsch zu Bett schickt...

Ich lachte. Dann erinnerte ich mich plötzlich an seinen Spruch über meine Frau: «Sie ist hübsch genug, um auch anderswo ihr Brot verdienen zu können, warum singt sie?» und sagte:
«Mit seinem Slapstickstil könnte er auch anderswo sein Brot verdienen, warum muß er Kritiken schreiben?»
«Er würde sich freuen, wenn er wüßte, wie sorgfältig du ihn liest!»
Ich las sie alle sorgfältig, aber ich verstand sie nicht:
Ludwig Wismeyer im *Münchner Merkur* sah meine Frau als «wahrlich schöne Salome, als eine königliche Prinzessin». Karl Löbl im *Express* empfand sie als «ein Mädchen aus erstklassigen bürgerlichen Verhältnissen, keine Prinzessin von Judäa, sondern eine mitteleuropäische Aristokratin». (Was bedeutet eine Aristokratin aus bürgerlichen Verhältnissen?)
Sie sahen noch manches verschieden. Für Wismeyer war sie «ein neugieriges Mädchen, das kalt und berechnend noch in der Leidenschaft ist, die sie zu Jochanaan treibt. Insofern entspricht diese Salome Straussens Vorstellung: Salome dürfte als keusche Jungfrau, als orientalische Prinzessin nur mit einfachster, vornehmster Gestik gespielt werden.»
Löbl behauptete, daß meine Frau «auch als Salome eine hinreißende Arabella» sei, und hielt ihren Salome-Versuch für nicht geglückt. Er beschrieb sie als «Arabella im Baby-doll», außerdem bezweifelte er, daß es klug sei, «eine Stimme gegen ihre Natur derart zu beanspruchen».
Wismeyer: «Es fehlt ihr zwar der sinnlich-heiße Grundklang der Stimme, weshalb wiederum der eiskalt herausgestossene Ruf ‹Ich will den Kopf Jochanaan› ein Nonplusultra eines pervers unterhitzten Wollens war.»
Willi Schuh in der *Neuen Zürcher Zeitung:*

Lisa Della Casa erobert sich mit Salome wieder eine neue Strauss-Rolle. Anders als bei Arabella, bei der Gräfin Madeleine und der Marschallin, Partien, in denen sie ihr eigenes Wesen, ihre eigene Weiblichkeit in die stets mit feinster künstlerischer Intelligenz durchformte Darstellung – die gesangliche und die schauspielerische bilden bei ihr stets ein unauflösbares Ganzes – einströmen lassen konnte, muß sie als Salome sich in die Gestalt hineindenken und hineinleben. Es geschieht aus einer sehr klaren und bestimmten Auffassung der Figur heraus. Lisa Della Casa spielt nicht ein lasterhaftes Weib, sondern die eben erst aus der Kindheit herausgetretene, verwöhnte junge Prinzessin, die, in einer schwülen und dekadenten Atmosphäre aufgewachsen, beim heftigen ersten Aufglühen des Liebesverlangens ins Perverse abgedrängt wird. Mit ihren reichen und feinen darstellerischen Mitteln gibt die Künstlerin der kapriziösen Prinzessin pikanten Umriß und kommt damit Straussens Vorstellung sehr viel näher als die sich mänadenhaft (und oft unappetitlich) gebärdenden oder die isolden- und brünnhildenartigen Salomes. Der bis ins Letzte ästhetisch ausgeformte und gezügelte, dabei von starken Spannungen erfüllte Schleiertanz wird zu einem Ereignis, das ihre Rollenauffassung aufs wirkungsvollste präzisiert...

Harold Schonberg in der *New York Times* schrieb aber: «Je weniger man über den Schleiertanz sagt, desto besser!»
Der langjährige ergebene Freund von Strauss, Julius Kopsch, selbst Musiker und Präsident der Richard-Strauss-Gesellschaft sagte nach der ersten Aufführung:
«Ich finde keine Worte... Überwältigend... Einmalig... Der Gesang, die Auffassung, der Tanz! Ich bedaure, nur, daß Strauss es nicht hat erleben können...»
Heinrich Kralik in der *Presse:*

Die perfekte Arabella, das Idealbild der Gräfin aus «Capriccio», das süße «Meistersinger»-Evchen, die holdselige Pamina, die musterhafte Salondame der Oper in dieser Rolle vulkanisch ausbrechender Sinnlichkeit: wird die Stimme bestehen, wird sich das charmante Wesen der Künstlerin im rasenden, peitschenden Gefühlssturm zu behaupten vermögen?
Nun, sie singt entzückend und meisterlich. Keine Note, keine beziehungsvolle Wendung geht verloren. Die Gesangslinien erklingen in absoluter Reinheit. Sie singt so fein, so künstlerisch adrett, daß kein Einwand den künstlerischen Wert ihres Singens beeinträchtigen kann. Sie singt wie gestochen, möchte man sagen. Vulkanausbrüche ereignen sich freilich nicht, und der exzessive Ton der Sinnlichkeit erscheint verwandelt und sublimiert in Anmut und Lieblichkeit.
In der Darstellung bietet diese Salome einen bezaubernden Anblick. Es ist eine Freude, einmal nicht eine Mänade wild und herausfordernd auf die Szene stürmen zu sehen, sondern ein bildschönes und blutjunges Geschöpf, das leichten, elastischen Schrittes und tänzerisch beschwingt sich im Mondschein ergeht. Eine Prinzessin mit Leib und Seele. Auch im Ausdruck ihrer Jungmädchenhaftigkeit wirkt sie bezaubernd, wie sie trotzig den Kopf

zurückwirft, und wie sie ein Schnoferl macht, wenn sie das Spielzeug, das sie verlangt, nicht gleich erhält. Das Spielzeug heißt diesmal Jochanaan, und das Spiel geht um Leben und Tod. Und da hat man sehr den Eindruck, daß die entzückende Künstlerin mit dem Spiel nur spielt.

Salome ist eine eminent tragische Figur, ihre historische Stellung ist zwischen der morschen Antike und dem aufdämmernden Christentum. Um diese Stellung sichtbar zu machen, müßte das junge Geschöpf nicht nur Charme und Schönheit, sondern auch den Stempel des Gezeichnet-seins, den sie trägt, erkennen lassen. Und das eben vermag die liebenswerte Künstlerin nicht. Sie ist keine Tragödin. Sie ist aber vom lieben Gott überreich mit Gnaden ausgestattet worden, die genügen, um ein Künstlerinnenleben bis zum Rande zu füllen. Warum will sie mehr, warum will sie anders?

Der amerikanische Kritiker Michael Marcus:

Lisa Della Casa hat offensichtlich diese Rolle sehr lange Zeit vorbereitet: ihre Interpretation ist bis in die winzigsten Einzelheiten ausgearbeitet.

Hier war in der Tat ein sechzehnjähriges Mädchen, launisch erregbar, unerbittlich, von einer starken Sinnlichkeit, die Narraboths Begierde begreiflicherweise zum Wahnsinn trieb. Della Casa bewies, daß Straussens Komposition dieser Rolle auch einer großen lyrischen Stimme ermöglicht, die richtige Wirkung zu erzielen. Della Casa mag wohl nicht ganz die Stimme einer Isolde haben, aber sie hat gewiß die Stimme für Strauss.

Unzählige Augenblicke ihrer Darstellung prägen sich ein: die Spannung ihres vorsichtigen Schrittes zur Zisterne und der furchtsame Blick hinein, ihr Warten auf Jochanaans Erscheinen; frostige Intensität in ihrem Verlangen nach seinem Kopf; das verführerische Seitwärtsgleiten um ihn herum in dem verzweifelten Versuch, seine Aufmerksamkeit auf sich zu lenken; ihr Tanz, wunderschön vorbereitet und von einer Überzeugung, die nur wenigen Salomes beschieden ist...

In den Kritiken aus Holland, Belgien, Frankreich stieß ich auf immer neue Variationen, die Londoner *Opera* knüpfte an die wohlgemeinte Kritik die angebliche Äußerung meiner Frau, demnächst nun auch Isolde singen zu wollen. Diese absurde Behauptung machte die Runde um die Welt. So schrieb der Kritiker der *Prensa* aus Buenos Aires – nachdem er diese Salome als einen «totalen Triumph» und als «Della Casas stimmlich und darstellerisch vollendetste Leistung ihrer bisherigen Laufbahn» bezeichnet hatte – daß dieses aufregende Debüt der Künstlerin als dramatischer Sopran sie nun mit Recht veranlaßt habe, als ihre nächste Partie die Isolde anzukündigen. Auch Don Henahan von der *Chicago Daily News* verwunderte sich noch ein halbes Jahr danach: «Wie ich höre, studiert Lisa Della Casa Isolde. Ihr gutes Recht, aber damit wird sie ihre schöne lyrische Stimme vor ihrer physischen Schönheit in Gefahr bringen, was für die Opernwelt einen Verlust bedeutet. Kann mir jemand erklären warum sie es immer wieder tun?» Wie erklärt man sich, daß zwei erfahrene, anerkannte Kritiker in München über dieselbe Marschallin folgendermassen schreiben: Mingotti in der *Abendzeitung:*

Man war darum verstimmt, als im ersten «Rosenkavalier» der Festspiele eine Dame namens Lisa Della Casa auf der Bühne sang und agierte, die sich für die Fürstin Werdenberg ausgab, mit der sie keinerlei Ähnlichkeit hat. Sie sieht blendend aus und ist eine ausgezeichnete Sängerin. Das allein aber reicht offenbar nicht aus, um die Marschallin mit nicht anderem als der sympathischen und großzügigen Melancholie ihrer letzten Liebe auszustatten. Wahre Wehmut kennt keine Koketterie und keine Philosophiererei... Es bleibt ein äußerliches, mit vielen falschen Akzenten versehenes, eiskaltkokettes Spiel übrig. Glitzernde Oberfläche ohne Inhalt.

Panofsky in der *Süddeutschen Zeitung:*

Lisa Della Casa, die vor wenigen Jahren noch die Jugendlichkeit der Marie Therese betonte und, im Sinne von Richard Strauss, ahnen ließ, daß Octavian weder ihre erste *noch ihre letzte* Liebe sei, fügt nun den Deutungen der Figur eine neue, ebenso eigenwillige wie überzeugende Variante hinzu. Diese Marschallin möchte den Lauf der Welt aufhalten – und ist sich dennoch im gleichen Augenblick darüber im klaren, daß das Rad schon längst über sie hinwegging an dem Tag, da sie «in den heil'gen Ehestand kommandiert» wurde... Die Resignation des meisterhaft gestalteten Monologs speist sich bei Lisa Della Casa aus anderen Quellen als sonst: Es schwingt, fast möchte man sagen von der ersten Szene an, eine reale, sehr ausgeprägte Einstellung über das eigene, durch die Ehe mit einem ungeliebten Mann heraufbeschworene Schicksal mit. (Nie war der Herr Feldmarschall so «gegenwärtig» wie in dieser Aufführung.) Sie weiß, daß es unsinnig ist, den Schnee vom vergangenen Jahr zu suchen, aber sie tut es immer wieder. Sie ahnt die Stunde des Abschieds nicht instinktiv, sie kennt sie aus Erfahrung – und will sie dennoch nicht wahrhaben. Sie vermeidet es, in den Handspiegel zu schauen, nicht aus Angst, sondern aus Trotz. Für sie gibt es keine Endgültigkeit und keine Kapitulation, weder vor Menschen noch vor dem Schicksal... Ein großer Zauber einer großen Persönlichkeit.

Zwischen diesen beiden Eindrücken liegt eine Welt! Die Kritiker gehen sonderbare Wege, in jeder Hinsicht. So änderte Mingotti seine Meinung über die künstlerischen Qualitäten meiner Frau, nachdem er bei einer Gesellschaft neben ihr gesessen und sich lange mit ihr

unterhalten hatte. Welche von Mingottis Kritiken sind nun glaubwürdig? Welcher fehlt, um mich Kafkas zu bedienen, «jenes besondere Aussehen, das gerechte Dinge haben»?
Haben die Kritiken das Aussehen der gerechten Dinge?
Nach ihrer ersten Salome sang meine Frau wie jedes Jahr auch die Arabella in München. Michael Marcus schrieb:

Die diesjährige Arabella war eine dieser seltenen Gelegenheiten, in der die technische Vollendung der Probenarbeit der Inspiration des Augenblickes zu weichen schien; die Stimmung war so emotionsbeladen, daß es schwierig war zu atmen. Man erlebte die Sänger nicht mehr als Darsteller, sondern als echte Charaktere, die durch ihre Musik ihre Schicksale trugen.
Es scheint mir, als ob die Salome die darstellerischen Möglichkeiten der Della Casa noch vertieft hätte. Sie war schon immer die vollkommene Arabella, diesmal brachte sie aber zu dieser Rolle eine Tiefe an Einfühlung, Zartheit und Erleben, die ihre Arabella herzerwärmender als je zuvor machte. Auch stimmlich produzierte sie wunderschöne, atemraubende Töne, der geradezu magische Rausch des Schlußgesangs war unwiderstehlich. Im Liebesduett des 2. Aktes boten Fischer-Dieskau und Della Casa den schönsten Gesang, den ich je hörte, und der durch die höchste Wonne und die kaum mehr zu beherrschende Emotion dem Zuhörer die Tränen in die Augen trieb.

Dieselbe Aufführung aus einer andern Sicht:
Ludwig Wismeyer gab seiner Kritik derselben Aufführung die Überschrift «Schöne, kühle Arabella»:

Das ausverkaufte Haus, die vielen Ausländer und die ausbrechenden Bravos bestätigten diesen glanzvollen Erfolg mit Lisa Della Casa in der Titelpartie, die diesen Titel ebenso wie ihre unvergleichlich wirkungsvollen Kostüme zu tragen versteht. Letzteres manchmal so vor allem anderen, daß sie über die Bewußtheit, mit der sie ihre Kleider ordnet oder den Reifrock samt Schleppe für eine effektvolle Bewegung vorbereitet, die Gegenwart von Partnern zu übersehen scheint. Aber auch das gehört wohl zu dieser Arabella, die eben sehr schön ist, ihr Herz aber erst ganz zuletzt in irgendeiner Falte der äußeren Hülle klopfen hört. Es klopft leider auch nicht in ganz innigen verhaltenen Stellen ihres Singens, etwa in ihrer Hingabeerklärung an Mandryka «Du wirst mein Gebieter sein».

Wenn man Wismeyer liest, wundert man sich, daß Fischer-Dieskau auf «du wirst mein Gebieter sein» nicht mit «Wie eiskalt ist dein Händchen» geantwortet hatte. Vielleicht war es nur die Kälte der Arabella, die dem Amerikaner Tränen in die Augen trieb?
Auch Walter Panofsky war natürlich in dieser Aufführung:

Dies ist eine jener Aufführungen, die Operngeschichte machen. Sie hat einen so hohen Grad an Vollkommenheit erreicht, daß man an ihr wird Künftiges messen müssen. Von den Trägern der Hauptpartien, die ein Höchstmaß an psychologischer Einfühlung in die Gestalten Hofmannsthals erreicht haben, wird das eigentümliche Strausssche Parlando, das sich hier dominierend zwischen den ariosen Gesang und das gesprochene Wort schiebt, nun vollendet beherrscht.
Selbst der Einwand, daß der Arabella-Text – von dem Einfall mit dem Glas frischen Quellwassers abgesehen – in seiner Konstruiertheit und Unwahrscheinlichkeit beinahe schon an die Unglaubwürdigkeit des Geschehens in Verdis «Macht des Schicksals» heranreicht, wird hinweggerissen. So, wie die unvergleichliche Lisa Della Casa die Arabella verkörpert, wie Dietrich Fischer-Dieskau den Mandryka darstellt, vermittelt der schwache Operntext einen der stärksten Eindrücke.
Sie sind beide zu Prototypen geworden: was Hofmannsthal der Gestalt des bärenplumpen Mandryka zumutet, kann nur ein begnadeter Darsteller vom Range Fischer-Dieskau überzeugend widerspiegeln. Und was Strauss an Melos-Süße und schöner Bitterkeit der Arabella in die Stimme legte, kann nur von einer so singulären Persönlichkeit wie Lisa Della Casa in jeder Phase nachempfunden und wiedergegeben werden.

Selbst wenn man von Flüchtigkeitsfehlern absieht, wie zum Beispiel «Quellwasser» statt Brunnen, oder «Was Hofmannsthal – (statt Strauss) der Gestalt des bärenplumpen Mandryka alles zumutete», hinterläßt Panofskys Kritik durch seine Behauptung vom fragwürdigen Operntext einen fragwürdigen Eindruck.
Hofmannsthal hatte mit der für ihn so charakteristischen Zartheit eine tiefe Liebesgeschichte des frivolen Wiens 1863 erdichtet. Die Beziehungen unter den Personen sind bei weitem glaubwürdiger als etwa im «Rosenkavalier», in «Così fan tutte», im «Figaro», «Don Giovanni» oder «Fidelio», in denen die Verwechslungen den Höchstgrad der Unwahrscheinlichkeit erreichen.
Aber was ist konstruiert an dem Entschluß des heruntergekommenen Grafen, seine bildhübsche Tochter einem steinreichen Freund aus der Provinz zu geben? Ist die Sehnsucht eines Mädchens nach dem Richtigen, «wenn's einen gibt», wirklich so absurd? Die einzige Unglaubwürdigkeit des Stückes liegt in der für uns unsichtbaren Szene, in der Matheo die Schwestern in der Finsternis des Hotelzimmers verwechselt. Wie glaubwürdig wirkt denn die Szene des als Mariandl verkleideten Octavians?
Seltsamerweise war gerade der Einfall mit dem Glas Brunnenwasser – den Panofsky ausklammert – eine Konstruiertheit, eine dichterische

wie jene der Rosenübergabe im «Rosenkavalier»; keiner dieser Einfälle ist als Brauch nachzuweisen.
Die Dialoge in der «Arabella» sind von poetischer Schönheit, es lag Hofmannsthal auch in diesem Stück daran, «dem Wort seine alte Unschuld wiederzugeben», und «Menschen und menschliche Dinge zusammenzuknüpfen», wie er schon 1896 an Leopold von Andrian schrieb. «Ich möchte das Unberührbare der schönen Menschen ausdrücken, daß man nicht in sie hinein kann, daß nichts hinter ihnen ist, aber freilich nichts hinter ihnen zu sein braucht, weil eben alles Form geworden ist. Das fürchterliche Stumme, was auch das Wesen der Musik ist.»
Panofskys Behauptung «so, wie die unvergleichliche Lisa Della Casa die Arabella verkörpert, wie Dietrich Fischer-Dieskau den Mandryka darstellt, vermittelt der schwache Operntext einen der stärksten Eindrücke, sie sind beide zu Prototypen geworden» entbehrt der Logik. Es ist nicht klar, wie man aus einem schwachen Stück mit dem «Höchstmaß an psychologischer Einfühlung» Operngeschichte macht. Ich bezweifle, daß meine Frau und Fischer-Dieskau fähig wären, aus der «Nacht in Venedig» einen Markstein der Operngeschichte zu zaubern.
Falls man überhaupt von Schwächen reden kann, so liegen diese nicht bei Hofmannsthal, sondern bei Strauss.
Vielleicht hält man die Wendung zum Guten für banal; es rasseln keine Säbel, die Titelfigur stirbt nicht an Schwindsucht, auch endet Zdenka weder in der Donau noch in einem Kloster, man erlebt ein Happyend. Nicht der Text ist schwach, wir sind es:
«Kein Mensch kann ohne Wasser leben, aber Tausende leben ohne Liebe», sagt der englische Dichter W.H. Auden.
Die Liebe in der «Arabella» fließt «wie ein lichter Fluß, auf den die Sonne blitzt», und wer in dieser Hofmannsthalschen Lebensluft ersticken kann, an dessen eigener Kehle muß es liegen.
Wir sind oft zu stumpf, um uns zu begeistern, und zuwenig bereit, eine künstlerische Leistung zu bewundern.
«Bewunderung ist eine Mitgift der Güte. Wer sie nicht kennt, ist schlecht», schrieb Thomas Mann.

Da meine Frau längst keine Kritiken mehr las, erzählte ich ihr von dem weltweiten Echo auf ihre Salome.
«Ich verstehe es nicht. Salome war doch nur für mich von Bedeutung, nicht für die andern.»

«Irrtum, dafür ist dein Name zu bekannt.»
«Ich glaube, ich übe den falschen Beruf aus. Ich arbeite nicht für den Namen, ich habe überhaupt keinen Ehrgeiz, die Beste zu sein. Ich möchte nur den Menschen eine künstlerische Freude machen – und dabei auch meinen eigenen Genuß haben, ich *muß* selbst befriedigt sein. Ich halte es für falsch, daß man *mich* als Salome, Arabella, Marschallin sehen will, statt die Salome, die Arabella, die Marschallin – mit mir.»
«Ist das nicht gehupft wie gesprungen?»
«O nein, es *ist* ein Unterschied zwischen ‹Della Casa als Salome› und ‹Salome mit Della Casa›.»
«Aber das läßt sich nicht ändern.»
«Und eben das ist unerfreulich. Dieser Kampf gegen das Startum ist so mühsam, daß er mir die Freude am Beruf nimmt. Ich möchte lieber heute als morgen aufhören.»
«Geh, das ist doch kein Grund, den Beruf aufzugeben. Aber... Gib die Salome auf.»
«Warum denn das?»
«Weil sie an deine Substanz geht.»
«Das ist nicht wahr. Eine Elvira oder Marschallin ermüden mich stimmlich mehr.»
«Ich meine auch nicht in erster Linie die Stimme. Aber nach jeder Salome hast du beim Abschminken am ganzen Körper gezittert.»
«Die Handlung überwältigt mich, die Musik reißt mich mit. Es ist kindisch, aber zum Beispiel packt mich jedesmal das Grausen, wenn ich Jochanaans Kopf vor mir sehe, ich sag mir immer wieder, es ist alles nur Theater, trotzdem sind der Anblick *und* die Musik in solchen Momenten stärker als ich.»
«Genau das meine ich ja. Deine Salome mag überwältigend wirken, im Grunde überwältigt sie dich.»
«Ich habe sie noch zu wenig gesungen, ich stehe noch nicht darüber. Ich brauche noch Zeit, um die Partie in die Hand zu bekommen.»
Im Sommer 1962 sang sie wieder «Salome» in München, diesmal unter der liebevollen, behutsamen Leitung von Keilberth. Aber ihre Hände zitterten immer noch lange nach den Aufführungen.
«Moje, liegt dir wirklich viel an der Salome?»
«Oh, bitte nicht schon wieder. Ja, sehr viel.»
«Aber in einem größeren Haus wie die Met oder Covent Garden oder Wien willst du sie ohnehin nicht singen, das hast du selbst gesagt. Findest du, daß sich die Anstrengung lohnt, um sie nur ab und zu in München zu singen?»

«Es braucht doch nicht nur München zu sein.»
«Aber wo denn sonst? Warum sie nicht ganz aufgeben? Du hast so viele andere, schöne Partien. Kralik hatte recht, als er sagte, du wärest überreich mit Gaben beschenkt worden, die genügten, um ein Künstlerinnenleben auszufüllen, warum wolltest du mehr, warum anderes?»
«Seit wann hörst du, was die Kritiker sagen?»
«Abgesehen davon: Ich glaube, daß die Salome auch für die Stimme nicht gut ist.»
«Überlaß das mir, bitte. *Ich* singe sie ja.»
«Aber es liegt doch eher in deiner Linie, eine Pamina noch lange zu singen.»
Pamina erwies sich als ein rettendes Stichwort; im stillen war sie stolz darauf, daß sie als eine der ganz wenigen, wenn nicht überhaupt die einzige Sängerin war, die sich unmittelbar nach einer dramatischen Ariadne oder Marschallin in eine lyrische Pamina verwandeln konnte. Gut, sie verstand sich geschickt zu schminken, aber ihre Wirkung lag weit mehr in dem jugendlichen, unverwechselbaren Stimmklang als in den Schminktöpfchen.
Sie sang Salome nie mehr, dafür noch viele Jahre Pamina. 1972 ging sie als Pamina zum sogenannten Stargastspiel nach Bremen. Ich mußte plötzlich meinen üblichen Platz auf der Bühne mit dem Hotelbett vertauschen. Als sie nach der Vorstellung voller Sorge das Zimmer betrat, kreuzten sich unsere Fragen «Wie geht's dir, Moje?» und «Wie war es, Moje?»
Ich sagte:
«So-la-la.»
Und sie:
«Ich glaube, ich habe anständig gesungen.»
«Nur anständig, oder besonders anständig? Was sagte denn Frau Ricke (ihre langjährige Verehrerin aus Braunschweig)? Wie war das Publikum?»
«Mit Frau Ricke sprach ich nur von dir. Das Publikum schien zufrieden zu sein.»
«Nur zufrieden?»
«Oh, vielleicht auch begeistert, ich weiß das doch nie. Nach der Vorstellung gab es ein Gedränge am Bühnentürl, aber ich bin durch eine Seitentür entwichen.»
Das hätte ich mir allerdings denken können; es war schon von jeher ihre Spezialität, durch eine Seitentür zu verschwinden, was ihr keine besondere Beliebtheit eintrug.

Aber das berührte sie ebensowenig wie die Urteile der Kritiker. Für sie war die Kunst eine sehr lebendige Materie, und sie empfand Widerwillen gegen alle, die Worte darüber machten. Sie zitierte oft den Maler Sisley: «Es ist viel leichter, über ein Kunstwerk zu reden als es zu schaffen, sei es mit dem Pinsel oder sonstwie.»
Nur ich wurde nie müde, Kritiken zu sammeln, sie den Freunden vorzulesen und mich zu amüsieren. Nach der «Zauberflöte» in Bremen schickte man uns eine Kritik, ich las sie den Wiener Freunden vor:

«Als Monostatos sie endlich in der elften Szene in das Bühnenlicht schleppte, schien es, als hätte Mozart die ‹Zauberflöte› nur dieser Figur zuliebe geschrieben. ‹O welche Marter, welche Pein› sind ihre ersten Worte. Deren einfältigem Sinn hat sie, im Quartraum deklamierend, dramatische Bedeutung zu verleihen. Wie Lisa Della Casa diese acht simplen Töne setzte, wie sie ihnen Ausdruck und Glaubwürdigkeit verlieh, das ließ im hektischen Geschehen über pochenden Achtelbässen für einen Moment die Zeit stillstehen...»

«Na ja», warf meine Frau ein, die soeben aus dem Garten mit Nenad zurückkam, «der hört pochende Achtelbässe, ich nur mein pochendes Herz!»
«Aber du wußtest wahrscheinlich nicht, daß du es im Quartraum deklamierend tust, und zwar im elften Bild?»
«Elftes Bild? Das ist gut, sehr wesentlich für den Leser.»
Ich las weiter:

«Von hier an prägte sie die Inszenierung. Nicht durch überraschendes Stargehabe und erdrückende Spitzentöne, sondern mittels einer auf Zurückhaltung bedachten Wärme der Stimme...»

«Also war ich zu leise», sagte meine Frau.
«Unterbrich mich nicht. Also:

‹... Wärme der Stimme und einem Spiel, das Freud und Leid einer märchenhaften Gestalt als menschliche Regungen deutlich machte. Eine Pamina von überlegener Reife...›»

«Also doch zu alt für die Pamina!»
«Wart doch.

‹Eine Pamina von überlegener Reife: Solches bescherte vollendete Lösung im Detail und psychologische Probleme im Ganzen. Die ulkige Situation des Duetts mit Papageno, die zwei Menschen voller Liebessehnsucht zusammenführt, diese Situation verlor durch Lisa Della Casa ihre Komik...»

«Es wird immer besser», rief meine Frau. «Was ist so komisch an der Liebessehnsucht von zwei jungen Menschen?»
«Du hast eben keinen Sinn für Humor. Aber weiter:

‹Deren Pamina mit dem auf Lebenserfahrung basierenden Timbre hatte mit dem Vogelsteller...›»

«Vogelsteller? Es heißt doch Vogelfänger.»
«Vogelsteller ist halt gewählter. Also:

‹...Vogelsteller wenig mehr gemein als die Zufälligkeit der Begegnung, paart sich...›»

«Wie? Wer paart sich denn um Gottes Willen?»
«Die Stimmen natürlich:

‹...paart sich mit ihm zwar in volkstümlichen Terzen und Sexten überwiegender Tonika-Dominant-Harmonie...›»

«Wenn die Bremer nun wissen, daß das Duett in überwiegender Tonika-Dominant-Harmonie, in volkstümlichen Terzen und Sexten gesungen wird, werden sie bestimmt mehr Freude daran haben!»

«...doch ihre Koloraturen kommen wie aus einer anderen Welt – einer Welt, deren Hauch in der vielgerühmten g-Moll-Arie später den Sinn des Zuhörers betörte. Wärme und Überzeugungskraft dieses wundersamen Stückes in der Lisa-Della-Casa-Fassung sind schwerlich in Worte einzufangen.»

«Mit anderen Worten: Die routinierte Alte hat es mit ihrer Erfahrung geschafft», lachte meine Frau.
«Immerhin hatte er Mühe, deine Fassung in Worte einzufangen!»
«Was leichter ist, als die Töne immer richtig einzufangen.»
«Womit wir wieder bei Sisley angelangt sind.»
«Ich dachte jetzt nicht an ihn, sondern an den Vergleich mit dem Niederschlag, den du mir unlängst vorgelesen hast.»
Ich holte das Buch, in dem Hans Thoma schrieb:

Gegen das Kritisieren habe ich große Abneigung, ich möchte es fast für ein Übel unserer Zeit halten, eine Art *Mehltau,* von dem manch schönes Pflänzlein, das gedeihen will, nicht aufkommt.

«Es gibt noch mehr in dieser Art. Noel Coward sagte zum Beispiel über Kritik: ‹First the fever, then the rash (Zuerst das Fieber, dann

der Ausschlag).› Wenn ich Euch nicht langweile, hole ich schnell Delacroix.»
Delacroix schrieb:

Die Kritik ist wie sonst manches, sie hockt auf dem, was gesagt worden ist, und tritt nicht aus dem Gleis. Das berühmte Schöne, das die einen in den Schlangenlinien sehen, die anderen in der Geraden, da haben alle sich darauf versteift, es ausschließlich in den Linien zu suchen. Ich bin an meinem Fenster und sehe die schönste Landschaft vor mir; der Gedanke an eine Linie kommt mir nicht in den Sinn: Die Lerche singt, der Fluß spiegelt tausend Diamanten, das Laub flüstert; wo sind die Linien, die solche reizenden Empfindungen erzeugen? Die Kritiker wollen Maß, Harmonie nur zwischen zwei Linien sehen: der Rest ist ihnen Chaos und einzig der Zirkel Richter.

Um beim botanischen Gleichnis zu bleiben: Nicht allein der Mehltau ist im Künstlerleben schädlich, auch der Publicitydünger hat seine Gefahren, er treibt so manches Pflänzlein zur Geilheit, wie die Gärtner sagen; mehr Blätter als Blüten. Aber das üppige Laub rauscht, der Zeitungswald auch.
Die Erfindungen der Publicity entsprechen der respektlosen Neugier der Leser. Das sogenannte Image des Künstlers wird mit kühnen Strichen entworfen, und je nach Bedarf werden immer neue farbige Akzente hineingekleckst; je greller die Farben, desto wirkungsvoller das Bild. Eine fragwürdige Kunst, die sich wuchernd ausbreitet.
Im Frühjahr 1972 sang meine Frau die Elsa in der «Lohengrin»-Neuinszenierung in Genf. Am Vorabend der Premiere wurde sie von einer fiebrigen Infektion überfallen, aber sie sang alle sieben dicht aufeinanderfolgenden Aufführungen – die Indisposition war kaum hörbar. Nach der zweiten Vorstellung rief ein Pariser Kritiker bei uns an und wollte meine Frau sprechen. Ich sagte ihm, sie wäre krank.
«Sie hat doch noch gestern abend gesungen!»
«Ja, aber sie war schon gestern abend krank.»
«Wie klingt es denn, wenn sie *nicht* krank ist?»
«Kaum anders: Sie kann eben singen.»
Er bestand darauf, wenigstens mich zu sehen; wir wohnten wie immer außerhalb der Stadt. Ich ging ihm mit Nenad entgegen. Der Hund verriet mir deutlich, was er vom Besuch hielt. Wenn er jemanden mochte, konnte er furchterregend freundlich sein, selbst Unbekannten fiel er dann jauchzend um den Hals. Solche, die ihm von vornherein nicht gefielen, empfing er schweigend, näherte sich ihnen von hinten

und zwickte sie schnell ins Gesäß. So etwas war natürlich peinlich, aber wir wußten, woran wir waren, seine Menschenkenntnis war untrüglich.
Bevor sich Nenad zahngreiflich äußern konnte, führte ich den Mann auf die sonnige Terrasse. Während er plauderte, fragte ich mich nach dem wahren Grund seines Besuches; Verehrung allein erklärte eine lange Taxifahrt nicht. Plötzlich nahm seine Stimme einen sachlicheren Ton an.
«Eigentlich wollte ich eine Reportage über Ihre Frau schreiben.»
«Dafür stehe ich Ihnen zur Verfügung.»
«Hm, das wäre natürlich auch möglich», antwortete er zögernd. «Ich weiß nicht, wie ich Ihnen erklären soll... diese Reportage kostet natürlich Geld!»
«Sie meinen, wir sollen dafür bezahlen?»
«Leider ja. Wenn ich der Zeitungsbesitzer wäre, würde ich selbstverständlich so etwas nicht tun. Aber ich bin gezwungen, das zu machen, was man von mir verlangt. Immerhin darf ich Ihnen sagen, daß diese Reportagen für die Engagements in Frankreich sehr wichtig sind. Sie würden sehen, daß Ihre Frau mit Angeboten überschüttet würde.»
«Aber meine Frau versucht ihre Tätigkeit einzuschränken, nicht auszubauen. Abgesehen davon kommt eine bezahlte Reportage nicht in Frage, das wäre ganz gegen ihr Prinzip.»
«Das ist ja phantastisch! Wie ist sie denn zu diesem Namen gekommen?»
«Das ist ihr Mädchenname.»
«Nein, ich meine zu einem solchen Weltruf.»
«Einfach durch ihre zwei Stimmbänder.»
«Unglaublich!»
Er breitete trotzdem ein Dutzend Nummern seiner Zeitung vor mir aus.
«Sehen Sie? Alles große Namen. Bei vielen bleibt's nicht nur bei diesen Reportagen, ich könnte Ihnen Sachen erzählen...»
«Lieber nicht.»
«Seit ich das nun weiß, ist meine Bewunderung für Ihre Frau noch größer. Selbstverständlich hat Ihre Ablehnung mit meiner Kritik nichts zu tun. Wohin kann ich sie Ihnen schicken?»
Ich habe seine Kritik nie bekommen.
«Wie du siehst», sagte ich später zu meiner Frau, «das ist auch in Europa gang und gäbe, wir sind wirklich Waisenkinder, naiv!»

Allerdings ist nicht alles, was über Künstler geschrieben wird, bestellt und bezahlt. Bekannte Namen werden wie Freiwild gejagt, wir haben viel Unsinn gelesen. Wie oft wurden meiner Frau die Worte im Mund verdreht, und es fehlte auch nicht an erfundenen Interviews.
Ich sah in Amerika einen Bericht über die europäischen Festspiele; der mir unbekannte Berichterstatter schrieb darin auch über die Münchner «Arabella», der seine große Liebe galt. Er fragte angeblich meine Frau, warum sie so gern Arabella singe, worauf sie geantwortet haben sollte: «Ich singe nicht Arabella, ich *bin's!*»
In einer anderen amerikanischen Zeitung stand in den sechziger Jahren, daß sie drei Filmverträge unterschrieben habe. Im Lortzing-Film mit Quadflieg in der Titelrolle werde sie seine Frau spielen, in London würde sie «Arabella», und einen dritten Film, der ursprünglich für die Callas bestimmt war, werde sie in Hollywood drehen.
Ein halbes Jahr später brachte der Wiener *Kurier* ein Bild meiner Frau mit der Überschrift «Della Casa bekam Hollywood-Angebot. Arabella soll auch filmen». Darunter war zu lesen:

Lisa Della Casa, die in der Weihnachtspremiere der Metropolitan Opera in New York als Mimi einen großen Erfolg errang, in einer Partie, die sie nie zuvor gesungen hat, soll nun auch unter die Filmstars gehen. Die geschätzte Sopranistin, die zu den schönsten Frauen der Opernbühne zählt, verhandelt derzeit mit Hollywood wegen Übernahme der Hauptpartie in einem Film um eine Operndiva. Ursprünglich hätte Maria Callas diese Rolle spielen sollen. Nach den Probeaufnahmen hatte man sich jedoch anders entschieden. Der Titel des Filmes steht noch aus. In diesem Zusammenhang muß erwähnt werden, daß Frau Della Casa ihre Karriere beim Film begann, und zwar in dem Lindtberg-Streifen «Die letzte Chance».

Nichts davon stimmte, und wir konnten uns nicht denken, wer diese Falschmeldungen verbreitet hatte.
In einer vielseitigen Bilderreportage im «Jasmin» soll meine Frau gesagt haben, ich sei nicht nur der gutmütigste Mann, sondern auch der feurigste Liebhaber.
«Das ist ja unerhört, das geht wahrhaftig zu weit», entrüstete sich meine Frau.
Was blieb uns anders übrig, als darüber zu lachen?
Meist regnete es Briefe nach den Reportagen, wie zum Beispiel nach einer in «Film und Frau». Die Journalistin schilderte einführend meine Frau als «Schloßherrin, die in goldenen Schuhen angerauscht kam», worauf ein anonymer Brief folgte:

In Julius Caesar von Händel als Cleopatra, TV München 1966

In AGRIPPINA von Händel als Agrippina, Zürich 1970

In COSI FAN TUTTE als Fiordiligi, Genf 1968

Mit Nenad in Erwartung der Gäste, 1965

Schämen Sie sich nicht in goldenen Schuhen herumzulaufen, während Millionen in Elend und Hunger leben? Nehmen Sie sich ein Beispiel an Josephine Baker, das ist eine wahrhaft große Frau und Künstlerin. Ich würde mich nicht wundern, wenn Sie sich bald auch Ihren Hintern vergolden lassen!

Eine andere schrieb, ihre Hühnerfarm sei an einer Pest eingegangen: «Die Existenz meiner Familie hängt nun von den lumpigen zehntausend Dollar ab. Bitte schicken Sie mir diesen Betrag, der liebe Gott wird sie Ihnen vergelten.»

Nach der Eröffnung des neuen Festspielhauses in Salzburg 1960 erschien in der Münchner *Abendzeitung* ein Bild meiner Frau als Marschallin, darunter stand: Elisabeth Schwarzkopf. Gleich darauf wurde folgender Leserbrief veröffentlicht:

Lisa statt Elisabeth:
Liebe «Abendzeitung», das ist unerhört,
Ich fühl' im Vertraun mich gestört
Zu deinen Kritiken, auf die ich zuvor
Blindlings auf recht und verläßlich schwor!
Du bringst ein Bild vom Salzburger «Rosenkavalier»
Mit Elisabeth Schwarzkopf; na, wie ist das mit Dir?
Lisa Della Casa ist doch so profiliert,
Unbegreiflich, daß Dir die Verwechslung passiert!
Fast unverzeihlich ist das, mach's ja wieder gut,
Sonst kriegst Du von vielen Deiner Leser auf den Hut!
Die Musikenthusiasten traun Dir dann nie,
So wenig wie ich! – Käte Schimanski.

Dieser Name war uns unbekannt, ich hielt ihn für ein Pseudonym irgendeiner Verehrerin meiner Frau. Die *Abendzeitung* hegte offenbar dieselben Gedanken, forschte nach und reagierte:

Das Gedicht der Donna Lisa!
Durch ein technisches Versehen enthielt die Unterschrift unter dem Bild von Lisa Della Casa als Marschallin im Salzburger «Rosenkavalier» den Namen von Elisabeth Schwarzkopf. Wir erhielten darauf in Gedichtform eine Rüge von einer Dame, die sich Käte Schimanski nannte, und druckten sie ab. Der Brief einer Leserin macht uns nun darauf aufmerksam (Frau Maria Fleischmann, München 19, Trivastraße 18), daß Frau Della Casa und Frau Käte Schimanski ein und dieselbe Person seien. Wir *überzeugten* uns, daß dieser Hinweis *stimmt!*

Lisa statt Elisabeth,
Das war wirklich nicht nett,
nett jedoch war jener Brief,
Der uns sanft zur Ordnung rief.
Doch wer hätte das gedacht?
Lisa hat ihn selbst gemacht,
Lisa, vielen Dank dafür –
Autogramme sammeln wir! Deine Abendzeitung.

Verstimmt durch den höhnischen Ton der Redaktion versuchte ich vergeblich, meine Frau zu einer Erwiderung zu bewegen. Inzwischen brachte die *Abendzeitung* ein Familienbild von uns mit der Überschrift «Kettenreaktion um Lisa Della Casa – eine Klarstellung»:

Elisabeth Schwarzkopf stand unter einem Bild in der «Abendzeitung», das jedoch in Wirklichkeit Lisa Della Casa als Marschallin im Salzburger «Rosenkavalier» darstellte. Dieses Versehen löste eine Reihe von Mißverständnissen aus, in deren Verlauf wir, irregeführt durch die telephonische Auskunft einer Leserbriefschreiberin, die wegen der falschen Unterschrift reklamiert hatte, annehmen mußten, daß eben diese Leserbriefschreiberin mit Lisa Della Casa identisch sei. Wir bedauern, dieser Fehlinformation zum Opfer gefallen zu sein, und stellen gerne fest; Die Leserbriefschreiberin Käte Schimanski, München 23, Aachener Straße 9, ist nicht personengleich mit der Künstlerin Lisa Della Casa, die sich wegen der irreführenden Bildunterschrift nie an die «Abendzeitung» gewandt hatte. AZ

Die Klarstellung in der *Abendzeitung* war aber noch nicht das Ende. Nachträglich ergötzte sich *Der Spiegel* über die «Kammersängerin Lisa Della Casa» als Sonntagsdichterin; der ausführliche Text wurde mit einem Bild von ihr versehen.
Das nennt sich unbezahlte Publicity, die meine Frau für ebenso sinnlos hielt wie die bezahlte.
Zu Anfang dieses Kapitels hatte ich gehofft, den Sinn der Kritik ergründen zu können. Diese Freude blieb mir versagt, und ich fragte mich, ob ich das Ganze streichen sollte. Melina war dagegen: «Nein, schreiben Sie es doch fertig. Es würde sich schon lohnen, wenn daraufhin nur ein paar Leute die Kritiken kritischer läsen oder allgemein darüber nachdächten, was für Anwürfen die Künstler ausgesetzt sind. Aber *diese* Zitier- und Tipparbeit! Damit verdienen Sie sich eigentlich ein Doktorhütchen.»

«Die Zeit fließt unaufhaltsam»

Michel de Montaigne:
«Ich sah das Gras, die Blume und die Frucht wachsen; jetzt erlebe ich auch die Trockenheit – glücklicherweise, denn das ist natürlich.»

Eine meiner Tanten, die von guter Bildung viel hielt, beendete fast jedes Gespräch mit einem Zitat: «Wie Goethe dazu treffend sagte...» Unser Familienkreis belächelte die Aphorismentante, oft hörte ich meinen Vater sagen: «Nun, liebe Schwester, was sagt dein Goethe diesmal?»

Während sie den Umlaut *oe* mit sorgfältig gewölbten Lippen aussprach, worüber wir Kinder verstohlen kicherten, pflegte der Rest der Familie einfach *Gete* zu sagen – Serbisch kennt keine Umlaute; Müller ist Miler, Schönberg Senberg, und Goethe eben Gete.

Wenn wir die Tante, die wir Teta nannten, vom Fenster aus kommen sahen, tänzelten wir durch die Räume. «Teta-Geta kommt!»

Einmal unterhielt man sich nach einem Todesfall in der Verwandtschaft über den Tod und die Angst davor.

«Haha, dummes Zeug, wer hat schon Angst vor dem Tod? Ich jedenfalls nicht», warf ich aus meiner Spielecke ein.

Teta zog die Augenbrauen in die Höhe. «Das ist ja so im Leben. Die Jugend redet oft über den Tod, ohne wirklich an ihn zu denken, die Erwachsenen sprechen ungern von ihm, denken aber um so mehr an ihn.»

Ich flüsterte meiner Schwester hinter der Hand zu: «Die Großen reden immer Quatsch.»

Später erinnerte ich mich oft an Tetas Spruch. Er ließ sich variieren und auf verschiedene Gebiete übertragen, auf die Sänger zum Beispiel. Die jungen Sänger reden oft und unbekümmert vom Ende der Karriere, während die älteren ungern davon sprechen, aber daran denken. Vor allem nach den zwei tückischen Worten «immer noch». Ihre Wirkung erfaßte ich zum erstenmal in New York, 1964, als ich nach einer Aufführung von «André Chénier» die große Zinka Milanov, die die Madeleine sang, traf.

«Sie waren großartig, Zinka, ich gratuliere.»

«Danke, danke, man tut was man kann», lachte sie zufrieden.

«Ich bitte Sie, Sie sind immer noch phantastisch!»

Ihr Lachen erfror. «Was heißt *immer noch?*»

«Einfach: Immer noch phantastisch», wiederholte ich begeistert.

«Ja, aber was bedeutet immer noch?»
«Aber Zinka... Ich habe Sie als Madeleine zum erstenmal 1938 oder 39 gehört, nach fünfundzwanzig Jahren sind Sie eben immer noch großartig!»
«Das ist ja überhaupt kein Vergleich, heute bin ich besser als damals», schnitt sie mir eiskalt das Wort ab.
Ich dachte, dumme Gans, wie kann man nur so empfindlich sein, schwor mir aber, diese zwei Worte nie mehr zu gebrauchen.
1968 eröffnete Hartmann die Festspiele in München wieder mit einer Neuinszenierung der «Arabella». Die Besetzung blieb unverändert, aber die Bühnenbilder waren neu, und der Wiener Modezar Fred Adelmüller entwarf prachtvolle Kostüme. Nach der Premiere gab die Bayerische Regierung einen Empfang; Hartmann überredete meine Frau, hinzugehen. Egloff Schwaiger, bei dem wir wie immer wohnten, und ich eskortierten sie; beim Betreten des festlichen Raumes ertönte Applaus, wir wurden umzingelt, und schon die ersten Begrüßungen ließen mich aufhorchen:
«Ah, hier ist sie. Wie schaffen Sie es bloß, jedes Jahr noch jünger und schöner auszusehen?» Oder: «Unglaublich, wie jung und schön Sie *immer noch* auf der Bühne ausschauen!» Oder: «*Immer noch* unsere ‹Allerschönste›!» Oder: «Es ist kaum zu glauben, aber meine Tochter, die bei Ihrer ersten Arabella auf die Welt kam, ist selber schon achtzehn!»
Jedes weitere *immer noch* gab mir einen Stich, ich mußte an die Milanov denken. Sie hatte gar nicht *so* unrecht gehabt...
Ich versuchte nicht weiter hinzuhören, statt dessen gab ich mich mit Egloff ab und stellte ihn laufend vor.
Ein Herr schüttelte mir die Hand. «Ich möchte auch Ihnen herzlich gratulieren.»
«Vielen Dank, aber ich bin unschuldig...»
«Hören Sie! Tun Sie nicht so bescheiden. Unser Dank gilt natürlich nicht nur Frau Della Casa, sondern auch Ihnen...»
Ich fand es peinlich. «Sehr liebenswürdig, aber mir gebührt nicht im geringsten...»
«Ach was. Einen solchen ‹Mandryka› erlebt man nicht alle Tage!»
«Verzeihung, ich bin nur der Mann von Frau Della Casa. Fischer-Dieskau steht dort drüben», und ich zeigte auf einen großgewachsenen fremden Herrn. Fischer-Dieskau war nirgends zu sehen.
«Kommt Kinder, laßt uns verschwinden», sagte ich zu meiner Frau und Egloff.
Als wir zu Hause waren, hörte ich ihn fragen: «Lisa, weißt du, was

mit Dragan los ist? Er war so sonderbar, führte Selbstgespräche, stellte mich pausenlos den Menschen vor, die ich schon längst kenne, und das als ‹Dr. Egloff›!»
Wir lachten.
«Ihr würdet es mir nicht glauben», sagte ich, «aber die Sinnesverwirrung kam durch die zwei simplen Worte: Immer noch!»
«Aber das war ja nur gut gemeint, Dragan.»
«Das weiß ich, aber gerade in der Spontaneität liegt das wahre Gewicht dieser zwei Worte.»
«Das ist halt der Lauf der Welt», sagte meine Frau. «Bis vor kurzem fand man mich zu jung, jetzt heißt es ‹immer noch›, ‹wo ich doch immer die gleiche bin›. Aber, wie die Marschallin sagt, ‹man ist dazu da, daß mans erträgt. Und in dem *Wie* da liegt der ganze Unterschied.›»
«Du nimmst es so gelassen!»
«Nein, ich mach' mir nur nichts vor. Ich spür' schon lange, daß ‹die Zeit unaufhaltsam fließt›.»
Egloff schaute tief in sein Weinglas. «Weißt du, Lisa, der Komödienschreiber Menander hat schon vor mehr als zweitausend Jahren gesagt: ‹Wie herrlich ist ein Mensch, wenn er als Mensch handelt.›»
«Das hast du schon mal gesagt und es ist lieb von dir, falls es ein Kompliment sein sollte, aber ich halte nicht viel vom Wissen der weisen Leute.»
«Sokrates!»
«Der hat noch gefehlt! Mir genügt schon der andere Knabe Salamander oder wie er heißt.»
So und ähnlich beendete sie die Gespräche, die sie nicht mehr interessierten. Vielfache Variationen des Grundthemas «Leben», das für sie nicht mit dem Tod aufhörte, die Parapsychologie, die orientalische Metaphysik beschäftigten sie unentwegt, doch konnte sie mitten im Gespräch, das sie selbst entfachte, unerwartet ermüden; sie stand auf, zog sich zurück oder drehte einfach den Fernsehapparat an, um sich, am liebsten durch einen Krimi, zu entspannen.
Im Äußern ihrer Gefühle war sie schon immer durch die Erziehung und ihr Naturell zurückhaltend; sie schließt still einen Menschen ins Herz, ohne ihm auf die Schulter zu klopfen. Aber gerade wegen dieser Haltung fand man sie oft steif und humorlos. Um ihre Steifheit zu illustrieren, sagte ein Wiener Journalist, nach den strengen Sitten des englischen Hofes komme gleich die Della Casa.
Sie lacht gern über sich selbst, läßt sich aber ungern auslachen. Als sie 1960 um 24 Pfund leichter von Amerika nach Wien kam, hörte sie

auf Umwegen die Bemerkung ihres Kollegen Oscar Czerwenka: «Die Casa ist Oesterreicherin geworden – eine Altausseherin (nach dem Ort Alt Aussee).» So etwas amüsierte sie. Dagegen reagierte sie anders, als Melina, Vesna und ich uns vor Lachen bogen, weil sie einen nahen Verwandten von Melina, den wir alle als hervorragenden Geist betrachteten, begrüßt hatte: «Ich freue mich, daß Sie haben kommen *dürfen!*»

Sie fragte gereizt: «Was habt ihr eigentlich heute gehabt? Was war so komisch?»

Es war ihr entgangen, daß sie zwei Wendungen vermischt hatte.

«Na und? Habt ihr euch nie versprochen? Ihr seid wirklich leicht zu unterhalten.»

Bosheit der andern betrübte sie, Unehrlichkeit verletzte sie; dagegen verzieh sie Aufrichtigkeit leicht. Als unlängst ein Bekannter aus einflußreichen Fachkreisen sagte: «Lisa, meiner Ansicht nach waren Sie die beste Donna Elvira», worauf ich heftig reagierte: «War? Sie singt sie noch», und er sich sofort etwas verlegen korrigierte: «Natürlich, sie *ist* die beste Elvira», tadelte sie mich später:

«Das war nicht nötig. Er versprach sich ja bei voller Ehrlichkeit. Man soll, wenn überhaupt, nur Lügen übelnehmen, nie eine Wahrheit.»

Vor einer Vorstellung betrachtete sie sich im Spiegel in Anwesenheit einer Freundin. «Ich hab' schon wieder ein paar neue Fältchen. Das Schminken wird immer schwieriger, ich werde halt häßlich und älter.»

«Du kannst unmöglich häßlich werden. Aus uns werden fröhliche, schöne Greise», widersprach ich.

«Aber Lisa», sagte die Freundin, «erstens stimmt das nicht, was Sie sagen, zweitens sagt man so etwas nie vor einem Mann, vor dem eigenen schon gar nicht!»

«Es gibt nichts, was ich vor ihm nicht sagen würde», antwortete meine Frau ernst.

«Ich weiß nicht, ob das klug ist. Wenn ich entdecke, daß ich wirklich älter werde, würde ich lieber eine kosmetische Operation machen lassen, statt es meinem Mann unter die Nase zu reiben.»

Auf dieses Stichwort zog nun meine Frau mit doppeltem Eifer los: «Ich nicht. Außerdem haßt Dragan diese leblosen Gesichter, die wie Mumien aussehen.» Ich hatte ihr von der amerikanischen Schauspielerin Helen Hayes erzählt, die behauptete, über jede ihrer Lach- und Weinfalten glücklich und stolz zu sein.

Während eines offiziellen Empfangs stand sie mit einigen Kolleginnen zusammen. Ein älterer, mir unbekannter Herr beobachtete diesen

Kreis und sagte leise, mehr zu sich selbst, als zu mir: «Die Della Casa... Und die andern – quelle différence!»

Sie war nicht wie jene thailändische Prinzessin, die vor den Augen der Höflinge ertrank, weil es tabu war, sie zu berühren, aber sie wirkte so. Das beruhte zum Teil auf ihrer Scheu vor der Öffentlichkeit und ihrer Bescheidenheit. Der Ruhm war ihr ein unangenehmer Ballast, und ihr größter Wunsch war, unerkannt zu bleiben. Wurde sie doch angesprochen: «Verzeihung, Sie sind doch...», schnitt sie die Frage gleich ab: «Ich werde oft verwechselt!» Oder auch: «Ich wünschte, ich wäre es.»

Wir gingen selten aus und mieden vor allem die Orte, wo sich «tout le monde» trifft. Fünfundzwanzig Jahre haben wir in Wien gelebt: Viermal waren wir im berühmten «Sacher», die meisten andern Lokale kennen wir nur von außen. Am glücklichsten fühlten wir uns zu Hause und in «Hundekleidern».

Mancher Reporter verließ uns mit leeren Blättern; was er sah, entsprach nicht seinen Vorstellungen von einem Weltstar, was er zu hören bekam, ließ sein Herz nicht höher schlagen, was für uns von Bedeutung war, schien ihm unwichtig zu sein, vieles wohl auch unglaubwürdig. So zum Beispiel ihre Gleichgültigkeit, oder mein Untalent in der Managerrolle, wodurch manches schief ging.

Wir hatten bald erkannt, daß in diesem Beruf außer der künstlerischen Leistung auch Geschicklichkeit im Hürdenlauf zählt – und Hürdenlauf war nie unsere Stärke. Aber man mußte sie nehmen, wie sie kamen, mal mit Leichtigkeit, mal stolpernd, mal ging man gar zu Boden.

Die Plattengesellschaft «Decca» plante eine Gesamtaufnahme der «Arabella» mit meiner Frau und George London unter Karl Böhm. Als wir von Amerika kommend auf der Durchreise den Produktionsdirektor Moritz Rosengarten in Zürich aufsuchten, sagte er, die Aufnahmetermine der «Arabella» seien nun mit Rücksicht auf Solti geändert.

«Wieso Solti?» fragte meine Frau überrascht. «Ich dachte, Böhm dirigiert.»

«Böhm macht mir ständig Schwierigkeiten, ich will ihn jetzt bestrafen.»

«Böhm bestrafen? Damit bestrafen Sie höchstens sich selbst», sagte sie.

Zu Beginn der Aufnahmen in Wien saß die damalige Frau Solti neben mir. «Ihre Frau ist ein *so* zauberhaftes Wesen. Sie ist nicht nur schön und begabt, sie ist auch so lieb, wirklich so lieb.»

Ich nickte verlegen.

Ich anerbot mich, sie und ihren Mann ins Hotel zu fahren, damit sie nicht auf ein Taxi warten müßten. Im Wagen sagte Solti: «Ich freue mich so sehr auf diese Aufnahme, ich liebe das Stück.»
«Das ist ja wunderbar! Die meisten Ihrer Kollegen unterschätzen sonst die ‹Arabella›.»
«Nicht ich, ich liebe sie!»
Drei Tage später ging ich wie immer während der Aufnahme in den Abhörraum. Als ich das Zimmer betrat, versuchte der Aufnahmeleiter vergeblich, die sichtlich erregte Frau Solti zu besänftigen.
«Lassen Sie mich, das ist mir jetzt egal, er soll es nur wissen», rief sie und wandte sich zu mir:
«Ich wußte nicht, daß Ihre Frau so unmöglich, so böse ist! Jawohl, böse...»
«Was ist denn passiert?»
«Ich wußte, daß Ihre Frau gegen meinen Mann ist, aber das *darf* sie nicht vor dem Orchester zeigen. Es ist einfach unmöglich von ihr, den Kopf zu schütteln und immer wieder zu sagen: Dies ist schlecht, jenes ist schlecht.»
«Lisa hat nicht das geringste gegen Ihren Mann...» Aber sie war nicht zu beruhigen.
Inzwischen war meine Frau in den Abhörraum gekommen.
«Aber Frau Solti, das hat doch nichts mit Ihrem Mann zu tun, ich bin nur mit *meiner* Arbeit unzufrieden. Wie käme ich dazu, ihn zu kritisieren?»
«Frau Della Casa, Herr Rosengarten hat meinem Mann gesagt, daß Sie sich weigern, unter ihm aufzunehmen. Rosengarten sagte, Sie bestehen darauf, daß Böhm dirigiert. Ich verstehe das ja. Sie arbeiten ja auch die ganze Zeit mit ihm...»
«Ich wollte, ich hätte die Macht, Dirigenten zu bestimmen. Aber in diesem Fall war ich nur überrascht. Alles andere ist erfunden.»
Es dauerte Jahre, bis meine Frau und Solti wieder zu einer Zusammenarbeit kamen.
Rosengarten war eine schwer zu nehmende Hürde. Ich glaube, daß er nur selten ein Opern- oder Konzerthaus betreten hat. Es lag ihm eher daran, große Namen vertraglich zu binden und die Konkurrenz zu blockieren, als an künstlerischer Arbeit. Er trieb nicht nur meine Frau, sondern auch Böhm, Kleiber, Knappertsbusch, del Monaco, die Reining und viele andere zur Verzweiflung.
Als Böhm meine Frau als Marschallin für eine «Rosenkavalier»-Aufnahme bei der Deutschen Grammophon-Gesellschaft wünschte, er-

suchte ich Rosengarten um ihre Freigabe: «Sie haben schon einen ‹Rosenkavalier› ohne meine Frau aufgenommen, obwohl sie alle drei Rollen singt. Geben Sie sie bitte jetzt für die Deutsche Grammophon frei.»

«Nur über meine Leiche! Wir werden bald einen neuen ‹Rosenkavalier› mit Ihrer Frau machen unter Fritz Reiner.»

Es ist nie zu dieser Aufnahme gekommen.

Aber er sagte mir stolz, daß er nun auch George London unter Vertrag habe, so daß man jetzt endlich die «Ariadne» aufnehmen könne! Die etwas bestürzte Frage: «Was hat denn ein London mit einer ‹Ariadne› zu tun?» brachte ihn nicht aus der Ruhe.

Durch die «Ariadne» kam es bald danach zum offenen Bruch. Nach der «Bohème» mit meiner Frau und Jussi Björling in San Francisco schlug ich Georg Marek, dem Direktor der amerikanischen Plattengesellschaft RCA Victor, «Ariadne» mit ihr und Björling vor. Durch die enge Zusammenarbeit zwischen Decca und RCA Victor war es ihr möglich, für Victor aufzunehmen. Marek war von meiner Idee begeistert und versuchte mit mir, den zögernden Björling zu überreden. Björling hatte Bedenken, Strauss zum erstenmal zu singen, und lehnte es schließlich ab.

«Schade», sagte Marek, «aber ich will unbedingt die Ariadne mit Lisa herausbringen, mit oder ohne Björling. Das machen wir im Sommer in Wien mit den Philharmonikern und Leinsdorf, die Decca wird die Produktion übernehmen.»

Wir mußten ohnedies im Mai und Juni 1959 in Wien sein. An einem Maisonntag rief Rosengarten an, nannte die genauen Termine und bot ein überraschend niedriges Honorar, was ich gleich ablehnte. Rosengarten bezeichnete meine Weigerung als «black-mail» und behauptete, er könne nicht allein darüber entscheiden, er müsse New York anrufen.

Ich wunderte mich, daß er an einem Sonntag mit New York geschäftlich sprechen wollte. Seine Verbindung schien unwahrscheinlich schnell zustande gekommen zu sein, denn schon meldete er sich wieder:

«Ich kann also unmöglich ein anderes Angebot machen. Singt nun Ihre Frau?»

«Unter diesen Bedingungen sicher nicht.»

«Das ist eine Erpressung...»

«Sie wiederholen sich...»

«Was erwarten Sie eigentlich für ein Honorar?»

Ich nannte den Betrag.
«Sie sind verrückt!» schrie er ins Telefon.
«Dito!» brüllte ich zurück.
«Auch gut. Dann werde ich die Ariadne anderweitig besetzen!»
Um ihn zu strafen, verlangte ich unverzügliche Auflösung des Vertrags. Das war ein Bumerangwurf. Ich ahnte nicht, daß es gefährlich ist, die Olympgötter zu reizen; ich übersah, daß ich höchstens ein Zyklop war und die ungleiche Kräfteverteilung einäugig verkannte. Decca, die wie alle andern Plattengesellschaften für ihre Künstler gewaltige Publicity treiben, schwieg meine Frau daraufhin tot; allmählich zog sie die Einzelaufnahmen aus dem Handel zurück. Erst nach Jahren, vermutlich durch die Nachfrage, tauchten einige davon wieder auf, aber ohne Werbung.
Da sie keine eigene Publicity hatte, wurde es zum erstenmal «stiller» um die Della Casa. Wir hatten die Macht der Schallplatte unterschätzt. Ich zog daraus noch keine Lehre und ging in den nächsten ungleichen Kampf gegen Columbia Artists Management in New York. Ich fand, daß die Columbia zu sehr auf kommerzielle Ausbeutung bedacht sei und das Künstlerische vernachlässige, ich schlug mir auf die Brust und auf den Tisch und – blieb am kürzeren Ende. Das Verschwinden des Namens von der Starliste der Columbia hatte schwerwiegende Folgen. Trotz allen Bemühungen der zwei kleineren Konzertagenturen erwies sich der Entschluß, die Columbia zu verlassen, als Fehlspekulation. Man sollte nie gegen den Strom schwimmen.
Ein trüber Strom ist dieser Beruf ohnedies.

1954 bereitete man die Wiedereröffnung der Wiener Staatsoper mit sechs Neuinszenierungen vor. Die Tageszeitungen brachten immer wieder die Besetzungen der Werke. Aber obwohl meine Frau damals, ausgenommen «Aida», in jedem der übrigen fünf Stücke hätte eingesetzt werden können – in «Giovanni» doppelt, im «Rosenkavalier» gar dreifach – erschien ihr Name nirgends. Meine Frau wollte unter keinen Umständen, daß ich mit der Direktion darüber spräche, obwohl die Einweihung des wiederaufgebauten Hauses versprach, das musikalische Ereignis des Jahres 1955 zu werden.
Böhm, der inzwischen die Direktion übernommen hatte, ließ den Sommer vergehen – meine Frau sang die erste Salzburger Nachkriegs-Ariadne unter ihm – ohne die Eröffnung mit einem Wort zu erwähnen. Anschließend ging die Wiener Staatsoper auf Gastspiele nach London, wo sie die «Figaro»-Gräfin unter ihm sang.

Dort ließ er mich in sein Hotel kommen, um mir zu sagen, daß er meine Frau als Aida in der Eröffnungswoche wünsche.
Ich war auf alles andere, nur nicht auf diese Rolle gefaßt. «Aida?!»
«Ja. Sie hat doch die Bombenhöhe, als Ariadne auch eine Mittellage, um die sie jede hochdramatische Sängerin beneiden kann. Bitte, grüßen Sie Ihre Frau herzlich, sie möchte mir die Aida zusagen.»
Meine Frau verwarf zuerst diesen Gedanken als absurd und erbat sich dann Bedenkzeit, bis sie mit ihrer Gesangslehrerin gesprochen hätte. Frau Haeser fand die Aufgabe reizvoll und behauptete, sie würde ihr die Aida so anlegen, daß sie sie mühelos meistern könnte. Wir trafen uns unmittelbar danach mit Böhm in Genf, wo meine Frau die Elvira sang; sie sagte die Aida zu, wofür er ihr herzlich dankte.
Kaum waren wir nach einem langen, mit Hindernissen vollgespickten Flug in New York angekommen, als uns folgendes Telegramm aus Wien erreichte:

«nach reiflicher ueberlegung schlaegt dr boehm vor statt aida donna anna in giovanni unter seiner eigenen leitung stop don giovanni ist zweite auffuehrung nach fidelio und muesste aus diesem grunde besonders attraktiv fuer sie sein stop selbstverstaendlich wuerden sie spaeter auch aida singen stop brief folgt stop dringdrahtet entscheidung herzlichst dr seefehlner.»

Meine Frau explodierte:
«Jetzt habe ich langsam die Nase voll, ich lasse mit mir nicht weiter so umspringen. Telegraphiere nicht, sondern schreib einen Brief und frag, warum nun diese Änderung.»
«Ich werde den Brief schreiben, aber ich glaube den Grund zu erraten. Die Martinis (Carla Martinis sang zu dieser Zeit erfolgreich das ganze italienische Fach in Wien) hat bestimmt gedroht, Wien zu verlassen, wenn sie nicht die Aida bekommt.»
Am nächsten Tag kam ein zweites Telegramm aus Wien:

«erbitte herzlichst bescheid auf vorschlag direktor boehms vom 2. november betreffend tausch aida und donna anna herzlichst dr seefehlner.»

Ich hielt die Aida trotz Frau Haeser nach wie vor für ein kühnes Vorhaben; die Tauschmöglichkeit mit Donna Anna schien mir vernünftig zu sein, zumal meine Frau die Anna schon gesungen hatte, und ich überredete sie, den neuesten Vorschlag anzunehmen.
Nachdem ich das Telegramm «zusage anna» abgeschickt hatte, fragten wir uns, was Elisabeth Grümmer nun singen würde; sie war ja ursprünglich als Donna Anna angesetzt. Während wir kombinierten

und «umbesetzten», kam der Bariton Josef Metternich von Wien nach New York und brachte des Rätsels Lösung. In einer «Zauberflöte», in der die Grümmer die Pamina und er den Sprecher sangen, hatte sich die Grümmer in seiner Anwesenheit bei Direktor Seefehlner erkundigt, wann man sie für die «Giovanni»-Proben in Wien erwarte, worauf Seefehlner sagte, sie würde die Anna leider überhaupt nicht singen, unter dem äußersten Druck der Della Casa habe die Direktion die Anna ihr geben müssen. Er bat sie um Verständnis, das die Grümmer mit Recht nicht aufbrachte, ihren Vertrag löste und Wien über Nacht verließ.

Die erste Reaktion meiner Frau war, der Grümmer sofort einen Brief zu schreiben, aber ich hielt sie davon ab und schlug vor, die Grümmer im Sommer in Salzburg mit der ganzen Korrespondenz aufzusuchen. Als ich dann mit Unterlagen in der Hand die Grümmer traf, schnitt sie das Gespräch frostig ab. «Bitte nicht, ich möchte darüber nicht mehr reden. Es hat mir damals weh getan, aber ich bin nun drüber hinweg. Ich habe auch verstanden, daß Ihre Frau ältere Rechte in Wien hat.»

«Aber Frau Grümmer, gerade das ist ein Irrtum... Hier habe ich unsere Korrespondenz...»

«Bitte nicht. Ich möchte nichts mehr davon wissen.»

«Aber Moje! Wie konntest du sie in diesem schrecklichen Glauben lassen?» rief meine Frau.

«Ich habe ihre Bitte respektiert, sie schien mit Tränen zu kämpfen.»

«Dann werde ich mit ihr reden, ich finde, sie soll wissen, daß das Schlechte nicht von mir kommt.»

«Ich glaube, das kannst du nicht mehr versuchen. Du würdest es für sie nur noch schlimmer machen. Vielleicht ergibt es sich später von selbst.»

Die Wiedereröffnung der Staatsoper war glanzvoll; von dem sowjetischen Komponisten Schostakowitsch bis Henry Ford war in Wien alles versammelt. Seit dem Wiener Kongreß wahrscheinlich das aufregendste Ereignis in der Geschichte dieser Stadt.

Nach der «Giovanni»-Premiere, in der Schostakowitsch mit dem Direktor der Moskauer Oper saß, bekamen meine Frau und Anton Dermota als erste Künstler aus dem Westen die Einladung, in Rußland zu gastieren. Aber sie lehnte es ab; allein wollte sie nicht hingehen, mit mir erst recht nicht, da ich damals noch staatenlos war. Feierliche Eröffnungsvorstellungen brachten meist nur Aufregungen und Unannehmlichkeiten. Die Mehrzahl der Künstler versuchte oft in einem mit allen Mitteln geführten Kampf, sich die Mitwirkung zu sichern. Durch die langen Proben und die nervliche Belastung zermürbt, bieten die Künstler an diesen Abenden im allgemeinen bedeutend schwächere Leistungen als sonst.

So war meine Frau nicht betrübt, als man ihr für den Sommer 1960 in Salzburg die Marschallin mit Hartmann und Keilberth und die «Figaro»-Gräfin mit Rennert und Böhm angeboten hatte, statt einer Rolle in «Don Giovanni», womit man das neue Festspielhaus zu eröffnen plante.

Aber im Sommer 1959 teilte der Generalsekretär der Salzburger Festspiele, Tassilo Nekola, mir mit, daß man aus technischen Gründen das neue Haus nicht mit dem «Giovanni», sondern mit dem «Rosenkavalier» eröffnen müsse.

«Herr von Karajan läßt nun Ihre Frau fragen, ob sie trotzdem die Marschallin singen möchte.»

«Ich verstehe die Frage nicht. Was bedeutet ‹trotzdem›? Und überhaupt, was hat Herr von Karajan mit dem ‹Rosenkavalier› zu tun?»

«Herr von Karajan wird selbst den ‹Rosenkavalier› übernehmen...»

«Aber wir unterhielten uns gestern abend mit Prof. Keilberth, er hatte keine Ahnung davon.»

«Das wird Herr von Karajan mit Professor Keilberth schon in Ordnung bringen. Aber da er nun den ‹Rosenkavalier› übernimmt, fragte er eben, ob Ihre Frau trotzdem die Marschallin singen möchte. Herr von Karajan meinte, Ihre Frau und er hätten verschiedene Auffassungen...»

«Das wäre kein Grund. Erstens kennt meine Frau Karajans Auffassung genau, zweitens gibt es genügend Proben, um sich zu verständigen. Ich bin sicher, daß sich meine Frau auf diese Zusammenarbeit freuen wird.»

Inzwischen hörten wir, daß die Schwarzkopf, die für die Elvira verpflichtet war, einen Vertrag in erster Linie für die Eröffnungsvorstellung und nicht für die Rolle gewünscht habe. Wir fragten uns, wie Salzburg nun das Problem lösen würde: Meiner Frau hatte man längst die Marschallin zugesichert, der Schwarzkopf aber die Eröffnung! Im Oktober erreichte uns ein Schreiben von Nekola in New York:

Knapp vor seiner Abreise setzte mich Herr von Karajan über folgenden Plan in Kenntnis und bat mich, diesen Ihnen weiterzuleiten: aus Sicherheitsgründen im Hinblick auf Doppelbesetzungen für seine beiden Vorstellungen möchte er, daß Frau Schwarzkopf eine der Aufführungen des Rosenkavaliers singt und Sie dafür eine Donna Elvira singen sollen. Diese

Anregung bringt uns vielleicht auch Erleichterung in unseren probemäßigen Schwierigkeiten, denn es wäre z. B. die Möglichkeit, daß Sie die Generalprobe von Figaro am 6. singen könnten und abends von der Rosenkavalier-Aufführung freigestellt sind. Welche Giovanni-Aufführung Sie dann singen würden, könnten wir noch besprechen...

Der Vorschlag von der Doppelbesetzung aus «Sicherheitsgründen» war sowohl fadenscheinig als auch undurchführbar. Meine Frau lehnte ihn ab. Im Januar 1960 schrieb nun der Präsident der Festspiele, Baron Puthon, folgenden Brief:

Soeben kommt Dr. Nekola aus Wien zurück, wo er mit Herrn von Karajan lange konferiert hat und wir setzen Sie über folgende neue Situation höflichst ins Bild: Um in der Angelegenheit Schwarzkopf, die mit Herrn von Karajan in Wien lange verhandelt hat, in ein klares Bild zu kommen und um die Probenschwierigkeiten in der Figaro-Situation zu erleichtern, haben wir nun beschlossen, am 4. August einen zusätzlichen 6. Rosenkavalier einzuschieben. Wir ersuchen Sie, die besprochenen 5 Aufführungen Marschallin zu singen... Durch die Übernahme der Marschallin durch Frau Schwarzkopf am 4. 8. ist mit der Figaro Haupt- und Generalprobe eine absolute Erleichterung bzw. eine tatsächliche Durchführung gewährleistet...

Gegen eine zusätzlich eingeschobene Aufführung konnten wir uns nicht wehren. Unter dem Druck der vielen Vorstellungen in New York entging uns, daß die Termine der «Figaro»-Proben geändert worden waren.
Im März meldete sich wieder Baron Puthon:

Wir möchten Sie informativ in Kenntnis setzen, daß der britische Filmproduzent Dr. Czinner die Absicht hat, den Rosenkavalier 1960 als Farbfilm aufzunehmen und das Direktorium hat nach Rücksprache mit Strauss'schen Erben, dem Dirigenten und dem Regisseur seine prinzipielle Zustimmung gegeben... Dr. Czinner wird sich in absehbarer Zeit direkt mit Ihnen ins Benehmen setzen. Wir bitten Sie um kurze Nachricht, ob Sie prinzipiell dieser soeben skizzierten Filmabsicht positiv gegenüberstehen...

Meine Frau, die für Kamera-Arbeit eine große Vorliebe hatte, freute sich sehr, und ich leitete ihre prinzipielle Zusage an Baron Puthon weiter.
Während der Met-Tournee erreichte uns im April in Dallas das folgende Telegram von Paul Czinner:

dear lisa intend to film rosenkavalier salzburg performance already secured strauss karajan festspieldirektion etc. budget naturally limited for such special venture stop your participation as marschallin my and elisabeths

(Elisabeth Bergner) special joy and care please cable hotel sacher until saturday love from us both to you both paul czinner.
(liebe lisa beabsichtige film rosenkavalier salzburg aufführung bereits gesichert strauss karajan festspieldirektion etc. budget natürlich begrenzt für solches besondere wagnis stop ihre teilnahme als marschallin meine und elisabeths besondere freude und anliegen bitte drahten hotel sacher bis samstag mit liebe von uns beiden euch beiden.)

Der Samstag-Termin war durch den Umweg, den das Telegramm gemacht hatte, überholt, ich schrieb Paul Czinner nach London. Bevor ihn aber diese Zeilen erreicht hatten, schickte er ein zweites Telegramm:

dear lisa cabled you april to metropolitan about film rosenkavalier need answer urgently kindly cable london 42 eaton square thanks love paul czinner.
(liebe lisa telegraphierte april an metropolitan wegen films rosenkavalier brauche dringend antwort erbitte telegramm...)

Wir kabelten die prinzipielle Zusage.
Im Juni kam eine Karte aus Griechenland von Elisabeth Bergner und Czinner, in «großer Vorfreude auf die Marschallin und den Film in Salzburg.»
Unsere Freude war natürlich nicht geringer. Am ersten Probentag in Salzburg begegnete ich vor dem Festspielhaus Christa Ludwig.
«Ich habe mich wegen Elisabeth so geärgert.»
«Welche Elisabeth hat Sie denn so geärgert?» fragte ich.
«Die Schwarzkopf», antwortete die Ludwig erstaunt.
«Und warum?»
«Warum? Des Filmes wegen natürlich. Ich finde es unerhört, daß sie nun den Film macht.»
«Aber das kann doch nicht sein. Lisa hat den Film längst zugesagt, wir haben mit Czinner nur noch das Honorar festzulegen.»
«Ja, hat man denn Ihnen nicht mitgeteilt, daß die Schwarzkopf den Vertrag hat?»
Ich ließ meine Frau aus der Probe rufen. Auch sie glaubte es nicht, bis plötzlich Czinner mit eingezogenem Kopf bei uns stand.
«Ist das wahr?»
«Es ist furchtbar... Es tut mir entsetzlich leid... Ich bin so unglücklich...»
«*Sie* sind unglücklich? Und wir?» Ich brüllte wie ein Stier. «Wie konnten Sie uns das antun!»

«Glauben Sie mir, auch ich habe es erst hier erfahren. Es war offenbar Ihr Fehler, daß Sie nur eine prinzipielle Zusage geschickt haben. Schwarzkopf und ihr Mann haben daraufhin den Vertrag direkt mit der Filmgesellschaft in London abgeschlossen. Das war ein schrecklicher Schlag für Elisabeth und mich, Liebste, Sie wissen doch, wie sehr wir Sie lieben.»
Aus dem Gefühl der Ohnmacht schoß meine Wut wie eine Stichflamme:
«Hören Sie mit *Liebste* und *Liebe* und mit diesem ganzen falschen Quatsch auf, ich kann es nicht mehr hören! Ich glaube Ihnen kein Wort!»
Meine Frau wollte unverzüglich zu Karajan gehen, aber Czinner meinte, man könne nichts mehr ändern. Sie ging trotzdem zu ihm, und er belehrte sie, daß eine prinzipielle Zusage leider keineswegs bindend sei.
Tagelang blieben wir untröstlich und bedrückt. Nicht einmal der große Premierenerfolg konnte uns aus der düsteren Stimmung herausreißen.
«Was nützt mir das?» klagte meine Frau bitter. «Das ist schon morgen vergessen, aber ein Film bleibt als Dokument. Begreifst du jetzt, warum man die sechste Vorstellung eingeschoben hat? Moje, ich glaube, das Schlechte im Leben ist doch nicht so machtlos, wie dein Hofmannsthal meint.»
«Doch, doch: ‹Solange unsere Seelen nicht entmutigt sind›».
«Meine Seele ist mehr als entmutigt, sie ist gedemütigt.»
«Aber gerade daraus wachsen neue Kräfte, dann gleitet das Schlechte wie Oel an uns ab. Bald werden wir überhaupt nicht mehr wissen, daß es einen ‹Rosenkavalier›-Film gab.»
Meine Frau blieb nachdenklich. «Ich bin betrogen worden, Moje. Das habe ich nicht verdient. Ich will nie mehr nach Salzburg.»
Sie lehnte den Vorschlag der Direktion ab, im nächsten Jahr, 1961, die Marschallin und die Elvira mit der Schwarzkopf alternierend zu singen, und auch ein zweites Angebot, in der noch nicht bestimmten Eröffnungspremiere mitzuwirken. Sie wollte einfach nichts mehr von Salzburg wissen, und ich schickte einen Brief dieses Inhalts an Bernhard Paumgartner, der inzwischen an Stelle des gestorbenen Baron Puthon der Präsident der Festspiele geworden war.
Viele Stimmen aus der näheren und weiteren Umgebung, auch ich, äußerten Zweifel an der Klugheit dieser Entscheidung. Meine Frau sollte sich nicht, meinte man, durch Emotionen leiten lassen; verletzter Stolz sei kein Grund, mit Salzburg zu brechen.

«Alles sinnlose Phrasen», sagte sie. «Das hat mit Stolz oder Emotionen nichts zu tun. Es handelt sich einfach um Anstand. Ungerechtigkeit und Lügen und Betrug sind kein Boden. Ich kann ohne Salzburg leben, und Salzburg gewiß auch ohne mich.»
Ohne Reue strich sie Salzburg von ihrer Landkarte. Nicht einmal Karajans Einladung, unter ihm im Strauss-Jahr 1964 aufzutreten, stimmte sie um.
Sie machte sich keine Illusionen über den Beruf, das einzig Reale in dem ganzen Affentheater sei die eigene Leistung um ihrer selbst willen; man solle weder mit Rücksicht noch mit Treue rechnen, sie hätten ähnlich kurze Beine wie Lügen. Am sprunghaftesten seien die Dirigenten, wie Bienen flögen sie von einer Blume zur andern und holten sich honigsüßen Erfolg.
Treu bleibt einem Sänger nur seine Alterspension, vorausgesetzt, daß er eine hat; meine Frau hat keine, ich wollte vermeiden, daß sie dadurch abhängig würde. Das schöne Gefühl der Unabhängigkeit läßt sich durch keine materiellen Sicherungen ersetzen.
Über fünfundzwanzig Jahre gehörte sie der Wiener Staatsoper an und erlebte dort sechs Direktoren. Das Wiener Pflaster ist bekanntlich sehr glatt, die Luft riecht nach abgefeuerten Heckenschüssen. Die Oper bedeutet dem Wiener mehr als nur ein Kunstinstitut, sie ist eine Institution und zugleich sein Eigentum, um dessen Existenz er bangt, kämpft und wie ein fanatischer Mini-Tupamaro aus dem Hinterhalt Terror ausübt. Im Wirrwarr der undurchsichtigen emotionellen Strömungen und Gegenströmungen der Verschwörer rollen die Köpfe der Direktoren, der Dirigenten, der Sänger, aber man ist nie zufrieden. Die Liebe der Wiener für ihre Oper artet in eine Psychose aus.
Das viel besungene Wiener goldene Herzl, der Charme und die schon sprichwörtliche Gemütlichkeit erweisen sich, nachdem man dort gelebt hat, als Fremdenverkehrswerbung.
Offenheit ist nicht gefragt; man bevorzugt gezwungene Herzlichkeit und geschickte Floskeln. Sobald man zu reden beginnt, hört das Gespräch auf, eine beneidenswerte, virtuose Art, die zu Wien ebenso gehört wie das Riesenrad oder die Sachertorte.
Liebenswürdig-undurchsichtig ging es auch in der Oper zu, wer immer dort regierte; man verstand es mit Raffinement, Hoffnungen zu züchten, Versprechen zu brechen, die Sänger gegeneinander auszuspielen, Konfusionen zu stiften – alles mit der Anrede «mein liebes Kind». Der lange Korridor vor den Direktionsräumen hieß im Sängermund «Intrigantengang»; meine Frau mied ihn so sehr, daß sie einigen der

höheren, aber kurzlebigen Funktionäre nie begegnete, wie zum Beispiel dem ehemaligen Stuttgarter Intendanten Schäfer, der zu Karajans Zeit Vizedirektor der Wiener Oper war.
Karajan führte während seiner Wiener Aera einen Künstleraustausch mit der Mailänder Scala ein, der allerdings nur theoretisch war – in der Praxis wirkte er sich eher als eine Einbahnstraße in Richtung Wien aus. Immerhin borgte sich die Scala gelegentlich Wiener Sänger, um sich aus mancher Verlegenheit zu helfen, in die sie durch zu spätes Disponieren geriet. Meine Frau hatte seit geraumer Zeit nicht mehr in Mailand gesungen, da die Scala meist mit den Angeboten zu spät kam oder auch beharrlich versuchte, sie für eine italienische «Arabella» zu gewinnen.
Die Scala fragte sie 1960 für die Marschallin an und bekam ihre Zusage. Aber Mailand schlug plötzlich Fiordiligi statt der Marschallin vor, angeblich aus technischen Gründen. Als wir im Frühjahr nach Mailand kamen, sah ich, daß nach «Così» auch der «Rosenkavalier» mit der Schwarzkopf als Marschallin angesetzt war.
Noch vor der «Così»-Premiere erhielt meine Frau einen von Karajans Sekretär André von Mattoni unterschriebenen Brief aus Wien, in dem man sie ersuchte, rechtzeitig zu den Proben für den «Rosenkavalier» an der Scala zu erscheinen.
«Der Brief ist natürlich irrtümlich an dich adressiert worden», sagte ich, ging aber damit zu den Direktoren Oldani und Siciliani. Während Oldani betreten schwieg, lachte Siciliani: «Ich hätte absolut nichts dagegen, wir wollten ja ohnehin Ihre Frau als Marschallin, aber Wien hat es mit der Begründung vereitelt, daß Ihre Frau für diesen Zeitabschnitt unabkömmlich sei.» Merkwürdig.
Ich rief Mattoni an, der sich damals in Rom aufhielt und bedankte mich für seinen Brief.
«Was für einen Brief?»
«In dem Sie meine Frau bitten, die Marschallin an der Scala zu singen.» Seine Stimme überschlug sich. «Das ist ein Irrtum, ein Irrtum! Die Peham hat die Briefe verwechselt, dieser Brief war natürlich für Frau Schwarzkopf bestimmt.»
Mimi Peham, das jahrzehntelange Faktotum der Wiener Direktion, beteuerte später ihre Unschuld und zeigte mir die Unterlagen, wonach die Scala meine Frau nur als Marschallin verlangt hatte. Was nachträglich mündlich geändert worden war, hatte sie nicht erfahren.
Wir hatten Vesna und die Hunde während unseres Mailänder Aufenthaltes in Wien zurückgelassen. Nach der «Così»-Premiere fuhren wir

in der Nacht in die Schweiz und von dort aus zu jeder nächsten Aufführung morgens nach Mailand und nachts wieder nach Hause zurück.
Der Grund dieser für uns nicht außergewöhnlichen Strapazen (ich verbrachte oft lange Nächte am Steuer) war der Wunsch meiner Frau, für Vesna, die in diesem Frühling zehnjährig wurde, ein Appartement im Ostflügel des Schlosses einzurichten. Wir brachten aus Mailand Ballen von Seide mit nach Hause, sie nähte und montierte Vorhänge in den ungleichen gotischen Fensternischen, tapezierte die Wände, belegte die Böden, frischte das Badezimmer auf.
Als Vesna im Sommer nach Hause kam, glänzten ihre Augen wie Weihnachtssterne. Sie stellte nie Ansprüche. Die Dorfkinder waren feiner gekleidet als sie, und da sie von allem Anfang an kein Interesse an Spielsachen oder Puppen zeigte, besaß sie wenig davon. Sie war ein wunderbar ausgeglichenes, dichterisch begabtes Mädchen, das in unsere Welt hineinwuchs. Diese richtete sich aber sehr nach ihrem Leben, wir begegneten uns in der Mitte: Sie wurde früh erwachsen und wir blieben jung. Ihre scharfe Beobachtungsgabe, ihre Reife ergänzten sich mit unserem kindlichen Gemüt – wir bildeten ein harmonisches Ganzes, niemand von uns für sich selbst, sondern alle für einander lebend.
Vesna wurde groß ohne den Sinn für materielle Werte. Mit zwanzig Jahren verfügte sie über kein Taschengeld; sie wollte keines. Sie war von jeher ein Miniaturbild ihrer Mutter; *zwei* solche Goldstücke zu besitzen ist mehr, als man von *einem* Leben erwarten kann.
Dieses Kind und die Hunde griffen oft in den Beruf meiner Frau ein. Wenn sie sagte: «Ach, Skandinavien ist so kalt», oder «Australien liegt hinter dem Mond», so hatte ich das eigentliche Ich-mag-mich-jetzt-nicht-wieder-trennen in die verständliche Sprache von «leider aus terminlichen Gründen nicht möglich» zu übersetzen.
Die wiederholten Einladungen aus Skandinavien lehnte sie bis auf zwei «Ariadne»-Vorstellungen mit der Münchner Oper in Stockholm ab.
Zwölf Jahre scheiterten beharrliche Versuche der Australierin Mrs. Mason, eine Tournee zustandezubringen, nur an diesen «terminlichen Gründen». 1962 bedrängte uns Mrs. Mason wieder.
«Drei Wochen genügen Ihnen ja doch nicht», sagte meine Frau unvorsichtig, «und das wäre alles, was ich 1963 frei hätte.»
Mrs. Mason griff zu.
Es waren drei teuflische Wochen; eigentlich deren vier.

Wir flogen zuerst von Wien nach London, wo meine Frau eine Selbstporträt-Fernsehsendung zu drehen hatte. Diese einstündige Show verlangte tagelange harte Proben. Nach der Sendung flogen wir nach Zürich, Frano und Hanni fuhren uns nach Hause, um Noten und Kleider für Australien zu holen. Sie schauten fasziniert zu, wie große Roben in Blitzesschnelle unter den geübten Händen meiner Frau in den Koffern verschwanden, dann brachten sie uns nach Zürich zurück, unsere Odyssee begann.

Alle sechs Stunden wechselten bei den sieben Zwischenlandungen Flugbesatzung und Passagiere, nur wir blieben bis Sydney im Flugzeug; an der Kleidung der Stewardessen erkannten wir ungefähr wo wir uns befanden.

Betäubt vom endlosen Flug verließen wir die Maschine, die zwei Stunden über dem nebligen Sydney hatte kreisen müssen, und wurden, durch die Blitzlichter und Scheinwerfer wieder ins Leben gerufen, in einen Raum geführt, in dem Fernseh- und Wochenschaukameras und eine Batterie von Mikrofonen in Bereitschaft standen. Dieser Anblick war für meine erschöpfte Frau furchterregend; sie setzte eilig die Sonnenbrille auf.

«Ooo, Miss Della Casa, please, nehmen Sie die Brille ab!»

«Wenn Sie unbedingt meine Großmutter haben wollen, dann bitte», sagte sie und lächelte müde in die Blitzlichter.

Die Fragen prasselten auf uns herab, wir beantworteten sie doppelspurig und – rauchten. Nachdem meine Frau sowohl im Fernsehen als auch in den Tageszeitungen als rauchende Primadonna angekündigt worden war, schickten uns Zigarettenfabrikanten ganze Berge ins Hotel.

Auf die erstaunten Fragen: «Sie rauchen?», gab meine Frau die stereotype Antwort: «Ich rauche schon länger, als ich singe.» Als sie sich doch einmal bei einem bekannten Wiener Arzt erkundigte, ob das Rauchen tatsächlich für eine Sängerin schädlich sei, antwortete er: «Frau Kammersängerin, das Singen ist schädlicher!»

Im September 1966 warf sie aber eines Abends ihre Zigarette in den Kamin. «So, das war die letzte, wenigstens solange ich singe.» Sie hielt Wort und zündete keine mehr an.

Aber im Frühjahr 1963 rauchte sie im herbstlichen Australien viel und sang noch mehr; in knapp drei Wochen hatte sie acht Liederabende und drei Orchesterkonzerte zu bewältigen, wovon jeweils eine Hälfte für den Rundfunk, die andere für das Fernsehen aufgenommen wurde. Es war eine Parforce-Tour.

Nach dem ersten Liederabend in Sydney sagte mir der greise Saaldiener: «Seit Richard Tauber der größte Erfolg.» Die Hymnen der Kritiker fanden in Melbourne ihren Höhepunkt, wo man bedauerte, daß sie nur dreimal zu hören sei, und sie als den größten lyrischen Sopran bezeichnete. Ich erzählte ihr davon und fragte: «Wie fühlt man sich eigentlich, wenn man als größter Sopran der Welt bezeichnet wird?»

«Ach Gott, man gewöhnt sich halt daran», ahmte sie eine ihrer berühmten Kolleginnen nach.

In Sydney meldete sich ein Bildhauer biblischen Alters als der verlorene Sohn der Familie Della Casa aus Stabio; ein Verwandter, den niemand kannte.

In Adelaide nahm ich das Telefon ab:

«Debeljevic.»

«Debeljevic», kam es wie ein Echo zurück.

«Hallo, hier spricht Debeljevic.»

«Auch hier spricht Debeljevic!»

Urheber des Spuks war ein Cousin zweiten Grades, von dessen Existenz ich keine Ahnung hatte.

Zwischen zwei Konzerten flogen wir nach Canberra, um den Schweizer Botschafter Fred Gygax und seine Frau zu sehen. Wir kannten uns von New York her, wo er lange Zeit Generalkonsul war; mit Schweizer Diplomaten in Wien gehörte er zu den wenigen seines Berufes, die für die künstlerische Tätigkeit ihrer berühmten Landsmännin Interesse zeigten. In der Schweiz genießen die Sportler und die Stützen der Industrie und Wirtschaft bedeutend mehr Beachtung von seiten des Staates als die Künstler.

Um so überraschender war die offizielle Aufforderung an meine Frau, anläßlich des Schweizer Tages in der Weltausstellung 1970 in Osaka aufzutreten. Obwohl sie sich keineswegs zu den Globetrottern aus Leidenschaft zählt, nahm sie die Einladung freudig an, da sich damit ihr langjähriger Wunsch erfüllte: Eine Japanreise war bis dahin wirklich an Terminschwierigkeiten gescheitert. Wir benützten die Gelegenheit, um zusätzliche Liederabende, Orchesterkonzerte und Fernsehen in Japan anzuknüpfen.

Als wir aus Tokio mit dem «schnellsten Zug der Welt» in Osaka ankamen, stand vor dem Fenster unseres Abteils ein lächelnder Japaner mit einem großen Blumenstrauß.

«Zu diesem Herrn Fukuhara» sagte ein in Tokio lebender und zufällig mit uns reisender Schweizer, «sollten Sie, Frau Della Casa, besonders

freundlich sein. Er ist ein sehr einflußreicher Mann – zurzeit in Osaka für alle künstlerischen Veranstaltungen verantwortlich. Er verehrt Sie sehr. Er war es auch, der Sie als Vertreterin der Schweiz verlangt hat.»
«So, so», meine Frau schaute zu mir, «jetzt brauchen wir uns über die Einladung nicht mehr zu wundern.»
Nach dem von einem vorwiegend japanischen Publikum warm aufgenommenen Konzert bildete sich vor der Garderobe meiner Frau eine lange, ungewöhnlich stille Besucherschlange. Jeder einzelne betrat wortlos, lächelnd und mit tiefer Verbeugung den Raum, holte die Unterschrift, verbeugte sich wieder lächelnd und verließ stumm das Zimmer. Meine Frau, die sonst mit größtem Widerwillen nach einem Konzert Besucher empfing, saß entspannt mit verklärtem Gesicht am Tisch, schrieb pausenlos ihren Namen, nickte und lächelte unermüdlich.
«War das nicht herrlich? Hast du so etwas je erlebt? Kein Gedränge, keine sinnlosen Fragen, kein dummes Geschwätz. Diese Beherrschung, diese Disziplin, diese Höflichkeit!»
«Und ein Enthusiasmus wie in einer Kirche ...»
«Sei nicht albern.»
Wir wurden zum festlichen Bankett der Schweizer Expo-Kommission geführt, betraten unbemerkt den riesigen, überfüllten Saal und tauchten im Gläser- und Tellergeklirr der Gesellschaft unter. Nach einer Weile wurde mir meine Frau entrissen, um Bundesrat Gnägi vorgestellt zu werden. Ich setzte mich inzwischen in eine Ecke. Der Vergleich mit einem der Empfänge in Wien drängte sich auf: Anschließend an eine «Ariadne» zu Ehren des UNO-Generalsekretärs U Thant gab der damalige Außenminister und spätere Bundeskanzler Kreisky einen Empfang. Durch die Vorstellung bedingt erschienen wir unter den allerletzten im Palais Pallavicini, der Gastgeber Kreisky stand aber immer noch an der Tür des festlichen Saales, begrüßte meine Frau herzlich und führte uns zum Tisch, an dem U Thant saß. U Thant kannte sie von der Bühne her, man unterhielt sich über New York, Bing und die Met, und als die Konversation abzuebben drohte, fragte ich ihn: «Ich habe kürzlich eine interessante Reportage über Sie und Ihre Familie im *New Yorker* gelesen. Wo ist Ihr Sohn jetzt?»
Mit unverändertem Lächeln und in demselben Ton, in dem er sich bis dahin unterhalten hatte, antwortete U Thant: «Mein Sohn lebt nicht mehr, er hatte einen Autounfall... Aber meine Tochter hat inzwischen einen netten jungen Mann geheiratet, so haben wir wieder einen Sohn.»

Neben mir fragte ein Herr in unverkennbar eidgenössischem Hochdeutsch: «Wer ist die Dame neben Herrn U Thant?»
«Rechts von ihm Frau Minister Kreisky, links die Ariadne von heute abend, Lisa Della Casa.»
«Ah so. Eine Italienerin?»
Welcher Unterschied zwischen Schweizern und anderen Nationen, dachte ich damals und auch in Osaka wieder. Hier waren die Organisatoren stolz auf die von ihnen geleistete Arbeit, auf den Pavillon mit seinen vorzüglichen Restaurants, auf günstig abgeschlossene Geschäfte und sogar auf diesen Riesenempfang, nur auf meine Frau schienen sie nicht stolz zu sein; man erwartete Dankbarkeit von ihr, daß sie am Schweizer Tag hatte singen dürfen. Ich konnte nicht umhin, am Schluß zu bemerken:
«Ja, es war ein Glück, daß meine Frau *Zeit hatte,* und auch daß es einen *Herrn Fukuhara* gab!»
In Tokio entwickelte meine Frau ein geradezu kindliches Entzücken über alles, was ihr hier begegnete, und verfiel sogar dem tiefsten Kitsch. Diese Stadt verwandelte sie in eine Traumtouristin. Perlen, Jade, Porzellan, Seide faszinierten sie in gleichem Maße wie die Gartengestaltung, die Malerei, die Architektur der Tempel oder die geheimnisvolle Bogenschießkunst. Sie fand die japanische Küche interessant, Geishas reizvoll, die Teezeremonie tiefsinnig. Sie versuchte, die Doppelspurigkeit des japanischen Alltags zu erfassen, die Diskrepanz zwischen der tief verankerten Tradition und der explosiven, computerhaften Industriegesellschaft durch Deutungen zu überbrücken.
Sie lebte auf in diesem Land des höflichen, erfrorenen Lächelns, verschenkte ihr Gefühl und ihre singende Seele an volle begeisterte Häuser und eroberte die zurückhaltenden Herzen des Publikums.
«Im Augenblick, in dem ich das Podium betrat und diese freundlichen, offenen, schönen Gesichter sah, fühlte ich, daß ich sie nicht erst bezwingen muß, sondern unter verwandten Seelen singen kann», sagte sie nach dem ersten Liederabend.
Meine Gleichgültigkeit hielt sie für aufgesetzt, meine Antwort auf Vesnas Frage: «Wie ist Japan?» – «Lauter Japaner», für witzlos.
Ich wollte nicht witzig sein, ich fühlte mich tatsächlich unter *lauter* Japanern, die Sprache, die Schrift, die Gesichter, das Fernsehen, die Zeitungen, das Stadtbild, alles war fremd und undechiffrierbar. Ein sonderbares Volk, das nicht einmal Ja und Nein unterscheidet: Das Wort «hai», das als Ja gebraucht wird, hat im Wörterbuch doppelte Bedeutung: ja; nein! Ihre Erziehung zwingt sie offenbar auch in einer

Fremdsprache, nie «nein» zu sagen; selbst wenn sie «nein» meinen, sagen sie «ja».
Ich bestellte beim ersten Frühstück gekochte Eier.
«Yees... Flied eggs», lächelte die Kellnerin.
«Nein, nicht *fried,* sondern *boiled eggs.*»
«Yees... Flied eggs.»
«Nein, nein», schüttelte ich den Kopf, «bitte nicht gebratene: Gekochte Eier!»
«Yees, flied», lächelte sie immerfort und entfernte sich, um uns lächelnd Spiegeleier zu bringen.
«Machen Sie keine gekochten Eier?»
«Yees...»
«Aber warum bringen Sie uns denn nicht gekochte?»
Sie nickte freundlich und verlegen: «Yees... Flied eggs...»
Ich hörte in all diesen Wochen nicht ein einziges Nein. Verlangte ich am Telefon den Manager Obi, so kam zuerst:
«Yees.»
«Danke!»
«Sorry, aber Mr. Obi ist nicht im Haus!»
Ich sehnte mich nach den lebhaften Gesichtszügen und den kräftigen Gesten der Südländer oder nach der Unfreundlichkeit in unseren Breitengraden. Von den Japanern hörte ich während des ganzen Aufenthaltes kein herzliches Lachen, höchstens ein gurgelndes Kichern, das schnellstens unterdrückt wurde.
Ihre Begrüßungszeremonie wirkte marionettenhaft auf mich, die untergeordnete Stellung der Frau entwürdigend, die täglichen Demonstrationen sinnlos, der nationale Stolz beängstigend. Ihre Häuser waren möbel- und seelenlos. Ihre Seelen schienen mir in den Fotokameras zu stecken, die sie als einzige sichtbare Leidenschaft stets schußbereit um den Hals trugen.
Die Badesitte, wonach zuerst Großeltern, dann Eltern und zuletzt Kinder in dasselbe Wasser steigen, ist abstoßend. Den Zwang, die Schuhe an der Tür auszuziehen und in Strümpfen oder Bastschlappen das Haus oder Restaurant zu betreten, fand ich ebenso unhygienisch.
Ich zählte die Tage bis zum Rückflug, der uns hoch über Vietnam und dem nicht minder chaotischen Laos auf unsere «einsame Insel» zu Vesna und Nenad zurückbrachte. Auch die Zwischenlandung auf dem total verdunkelten und streng bewachten Flughafen von Kairo zeugte von der Unvernunft unserer Welt.
Das Verlangen nach Einsamkeit war bei Künstlern und schöpferischen

Geistern von jeher nichts Ungewöhnliches; Kafka, Proust, Hofmannsthal («Ich zähle die völlige Einsamkeit zu den höchsten Glücksmomenten»), Rilke («Ich wünsche mir nichts, als gute Klausur und daß sie lang und ununterbrochen sei»), der Maler Adolf Lier («Wie ein Vogel nach der Luft und wie ein Fisch nach Wasser, so sehne ich mich wieder nach Einsamkeit und Ruhe») sind nur wenige Beispiele. Auch meine Frau suchte in der Abgeschiedenheit die innere Freiheit, die, wie der Zürcher Literat Werner Weber einmal sagte, die hellere Seite der Einsamkeit ist. In dieser war sie nie einsam; einsam fühlte sie sich höchstens unter den Menschen.

Nach der Rückkehr aus Japan sonnten wir uns in der Einsamkeit, «unter dem breiten Himmel, der sich auch über die einsamen, winzigen Gärten wölbt», wie meine Frau sagte. Wir ahnten nicht, daß uns das Schicksal eine bedrohliche Sonnenfinsternis vorbereitete, die dann im Oktober 1970 unsere kleine Welt mit schweren Schatten zudeckte. In dieser Dunkelheit der Todesangst um Vesna wurden alle Gewichte der geltenden Werturteile verschoben. Als wir nach zwei Jahren wieder ans Licht kamen, hatten wir das Gefühl, in einer Zeit zu leben, die eine vergangene Zukunft war, und in der uns, nicht mehr jung und noch nicht alt, vieles fremd anmutete. Aber nicht die Welt war verändert, sondern wir.

Seltsamerweise fing es gleichzeitig an, auch im Schicksalgebälk der uns Nahestehenden zu knistern; Sorge, Mitgefühl, Krankheiten verdrängten allmählich die Bedeutung von beruflichen Terminen. Ich entdeckte, daß ich Telegramme, die ohnehin seltener wurden, weniger mit ungeduldiger Neugier als mit klopfendem Herzen aufriß. Die Akzente unserer Interessen hatten sich verlagert. Wir fühlten uns gesäubert wie aus dem Purgatorium kommend und um eine wesentliche Erfahrung reicher geworden: Die Vergänglichkeit aller Lebensphasen ist Gesetz; es gibt keine Bäume, die in den Himmel wachsen.

Am schönsten drückte es Zoes vierjährige Enkelin aus, als sie einmal mitten aus dem Spiel sagte:

«Grazie, Mama, per la mia vita!» (Ich danke dir für mein Leben.)

Auf die Frage der überraschten Mutter, was sie unter dem Leben verstehe, antwortete die kleine Sabrina:

«I giorni che passano...» (Die Tage, die vorübergehen.)

Einige dieser Tage liegen in der Sonne, viele im Schatten, man versucht durch Übergänge das Gleichgewicht herzustellen, aber ihren Verlauf können wir nicht bestimmen; aus freiem Willen können wir nur unser inneres Leben gestalten. Der eine kann es besser als der

andere, die Glücksgefühle eines jeden projizieren aus der Tiefe seinen genauen Stand, die Stärke und die Schwäche; das Glück macht uns so verschieden und ist das Privileg jedes einzelnen.
Das Glück kommt von innen, das Unglück meistens von außen. Auch die Volksweisheit sagt: «Jeder Mensch *ist* der Schmied seines Glücks», aber: «Ein Unglück *kommt* selten allein.»
Von außen betrachtet und gemessen an den tiefen Tragödien, die sich täglich abspielen, wirkt der Abschiedsschmerz von einem Hund wie ein Sturm im Wasserglas. Mich brachte er in Seenot.
Fast auf den Tag zwei Jahre nach Vesnas Operation mußten wir uns von Nenad trennen. Dreizehn Jahre unseres dreißigjährigen Hundelebens gehörten ihm allein – eine längere Zeit, als die meisten Menschen in derselben Wohnung bleiben, ihre Wagen fahren oder gar ihre Ehen erhalten.
Als viertes Familienrad beeinflußte er stark unseren Alltag. In seinen hellsten Jahren war er uns eine Freudenquelle, als sich sein Leben neigte, begann die liebevolle Sorge. Aber er trug auch die Alterserscheinungen mit Haltung und Humor; nachdem er sich nicht mehr auf seine Silberohren verlassen konnte, konzentrierte er seine Bernsteinaugen auf unsere Lippen und Hände. Wir erfanden unsere Taubstummensprache. Er lachte.
Er besiegte auch die unheimlichsten Krankheiten, stand nach ihnen stämmig und stolz vor uns und winkte unseren Jubel verlegen ab. Unser Tierarzt sagte: «An seinem Zustand wären zwei Hunde längst gestorben!» Aber Nenad war eben kein gewöhnlicher, sondern ein Menschhund, der nicht neben, sondern mit und für uns lebte. Er war fügsam und despotisch, zärtlich und würdig, und er behielt das letzte Wort, murmelte vorwurfsvoll, warf verächtliche Blicke.
Mit mancher unserer Lebensgewohnheiten war er nicht einverstanden. Meine Schreibtischarbeit hielt er für eine Marotte. Aber was tut man nicht alles aus Liebe zu seinem Menschen? Er rollte sich seufzend an oder auf meinen Füßen zusammen und lauschte aufmerksam dem monotonen Geklapper, um erwartungsvoll aufzustehen, sobald die Schreibmaschine ein fertiges Blatt ausspuckte. Nach meinem «Nein, noch *nicht fertig*» wärmte er meine Füße weiter, bis das nächste Blatt aus der Maschine kam. Zog sich das zu sehr hin, so brachte er einen seiner Bälle, die er untereinander genau unterschied, oder er legte einfach seinen schönen Kopf auf meinen Schoß und seinen Charme in seinen klugen Blick, worauf ich alles liegen ließ – ich war ihm nicht gewachsen.

Unter den wenigen Sachen, die er uns nicht gönnte, war der Schlaf; er weckte uns mit großer Leidenschaft. Fand meine Frau an Vorstellungstagen einen Augenblick, sich kurz niederzulegen, so konnte er kaum erwarten, daß ich sagte: «Nenado, wir müssen die Liisaa wecken,» und schon rannte er mir freudig voraus und zupfte an ihrer Decke.
Nachdem er uns morgens ins Leben gerufen hatte, führte er uns durch den Park. Während wir die Runden drehten, begegneten wir den beiden Hündinnen des Verwalters, die im Ökonomiegebäude lebten; ihre Begrüßung war immer herzlich, Nenad erwiderte es knapp und förmlich. Er hielt nicht viel von Hunden. Wenn sich ein fremder Vierbeiner in unseren Garten verlief, führte Nenad ihn gastfreundlich zu seiner Schüssel und kümmerte sich nicht mehr um ihn.
Melina, selbst eine große Hundemenschin, kam mit ihrem neuerworbenen Buldoggenwelpen Pansa zu uns. Der drollige, ungestüme Pansa buhlte vergeblich um Nenads Zuneigung. Nenad wandte sich immer wieder naserümpfend von dem Kleinen ab.
«Nenad hält Pansa für einen Farbigen», meinte Melina.
Um so mehr freute er sich über menschliche Besucher, nur manchmal enttäuscht, daß man ihn mißverstand, wenn er seine Pratzen auf Schultern legte.
Sobald man sich hingesetzt hatte, sorgte er für lebhafte Unterhaltung, rollte seine Konversationsbälle und legte sich, nachdem sein Thema erschöpft war, zwischen meiner Frau und mir hin; er duldete keinen Fremden zwischen uns – er war immer für klare Verhältnisse.
Abschiede haßte er, bei «Auf Wiedersehen» hätte er sich am liebsten die Ohren zugehalten.
Er bestand darauf, daß man sich abmeldete, bevor man das Haus verließ, selbst wenn er genau wußte, daß ich nur schnell auf die Bank oder Post ging. Es genügte schon, Schuhe zu wechseln, um ihm die Stimmung zu verderben; ich glaube, ich werde bis an mein Lebensende nie mehr unbelastet Schuhe wechseln.
Sonderbarerweise berührte es ihn nie, wenn ich mich für den Empfang von Gästen umzog, ja er freute sich ungeduldig; für Hundeaugen ist unsere Absicht sichtbar, niemand weiß, in welchen Farben oder Schwingungen.
Am Tag von Vesnas Operation blieben wir auf Anraten der Professoren zuerst zu Hause. Man würde zwischen sieben und acht mit dem Eingriff beginnen, sagte man uns, und erst gegen Mittag damit zu Ende sein. Nenad lag wie immer vor unseren Augen in der Fensternische, in den warmen Oktobersonnenstrahlen langgestreckt. Plötz-

lich fing er an, am ganzen Körper zu zittern. Kein Streicheln konnte ihn beruhigen, minutenlang klapperten seine Zähne. Seine innere Unruhe übertrug sich auf uns, wir fuhren in größter Eile nach Zürich. Zum erstenmal schimpfte Nenad nicht; er stand reglos, mit besorgtem Gesicht an der Tür. Die nächsten zweieinhalb Monate verabschiedete er sich jeden Morgen verständnisvoll und empfing uns jeden Abend mit gedämpfter Freude. Erst nach Vesnas Rückkehr raffte er sich zu Luftsprüngen auf. Er durfte nicht mehr springen wegen seiner fortschreitenden Arthrose, aber er meinte, die Feste solle man feiern, wie sie fallen.

Er war ein Pedant, pünktlich; wir konnten unsere Uhren nach der seinen richten. Merkwürdig fand ich, daß er unter unseren Blutsverwandten und Angeheirateten – Bruder oder Schwager, Schwester oder Schwägerin – scharf unterschied.

Er sang gern, besonders im Duett mit meiner Frau. Wenn sie arbeitete, wartete er, bis ihre Stimme die richtige Schwingungszahl erreichte, erst dann setzte er ein, sehr auf die Tonarten bedacht. Mir gelang es allerdings nie, ihn mit meinem Gesang anzuregen; er fand es peinlich.

Briefe faszinierten ihn. Während unserer Abwesenheit hatte meine Mutter ihm einen Brief von mir gezeigt; daraufhin schnupperte er unter den vielen Briefen unfehlbar den meinen heraus. Als ich später täglich mit ihm die Post holte, glaubte er immer noch danach suchen zu müssen. Briefe blieben seine Leidenschaft, am liebsten hätte er jeden geöffnet oder eigennäsig unterschrieben.

Und dann kam der Tag, der wie jeder andere begann. Er brachte mir noch einen seiner Bälle und legte ihn mir in den Schoß. Bevor es ganz schlimm wurde, sagte meine Frau: «Moje, du mußt mir eine Bestellung aus der Stadt holen. Nimm bitte Vesna mit und fahr!»

Als wir zurückkamen, wartete meine Frau im Hof, blaß und gefaßt. «Es ist vorbei. Er ist still eingeschlafen, er ist erlöst ...»

Im Haus herrschte eine fürchterliche Leere. Ich kam mir wie ein Verräter vor.

Dieses Gefühl verfolgte mich monatelang. Sie hatte ihn nicht weniger geliebt, doch sie besaß die Kraft und den Mut, bei ihm zu bleiben. Unser Leben lang, immer wenn es darauf ankam, hatte sie Stärke und Größe.

Schon seit sie uns kannte, hatte Melina gesagt: «Dragan, Lisa ist die stärkere von euch beiden ...»

Für Nenad fand ich eine Stelle bei Rilke, der nach dem Tod von Druschok, dem Hund der Lou Andreas-Salomé, schrieb:

«Die Umlaufzeiten dieser kleinen Herz-Gestirne zu erfassen: ist ja doch auch Einweihung ins eigene Leben; und ob uns diese heiteren Monde auch die reinste Welt-Sonne wiederscheinen, es war doch vielleicht ihre immer abgekehrte Seite, durch die wir mit dem unendlichen Lebens-Raum dahinter in Beziehung standen.»
Der Abschied von Nenad fiel in unseren Lebensherbst. Meine Frau führte uns jahrelang durch die helle, blühende Natur, sie erleichtert und verschönert uns auch diese dunklere Jahreszeit.
Für das Leben im Schatten ihrer Locken danke ich ihr mit den Worten Winston Churchills an seine Frau: «I have been happy and you have taught me how noble a woman's heart can be ...»

... und das Leben geht weiter

Als meine Frau eines Tages spontan beschloß, ihren Beruf aufzugeben, hielt die Erde nicht eine Sekunde inne, sie drehte und drehte sich immer weiter.
Dennoch löste dieser Entschluß Überraschung und Verwunderung aus. Es geschieht nicht alle Tage, daß man mit fünfundfünfzig und im Vollbesitz aller Kräfte still von der Bild- und Bühnenfläche verschwindet.
Die Mehrzahl der Künstler trennt sich schwer von diesem Brennpunkt ihres Kosmos, was wahrscheinlich der Grund vieler emotionsdurchtränkter, oft mehrmaliger allerletzter Abschiedsauftritte ist. Der eine oder die andere wanken auf schmalen Pfaden zum Comeback, um sich dann später an irgendeinem ehrenvollen Lehrstuhl festzuhalten.
Einige wiederum scheinen zu vergessen, daß auch ihre Kräfte allmählich welken. Diese bleiben bis zum letzten Atemzug aktiv. Es gibt natürlich auch bedauerliche, tragische Fälle mit argen Geldsorgen. Aber wenn es nicht um die pure Existenz geht, was treibt denn diese begnadeten Menschen dazu, sich so lange zu exponieren? Gewohnheit, Ehrgeiz, Anerkennung, Ruhm, Erfolg?
Vor Jahren hörte ich eine provokative Meinung über reproduzierende Künstler: Ihre Tätigkeit sei im Grunde nur die sublime Selbstbefriedigung.
Zu Ostern 1961 erzählte Karl-Heinz Böhm, gerade von einem seiner

Hollywood-Aufenthalte zurück, Bruno Walter hätte ihm aufgetragen, seinem Vater, Karl Böhm, zu bestellen, die viele Arbeit einzuschränken. Und?

«Was soll ich sonst tun? Rosen züchten?», entrüstete sich Karl Böhm. 1976 mußten wir mit unserer Tochter zu einer Nachuntersuchung ins Spital nach Zürich. Vesnas Neurochirurg, Professor Yasargil, sagte uns, Karajan, den er unlängst am Rücken operiert hätte, befände sich immer noch in seiner Abteilung, und er würde sich freuen, meine Frau zu sehen. Wir gingen zu ihm. Er übte im Bett Blindlandungen auf einem kleinen Flugsimulator.

«Sie singen also nicht mehr. Wie recht Sie hatten, aufgehört zu haben, denn, Lisa, wissen Sie, *unsere* Zeit ist *abgelaufen*!» Das sagte er damals. Aber er schleppte sich noch viele Jahre unter ärgsten Schmerzen, trotz wohlwollender, kritischer oder gar feindseliger Stimmen, von Auftritt zu Auftritt, von Aufgabe zu Aufgabe, bis zu seinem Ende.

Meine Frau als eine echte eidgenössische Unabhängigkeitsfanatikerin ließ sich durch den Beruf nicht versklaven.

Im Herbst 1973 feierte das Zürcher Opernhaus ihr Dreißig-Jahr-Bühnenjubiläum mit einer «Rosenkavalier»-Festvorstellung. Nach dem Schluß der Aufführung thronte sie bei offenem Vorhang in der Mitte der Bühne, immer noch im Marschallinnenkostüm, umgeben von Direktion, Kollegen, Blumen und Geschenken. Eine würdevolle und sehr herzliche Feier, die das im Ausland verbreitete Bild von den nüchternen Schweizern Lügen strafte.

Kurz vor dem Verlassen des Opernhauses entdeckten wir noch eine, bis dahin versteckte, zarte Blüte: eine Gürtelrose an ihrem Hals; wir nahmen sie am nächsten Tag mit nach Wien.

Gleich nach der Ankunft gab es Unruhe. Wiener Verehrer meiner Frau hatten das Versäumnis der Operndirektion entdeckt, ihre fünfundzwanzigjährige Tätigkeit in Wien gewürdigt zu haben, und nun wollten sie es, drei Jahre zu spät, unbedingt nachholen. Meine Frau war nicht damit einverstanden; sie blieben trotzdem fest entschlossen, ihre Absicht durchzuführen und versuchten, die Operndirektion dafür zu gewinnen. Dort stießen sie aber auf taube Ohren.

Statt einer festlichen Aufführung gab es eine gewöhnliche Abonnementvorstellung der «Arabella», dazu mit einem Dirigenten, der dieses Werk zum ersten Mal in Wien, ohne eine einzige Orchesterprobe, zu dirigieren hatte. Eine schlimme Zumutung, vor allem für den jungen Dirigenten. Es war auch ein stimmungsarmer, hinterwäldlerischer und der Wiener Staatsoper nicht würdiger Abend. Die Direktion lud weder die Presse ein, noch verständigte sie das Publikum. Selbst der Wunsch der Verehrer, wenigstens Blumen und Geschenke auf der Bühne überreichen zu dürfen, wurde kategorisch abgelehnt. Nach der Vorstellung standen enttäuschte und im wahrsten Sinne des Wortes begossene Verehrer (es regnete in Stömen) mit ihren Blumen und Geschenken vor dem Opernhaus, und ihre schöne Absicht fiel buchstäblich in die Pfützen.

Das Verhalten des Direktors Gamsjäger war schon sonderbar. Sein nächster Zug war aber noch überraschender. Er bestellte uns zu Verhandlungen über eine Vertragsverlängerung nicht wie üblich in die Direktionsräume, sondern zum Mittagessen ins Hotel Sacher und eröffnete das Gespräch mit einer frappanten Frage:

«Was für einen Wagen fahren Sie?»

Die triviale Konversation hatte eine ganze Weile angehalten, als seine geschliffene Redensart plötzlich verdunstete und er in einen seltsam selbstzufriedenen Ton verfiel. Seine neue Position in der Oper bereitete ihm offensichtlich große Freude. Aber eben, auch Schwierigkeiten, durch unvernünftiges Handeln seiner Vorgänger entstanden, die zum Beispiel viele nicht zu verantwortende Verträge mit den Sängern abgeschlossen hätten, die er nun revidieren müsse. Wir spitzten die Ohren. Er sei gezwungen, auch den Vertrag meiner Frau zu kürzen, es sei ihm unmöglich, diese große Anzahl von Abenden zu garantieren, zumal er gedenke, einige der Strauss-Opern aus dem Spielplan zu nehmen. Damit aber endete auch das sachliche Gespräch, und es verlor sich durch immer neue Wendungen in einer völlig irrealen Unterhaltung.

Am Tag darauf ging meine Frau in die Bundestheaterverwaltung, um ihren festen Entschluß mitzuteilen, ihren Vertrag mit der Staatsoper unter keinen Umständen verlängern zu wollen. Inzwischen hatte sich ihre Gürtelrose zu voller Blüte entwickelt, und als erste Folge davon entstand die Lähmung einer Gesichtshälfte, was uns anfänglich zum Scherzen veranlaßte – Vesnas Gesichtszüge hingen damals auf der linken Seite hinunter, die von meiner Frau auf der rechten. Als dann aber ihr ganzes Gesicht lahm wurde, hörten die Albernheiten auf, zumal unser Arzt, Dr. Neubert, große Besorgnis zeigte. Nach seiner erfolgreichen Behandlung kehrte langsam das Leben in dieses trotz Leblosigkeit immer noch schöne Gesicht zurück. Glücklicherweise wußten wir damals nicht, daß sich Vesna kurz vor einer Hirnentzündung mit nicht auszudenkenden Folgen befand. Ende Dezember erschien meine Frau wieder auf der Bühne als Arabella.

Und dann, Anfang Februar 1974, an einem sonnigen Vorfrühlingsmorgen, saßen wir vergnügt beim Frühstück, als meine Frau plötzlich ernst wurde und ruhig fragte:

«Glaubst du, ich könnte es mir leisten, ganz aufzuhören?» Ich sprang förmlich in die Luft, eilte wortlos zum Telefon und versuchte, einen nach dem anderen der noch laufenden Verträge zu lösen. Nach längerer Zeit kam ich zurück:

«Alles erledigt, du kannst es dir leisten», und ich blickte in die seligsten Augen dieser Welt!

Die ersten darauffolgenden Wochen verbrachten wir in einem schwebenden Rauschzustand. Wir hatten nicht mehr gewußt, daß ein normales Leben ohne Verpflichtungen, Aufgaben und Termine so schön sein konnte.

Es gab, und es gibt sie noch heute, wiederholte Fragen, ob sie es nicht doch hie und da bereue, den Beruf aufgegeben zu haben, worauf sie immer dieselbe Antwort präsentierte: «Ich bereue nur, daß ich es nicht schon früher getan habe.» Auch auf Fragen und Anfragen, ob sie bereit wäre zu unterrichten, winkte sie ab: «Weder Zeit noch Lust!»

Nachdem sie den Beruf aufgegeben hatte, hörte ich ihre Singstimme nie mehr, außer von Schallplatten natürlich; sie setzte keinen Fuß mehr in ein Opern- oder Konzerthaus, es interessierte sie überhaupt nicht, wer, wo, wie und was sang. Wenn sie mal durch Vesna und mich gezwungen wurde, irgendeine Fernsehübertragung einer Oper anzuschauen, so blieb sie selten die ganze Zeit dabei, meist schlich sie sich räuspernd aus dem Raum. Das Räuspern ist auch wirklich das einzige, was noch von ihrem Beruf zurückgeblieben ist!

Nun aber, mitten in diese träumerische Woge in Wien, platzte die unvermeidliche, ernüchternde Frage hinein, was aus dem Haus werden sollte. Nachdem es für Vesna durch ihren damaligen Gesundheitszustand unmöglich geworden war, ihr Studium an der Wiener Universität fortzusetzen, gab es keine langen Überlegungen. Wir schrieben das Haus zum Verkauf aus.

Bald pilgerten die ersten Interessenten, darunter auch einige nur aus Neugier, den Grinzinger Hügel hinauf. Jeden Morgen brachten wir das Haus in geradezu sterile Ordnung und führten Stunde um Stunde wildfremde Menschen bis in die Schlafräume herum, nicht ohne Widerwillen, was uns letzten Endes in die Flucht aus Wien trieb.

Gottlieben, mit einem der schönsten Sommer, brachte Beruhigung und Erholung, wir labten uns wochenlang an der Sonne und im Wasser, bis meine Frau eines späten Augusttages mit einem Bündel von Prospekten im Park erschien und auf meinen erstaunten Blick hin sagte:

«Ich möchte in Spanien Ferien machen.»

Auf so etwas war ich nicht vorbereitet. Ihr Leben lang haßte sie es, herumzureisen, und Hotelatmosphären waren ihr nicht weniger verhaßt.

«Das ist doch nicht dein Ernst?»

Es war ihr aber ganz ernst.

«Ich streike», sagte ich. «Ich denke nicht daran, in irgendein Hotel zu gehen.»

«Dann mieten wir halt ein Haus.»

«So spät in der Saison findest du bestimmt keines mehr.»

Sie fand es!

Sie trieb das einzige noch verfügbare Haus einer deutschen Gräfin auf, «an der Costa Blanca», sagte sie triumphierend. Bevor sie aber zum Telefon ging, studierten wir aufmerksam und verzweifelt (nur ich) die spanische Küste auf der Landkarte. «Also, die Costa Brava ist zu kühl, die Costa del Sol zu nah an atlantischen Störungen, wenn schon Spanien, dann nur hier», ich zeigte mit dem Finger ungefähr auf die Mitte der Küste.

Nach ihrem Telefon breiteten wir wieder die Landkarte aus, um diese Costa Blanca und auch den Ort Calpe, den sie nachträglich erwähnte, zu lokalisieren. Und, o Wunder!, Calpe an der Costa Blanca war genau jener Punkt, auf den ich vorher ahnungslos mit dem Zeigefinger geklopft hatte.

Das brach meinen Widerstand, und am 1. September 1974 fuhren wir zum ersten Mal als Touristen in die Ferien ...

Zu dieser Zeit gab es sowohl in der Schweiz als auch in Frankreich und Spanien nur kurze Autobahnstrecken, der Verkehr rollte hauptsächlich über die mit Lastzügen verstopften Überlandstraßen. Nachdem sich die letzte Reisestunde durch karge Steinbrüche und eine trostlose Landschaft geschlängelt hatte, sank unsere Touristenstimmung auf den Nullpunkt.

Nach längerer Suche durch die Dämmerung erreichten wir endlich das von Pinien umfaßte Gräfinnenhaus. Müde von der langen Reise und berauscht durch die Düfte der subtropischen Gärten, gingen wir bald zu Bett, nur einschlafen konnten wir nicht, die halbe Nacht verbrachten wir im Kampf gegen die entfesselt singenden und stechenden Mücken.

Unausgeruht und nicht in bester Laune trat ich am Morgen auf die

große Terrasse hinaus und – zwei Augen genügten nicht, um den traumhaften Ausblick aufzufangen.
«Kinder, kommt schnell her!» rief ich ins Haus.
Und leise murmelte ich vor mich hin: «Himmel! Hier müßte man leben können.»
Am Abend saßen wir in einem kleinen Restaurant, und während wir auf das Essen warteten, belauschte ich hinter meinem Rücken ein Gespräch zwischen zwei hochdeutschen Stimmen und einem Berner Hochdeutsch sprechenden Mann. Es ging um Häuser. «Könntest du nicht diesen deinen Landsmann fragen, ob er vielleicht auch für uns ein Haus wüßte?» In meiner Frage steckte mehr Spaß als Ernst, aber meine Frau erhob sich, sprach den Fremden an und führte ihn an unseren Tisch.
So etwas war noch nie geschehen. Es war auch völlig gegen unsere Lebensgewohnheiten. Es war bis jetzt noch immer meine Aufgabe, sie vor der fremden Welt zu schützen.
Und nun saß der Fremde da, mit nacktem Oberkörper, schlauäugig, leicht schwerhörig, aber gesprächig. Er wußte eine Menge, nicht nur über Häuser. Er erzählte, daß ein großer Pinienwald an der Küste der bekannten spanischen Sängerin Victoria de los Angeles, ein ganzer Hügel dem berühmten Heldentenor Ramon Vinay gehörten. Bald forderte er uns auf, ihm auf ein Glas Wein in sein Haus nachzufahren. Während wir im Wagen warteten, kreuzte er plötzlich auf dem Rükken eines Esels auf, winkte uns zu, ritt gemächlich voraus, und seine durch den Mond glänzende Glatze wies uns den Weg. Vesna verglich ihn mit Sancho Pansa.
Wie vom Goldrausch erfaßt, fieberten wir sieben lange Wochen unter der sengenden Hitze einem Traumhaus entgegen. An dem allerletzten dieser abenteuerlichen Tage fanden wir endlich ein Objekt, unweit vom Meer und mit einem breiten freien Blick darauf, über jenen Pinienwald der de los Angeles hinweg.
Es genügten nur zehn Minuten, um die Besitzer zu wechseln. Das Haus war etwas klein, aber, wenn auch nicht ganz nach unserem Geschmack möbliert, so doch vollständig eingerichtet und in bestem Zustand, also jederzeit bewohnbar.
Im späten Oktober kauften wir das Haus, im Januar kehrten wir schon nach Calpe zurück, neugierig, ob die ersten in Auftrag gegebenen Veränderungen am und im Haus richtig, oder überhaupt, durchgeführt worden wären. Die angebaute Westterrasse war fertig, aber die neue Haustür aus Schmiedeeisen sowie jene zur Terrasse

noch nicht verglast, so daß wir, vor allem abends, jämmerlich im Durchzug froren. Und die Garageneinfahrt blieb durch Bau- und Schuttmaterial tagelang versperrt.
Aber solche Bagatellen konnten unsere Euphorie nicht dämpfen. Es genügte schon das Frühstück auf der von der Januarsonne angenehm erwärmten Südterrasse mit dem herrlichen Ausblick auf die unendliche, beruhigende Bläue, um die kleinen Unannehmlichkeiten schnell zu vergessen.
Viele Tage schlich sich meine Frau noch vor Sonnenaufgang aus dem Schlafzimmer an die Nähmaschine und vernähte unzählige Meter Samt zu Vorhängen und Sitzkissen, um mich eines Morgens damit zu überraschen.
Marmorböden wurden mit Spannteppichen belegt, weil Vesna und ich mit Vorliebe barfuß im Haus herumlaufen.
Inzwischen sammelten wir erste Erfahrungen mit einheimischen Handwerkern und erlebten, nicht nur durch sprachliche Schwierigkeiten, manche aufregende Stunde. Ihre sprichwörtliche, wenn auch mit Charme durchzogene Unzuverlässigkeit trieb uns zwar hie und da zur Verzweiflung, stellte uns aber zugleich vor die Alternative: entweder die Nerven völlig zu ruinieren oder sie durch Umstellung zu stärken; wir beschlossen, den Alltag gelassener zu nehmen.
Leider mußten wir Ende Februar diesen durch Orangen- und Zitronenblüten betörend duftenden Aufenthalt abbrechen, um das Wiener Haus endlich loszuwerden.
März, April, Mai – wir saßen immer noch im oder «auf» dem Haus. Viele vermeintliche Käufer schwankten unentschlossen, der Abschluß scheiterte meist an Kleinigkeiten. Und dann plötzlich kam die Wendung. Die Schlußphase nahm durch eine chaotische Mischung aus Ernst, unfreiwilliger Komik, Verwirrungen, Überraschungen, Temperamentsausbrüchen und unangenehmem Feilschen geradezu kafkaeske Züge an. Zuletzt überließen wir mit einem lachenden und einem weinenden Auge das Haus ausgerechnet jenem nervenraubenden aber bestzahlenden Käufer, dem ich am liebsten den Hals umgedreht hätte.
Am Vortag der endgültigen Abreise platzte noch eine Wasserleitung, und während die Packer schon längst herumtrampelten, schwirrten nun auch die Klempner stundenlang hin und her. Nach einer unruhigen Nacht schickte ich am Morgen meine Frau und Vesna in das schon reisefertige Auto voraus, verweilte allein im halbleeren Haus (einige unserer schönsten und wertvollsten Antiquitäten mußten wir

zurücklassen – eine der Bedingungen des Käufers, was meine Frau noch heute nicht ganz verwunden hat), machte den letzten Rundgang durch die Räume und wurde plötzlich von lebhaften Erinnerungen an all die glücklichen Stunden überfallen. Dieser kurze Lebensfilm umfaßte auch meine inzwischen verstorbene Mutter, die viele Jahre in Wien mit uns verbracht hatte, und natürlich den toten Lieblingshund Nenad, der eigentlich der wahre Hausherr gewesen war. Eine tiefe Trauer kam über mich, und während ich die Stirn an die Wand lehnte und die Tränen bekämpfte, erschien meine Frau und blieb, durch den ungewohnten Anblick verwundert, stehen.
In der Regel war sie es, die sich von den Sachen nur schwer trennte. So fiel ihr auch der anfängliche Gedanke, das Wiener Haus aufzugeben, nicht leicht. Ich tröstete sie, indem ich versuchte, ihr die Sinnlosigkeit solcher «Sentimentalitäten» auszureden. Und nun standen wir uns mit vertauschten Rollen gegenüber.
«Aber, Moje!» ... Sie breitete ihre Arme aus.
«Ich erklär's dir später.»
Wir verließen das Haus, ich immer noch verschleierten Blickes, und wir fuhren los.
Achtundzwanzig Jahre Wien gingen damit zu Ende. Ich laborierte noch lange, nicht nur während der Fahrt, an dieser, und wie ich meine Frau kannte, bestimmt endgültigen Trennung von dieser Stadt. Für sie gehörte Wien zur Vergangenheit. Sie verfügt über diese beneidenswerte Gabe, einmal den Strich gezogen, nicht mehr zurückzublicken, nicht im Zorn und nicht melancholisch. Sie wendet sich sofort dem nächsten Abschnitt zu und setzt in den neuen Anfang ihre ganze Kraft und Lebenshoffnungen. Nicht einmal nachträgliche Ehrungen, wie zum Beispiel die Verleihung der Goldmedaille der Stadt Wien oder die Ernennung zum Ehrenmitglied der Staatsoper, konnten sie zu einer kurzen Rückkehr nach Wien bewegen.

Es war nun schon unser zweiter frührentnerischer Sommer in Gottlieben, aber recht unrentnerisch ging es zu. Die Verwandten, die Freunde und auch sonst ungeladene Besucher und Gäste nahmen pausenlos unsere Zeit und Aufmerksamkeit in Anspruch. Solange der Vorrat an gutem Personal vorhanden war, bereiteten uns solche lebhafte Sommer mehr Freude als Belastung. In diesem Jahr aber schnappten benachbarte Bekannte unsere letzte Haushälterin weg, der Besucherstrom riß nicht ab, und die ganze Arbeit blieb an meiner Frau hängen. Neben Garten- und üblicher Hausarbeit kam noch die Küche dazu. Dort arbeitete sie erfinderisch, planmäßig und unheimlich schnell, sie ging mit Töpfen, Pfannen, Tellern und sonstigen Küchenutensilien geschickt um, als ob sie ihr ganzes Leben am Herd gestanden hätte. Aber sie duldete niemanden in der Küche, keine Ablenkung, die sie aus der Konzentration herausgerissen hätte, unansprechbar, unantastbar, sozusagen über Nacht eine Küchen*diva*.

Wir waren froh, als wir endlich im schwer beladenen Wagen Richtung Calpe saßen. Aber der Ortswechsel brachte keine Veränderung, das Arbeitspensum blieb dasselbe, der Alltag durch obligatorisches, ausgiebiges Schwimmen im Meer nur noch ausgefüllter. Das Schwimmen war für Vesna von größter Wichtigkeit, nicht weniger wichtig auch für unsere alten Knochen.

Zudem mußten wir das kleine Gästeappartement, das während unserer Abwesenheit ausgebaut worden war, in aller Eile einrichten, der erste Besuch stand schon vor der Tür.

Das war noch nicht alles. Wir erwarben auf beschwerlichen Umwegen (die bis nach ehemals Belgisch-Kongo führten) das angrenzende, leerstehende Land und beschlossen, das Haus zu vergrößern. Ein junger, in Calpe lebender Schweizer Architekt entwarf hinreißende Pläne, wir erteilten ihm den Auftrag und fuhren zur Überwinterung nach Gottlieben zurück. Wintermonate in Gottlieben sind immer von besonderem Zauber.

Im März wieder in Calpe, wo wir während drei Monaten mehr Staub als Sonne tankten. Die Bauarbeiten waren in vollem Gang. Unter überaus geschickten Händen und schlafwandlerisch kletternden Füßen der immer fröhlich gestimmten, singenden Maurer wuchs der Anbau vor unseren Augen. Um den alten, von uns bewohnten Hausteil zu erreichen, mußten wir über planlos verstreutes Baumaterial, Schutt, ausgehobene Erdhaufen und bedenklich wacklige Bretter mehrmals am Tag hin- und herklettern, was, da Vesna selbst noch recht wackelig auf den Füßen war, mit großen Aufregungen verbunden war.

Ende Juni verließen wir Calpe und den Bau unter festem Versprechen des Baumeisters, daß alles, der neue Garten inbegriffen, bei unserer Rückkehr gegen Ende August fix und fertig sein würde. Aber nach unserer Rückkehr waren *wir* beim Anblick des Baus fix und fertig, der immer noch, zwar schon überdacht, im Rohzustand war. Der einleuchtende Grund für den Verzug lag in der langen Abwesenheit des jungen Baumeisters, der nach alter spanischer Sitte Tage und Nächte am Wochenbett seiner Frau und des erstgeborenen Sprößlings verbrachte.

Inzwischen legte der Gärtner, der wie eine schönere Ausgabe des Filmschauspielers Anthony Quinn aussah, den neuen Garten an. Mit üppiger Phantasie gestaltete er einen ebenso üppigen Garten. Bananenstauden, Orangen-, Zitronen-, Apfel-, Birnen-, Aprikosen-, Zwetschgen-, Mandel-, Feigen-, Oliven-, Nisperos-, Pfeffer-, Mimosenbäume standen sich gegenseitig im Weg, dazwischen krochen Wassermelonen, Tomaten, Gurken, entlang der Mauer kletterten Weintrauben, und er fand noch genügend Raum für kunstvolle Kakteenrondelle, zehn Rosenbeete, Pelargonien, Geranien, Lilien, Jasmin und acht Bougainvilleen in drei verschiedenen Tönungen.

Fünf Dattelpalmen und eine Fächerpalme wuchsen schon längst um das alte Haus, das auch von schlanken Zypressen, wuchtigen Oleander- und leuchtenden Mageritenbüschen umgeben war. Meine Frau, eine Gärtnerin aus Liebe, ging selber wie eine Blume auf, wühlte in der Erde und pflanzte wie besessen immer weiter. Es war zuviel des Guten, in kürzester Zeit wurde aus dem Garten ein Urwald, der uns nun vor Dezimierungsaufgaben stellte. Man schnitt zurück, man legte gewisse Bäume um, man rodete, man räumte auf, bis es lichter und begehbarer wurde.

Der inzwischen fertiggewordene Anbau verlangte durch seine zwar gefällige aber ausgefallene Form viel Geschick und Arbeit, um richtig eingerichtet zu werden. Mit liebevollem Eifer begann meine Frau, ein neues Nest zu bauen. Wieder saß sie viele Tage an der Nähmaschine, bohrte Löcher in die Wände, um Vorhänge und Bilder aufzuhängen, fertigte Lampenschirme an, dekorierte und packte sonst überall zu, wo es gerade notwendig war. Und zur Einweihung schmiß sie eine Einladung für zwanzig Personen, sozusagen aus dem Handgelenk.

Es hatte sich ein Bekanntenkreis aus verschiedenen Nationalitäten gebildet, Einladungen jagten Gegeneinladungen, man ging gemeinsam aus, man genoß das unbeschwerte Leben und manchmal einen guten Tropfen zu viel, «wie die britischen Kolonialisten in Indien», bemerkte lächelnd mein Schwager Frano, als er zu Besuch in Calpe war.

Im Verlauf der Jahre löste sich dieser Kreis durch Todesfälle, Umzüge, Scheidungen, Trennungen, kleine Intrigen und Querelen auf, wobei ein Fall nicht unerwähnt bleiben sollte: Ein kanadischer Gentleman mit Hollywood-Vergangenheit, britischen Manieren und einer durch Juwelen wie ein Christbaum funkelnden Frau landete infolge seines zweiten Bankraubes im Gefängnis. Dies war der einzige Bankräuber aus unserem engeren Bekanntenkreis!

Die Auflösung dieses Kreises vollzog sich allmählich. Nachdem sich der erste Reiz der neuen Berührungen gelegt hatte, verfielen diese Beziehungen in eine monotone Oberflächlichkeit ... In dieser Zeit erlebten wir eine zufällige, aber anregende Begegnung mit zwei liebenswerten Menschen, aus der sich eine tiefe Freundschaft entwikkelte. Er, ein bekannter Arzt aus Bonn und später unser medizinischer Schutzengel, seine Frau, die Stieftochter der unvergessenen Elisabeth Grümmer und außerdem aus einer großen Musikerfamilie stammend. Dr. Heupel selbst war nicht nur ein Geiger in seiner Jugend, er baute sogar selber Geigen während seiner Kriegsgefangenschaft in England! Es ist bereichernd und zugleich beruhigend, diese Menschen in unserer Nähe in Calpe zu wissen.
Nach Vesnas ständigem Schulwechsel, bedingt durch unsere vielen Berufsreisen wie auch infolge ihrer Operation, blieb sie völlig ohne Jugendfreundschaften. Nach der überstandenen Operation sagte sie: «Jetzt muß ich halt das Leben einer alten Frau leben!»
Und sie lebt in der Tat mit uns *unser* Leben und verschenkt ihre ganze freundschaftliche Liebe an *unsere* Freunde, an Melina, an unsere liebe «Giftmischerin» Hetti, die Apothekerin aus Wien, an das Ehepaar Miksic, an Felice aus Kalifornien, an Frau Heupel. Durch ihre etwas eingeschränkte Mobilität kommt sie auch nicht mehr dazu, neue Kontakte mit Gleichaltrigen zu knüpfen. Aus diesem Grund, aber auch aus unserem Kummer über den langsamen Zerfall unserer Generation, nahmen wir jüngere Menschen in unseren engsten Kreis auf, als eine Art seelische Frischzellentherapie. Unkomplizierte Beziehungen zwischen jung und alt, ohne Generationenkonflikte, brachten neue Bewegung in den Alltag, eine andere Sprache, neue anregende Gedanken rüttelten unsere grauen Zellen auf. Alf Fantur aus Wien, Frans und Nick aus Antwerpen, Christophe aus Paris, allein schon ihre geographischen und sprachlichen Verschiedenheiten sind belebend; alle intelligent, kultiviert, lustig, geistreich und aufgeschlossen.
Aber trotz dieser aufflackernden, aufbauenden Augenblicke ist unser Leben anders geworden. Werturteile haben sich verschoben, unsere harmonische «ménage à trois» noch enger und zur Selbstverständlichkeit geworden. Unsere starke innere Beziehung zueinander, die sichtbare Abhängigkeit voneinander, die Zurückgezogenheit und deutliche Distanzierung vom früheren Leben werden unterschiedlich beurteilt. Einige nicken wohlwollend, einige hegen leise Zweifel an der Echtheit, manche lassen sich auf Sticheleien ein.
So zum Beispiel ein Freund, der uns über zwanzig Jahre gut kannte,

erregte sich in einer Gesellschaft, in der man über meine Frau sprach, und warf aus dem Hinterhalt einen nicht gerade wohlwollenden Satz: «Ach was, sie war halt ein Weltstar, der im Grunde keiner war!» Sie war ihm zu bürgerlich.

«Ein verbaler Heckenschütze, weiter nichts», sagte ich, womit ich nicht nur ihn, sondern auch meine gelegentlichen Heckenschüsse entschuldigen wollte.

Im übrigen: Was ist ein Star?

Wörtlich, wenn auch nicht sinngemäß, den gleichen Spruch hörte sie wieder anläßlich ihres letzten Fernsehauftritts im Verlauf des vorausgehenden Interviews mit Guido Baumann. Einführend sagte er, schon ihr Name klänge wie Musik in seinen Ohren, erhob sie zur Grande Dame der Opernbühne und knüpfte daran den Satz: «Obwohl ein Star am Opernhimmel, sind Sie für mich eigentlich kein Star!»

Es ist auch müßig, darüber nachzudenken. Im Verlauf einer langen, großen Karriere gewöhnt man sich an diese Etikette und trägt sie mit Gleichgültigkeit, egal, ob sie sauber oder beschmiert an einem klebt. In einem Gespräch in Buenos Aires bezeichnete der Dirigent Ferdinand Leitner Birgit Nilsson und meine Frau als Superstars. Dachte er dabei an ihre Leistungen, den Ruhm oder die Gagen? Während einer Festvorstellung von «Don Giovanni» in München passierte meiner Frau in der Es-Dur-«Mi tradi»-Arie ein unüberhörbares Mißgeschick, in der Theatersprache Schmiß genannt, das sie aber mit Geschick überspielte und das Publikum trotzdem zu Ovationen mitriß. Als sie sich später beim Dirigenten Fritz Rieger entschuldigen wollte, unterbrach er sie: «Ich bitte Sie, es war einfach fabelhaft, wie Sie es gemeistert haben, Sie haben das Publikum gesehen. Da sieht man, was ein *Weltstar* wirklich kann!» Und nach einem «Capriccio» bei den Berliner Festwochen sagte der Dirigent Heinrich Hollreiser: «Schon diese unheimliche Ausstrahlung Ihres Wesens beim Betreten der Bühne, bevor Sie überhaupt anfangen, richtig zu singen, *das* kann nur ein echter Star!» ... Und was sagt man zum Satz eines Wiener Kritikers: «Lisa Della Casa, der singende Star-Mannequin, sang gestern die Donna Elvira ...»? Vielleicht war sie für die Welt wirklich ein Star, was auch immer man darunter versteht. Im Grunde aber hatten Guido Baumann *und* unser Freund recht, sie war keiner.

Aber das sind Tempi passati, ein Star oder kein Star, ich möchte auf keinen Fall den Eindruck erwecken, daß wir nach all den Jahren in der Vergangenheitsfalle leben, immer dieselben kleinen Kreise ziehen und an den Bröckchen des früheren Glanzes knabbern. Diese Jahre,

die mehr als ein Drittel unseres Zusammenlebens bilden, bedeuten einen völlig neuen Lebensabschnitt, frei von irgendwelchen Schatten der Vergangenheit.
Nach einem ausgefüllten Tag fragen wir uns oft abends, wie es möglich gewesen ist, den Beruf auch noch unterzubringen. Die Zeit vergeht immer schneller, wird immer knapper. Eine der Alterserscheinungen? Trotz ihrer nun über siebzig Jahre, welche ihr übrigens niemand ansieht – selbst ich zweifle langsam an der Richtigkeit ihres Geburtsscheines –, ist meine Frau den ganzen Tag in voller Bewegung, sie fliegt an uns vorbei, und selbst wenn wir sie nicht sehen, so hören wir ihre Eilschritte. Und abends vor dem Fernseher klappert sie mit Stricknadeln an irgendeinem Pullover oder einer Jacke, obwohl eine Arthritis schon lange an ihren Fingern und Gelenken nagt.
Die Zeit geht auch an uns nicht spurlos vorbei, Abnützungserscheinungen häufen sich, und meine Frau zitiert immer wieder die exzentrische Djuna Barnes: «Wir sollten mit siebzig geboren werden und anmutig in die Jugend hinabtapern!»
Eine andere amerikanische Schriftstellerin, Bobbie Ann Mason, entwarf in einer ihrer Kurzgeschichten eine geistreiche Skizze des Lebens: «Man erzählt, daß man, wenn man wirklich alt wird, direkt in seine Kindheit zurückfällt, gehässig und selbstsüchtig, und daß man sich verdammt wenig darum kümmert, was die Leute denken. Zwischen Kindheit und Alter liegt jene Seifenblase aus Bewußtein und Gewissen, was genügt, um einen verrückt zu machen!» Aber dieses hübsche Bild paßt *noch* nicht in unseren Rahmen, das Älterwerden muß nicht immer tragikomisch oder abscheulich sein. Am besten vergißt man sein Alter, ohne sich lächerlich zu machen. Einige unserer Bekannten um die Achtzig schafften sich junge Hunde und Ponys an oder pflanzten langsam wachsende Bäume, mit Freude, ohne trübe Hintergedanken.
Lebensfreude, Willenskraft und starker Geist können Berge versetzen.

Vor ein paar Jahren, erst in Calpe angekommen und die Koffer noch nicht richtig ausgepackt, erwachte meine Frau eines Nachts unter unerträglichen Schmerzen, die drei Tage anhielten, und obwohl sie keine Nahrung und keine Getränke zu sich nahm, ununterbrochen und in Mengen eine, wie Frau Heupel es nannte, «Brokkolisuppe» ausspuckte. Dr. Heupel, dem keine technischen Apparate zur Verfügung standen, drängte auf die Rückreise in die Schweiz. Ohne Blaulicht fegte ich über die Autobahnen hinweg, am nächsten Tag wurde

sie als Notfall im allerletzten Moment operiert; man hatte einen lebensbedrohenden Darmverschluß entwirrt. Nur zehn Tage später probierte sie ächzend in der Stadt, der Narbe wegen, ganze Badekostüme an, eine Woche danach badeten wir wieder im Mittelmeer!
Nach ein paar ruhigen Jahren legte mich eine unerwartete Diskushernie für Wochen völlig still, wodurch meine Frau, abgesehen von der seelischen Belastung, nicht nur meine schweren Wasserschlepparbeiten, sondern auch sich selbst übernahm. Ihr durch den Beruf ohnehin angeschlagener Rücken fing an, Bandscheibenprobleme zu zeigen. Karajans langjähriger Rückenzauberer, Dr. Schneider, trat nun als Retter in Aktion, so daß wir bald, früher als es ihm recht war, auf Achse saßen und dem Süden entgegenschaukelten. Und Vesnas gesundheitliche Schwankungen, die uns alle in seelische Wechselbäder treiben, sind in unserem Lebenspreis längst inbegriffen. Ebenso die unterschwellige Sorge um einander, die wie ein leichter Nebelschleier über uns schwebt.
Aber das ist der Lauf der Welt, nicht nur der unseren. Trotz allem brauchen wir nicht, wie Sophokles meinte, erst den Sonnenuntergang abzuwarten, um zu wissen, daß der Tag wunderschön war.

Repertoire

Oper/Operette

Adam: POSTILLON DE LONJUMEAU – Madeleine
Beethoven: FIDELIO – Marzelline
Berlioz: DAMNATION DE FAUST – Marguerite
Britten: PETER GRIMES – Nicce II
P. Burkhard: TIC-TAC – Lucinde
W. Burkhard: SCHWARZE SPINNE – Junge Frau
von Einem: DANTONS TOD – Lucille
PROZESS – Fräulein Bürstner, Frau des Gerichtsdieners, Leni
Gershwin: PORGY AND BESS – Clara
Gluck: ORFEO – Euridice
Händel: AGRIPPINA – Agrippina
GIULIO CESARE – Cleopatra
Heuberger: OPERNBALL – Angèle
Hindemith: MATHIS DER MALER – Ursula
Jarno: MUSIKANTENMÄDEL – Prinz
Lehár: LUSTIGE WITWE – Valencienne
Leoncavallo: PAGLIACCI – Nedda
Mascagni: CAVALLERIA RUSTICANA – Lola
Millöcker: BETTELSTUDENT – Laura
Mozart: COSI FAN TUTTE – Dorabella/Fiordiligi
DON GIOVANNI – Donna Elvira/ Donna Anna
IDOMENEO – Ilia
NOZZE DI FIGARO – Contessa Almaviva
ZAUBERFLÖTE – 1. Knabe/ Königin der Nacht/ 1. Dame/ Pamina
Nicolai: DIE LUSTIGEN WEIBER VON WINDSOR – Frau Fluth
Offenbach: CONTES D'HOFFMANN – Antonia
Puccini: BOHÈME – Mimi
GIANNI SCHICCHI – Nella
MADAME BUTTERFLY – Cio-Cio San
SUOR ANGELICA – Suor Genoveffa
Rossini/H. Zimmermann: KORSISCHE TELL – Fiordalisa
Rousseau: DEVIN DU VILLAGE – Colette
Schoeck: ERWIN UND ELMIRE – Elmire
Smetana: VERKAUFTE BRAUT – Marie
J. Strauß: NACHT IN VENEDIG – Barbara
ZIGEUNERBARON – Saffi
R. Strauss: ARABELLA – Zdenka/Arabella
ARIADNE AUF NAXOS – Ariadne
CAPRICCIO – Gräfin
ELEKTRA – Chrysothemis
ROSENKAVALIER – Annina/Sophie/ Octavian/ Feldmarschallin
SALOME – Salome
Suppé: BOCCACCIO – Beatrice
Verdi: RIGOLETTO – Gilda
Wagner: LOHENGRIN – Elsa von Brabant
MEISTERSINGER VON NÜRNBERG – Eva
WALKÜRE – Gerhilde

Konzert

Beethoven: MISSA SOLEMNIS/ 9. SYMPHONIE
Brahms: REQUIEM
Bruckner: GROSSE MESSE f-Moll
Händel: ALEXANDER-FEST/JEPHTA
Haydn: NELSON-MESSE/ SCHÖPFUNG

Honegger: Danse des Morts
Mahler: 4. Symphonie
Mozart: Requiem
R. Strauss: Vier letzte Lieder
Verdi: Requiem

Arien/Lieder: Brahms, Dvořák, Händel, Mahler, Mozart, Ravel, Schoeck, Schubert, R. Strauss, Wolf

Diskographie

CD (Stand 1990)

Offenbach: Pariser Leben – Metella (Eurodisc GD 69020 – F. Allers)

Mahler: 4. Sinfonie (RCA 5722-2 – CSO, F. Reiner)

Mozart: Don Giovanni – Donna Elvira (Decca 411626-2 – J. Krips)
id. (Hunt CD 552 – G. Mitropoulos)
Nozze di Figaro – Contessa (Decca 417315-2 – E. Kleiber)
Requiem (Nuova Era 2209 – B. Walter)
Zauberflöte – Pamina (Melodram CD 27505 – G. Szell)

Puccini: Tosca – Floria Tosca (Querschnitt, Electrola – B. Klobucar)

R. Strauss: Elektra – Chrysothemis
(Nuovo Era SSM 2241-2 – D. Mitropoulos)
Rosenkavalier – Marschallin (Hunt 213 CD Kar – Karajan)
id. – Octavian (Claque GM 3010/12 – Th. Schippers)
Vier letzte Lieder (Ltg. K. Böhm),
Arabella (Ausschnitt, Ltg. R. Moralt),
Ariadne (Monolog, Ltg. H. Hollreiser),
Capriccio (Schlußszene, Ltg. H. Hollreiser) (Decca 425959-2)

Wagner: Meistersinger von Nürnberg – Eva
(Hunt CDL SMH 34040 – H. Knappertsbusch)

Lieder von Brahms, Dvořák, Mahler, R. Strauss, Wolf
(Relief CR 1825 – Michio Kobayashi, Klavier)

Schweizer Volkslieder
(Lizenzausgabe Rena Kaufmann – mit Vico Torriani, Ltg. H. Rehbein)

LP (z. T. nicht mehr lieferbar)

Oper/Operette

Beethoven: Fidelio – Marzelline (1948, Rococo – W. Furtwängler)
Gluck: Orfeo – Euridice (RCA – P. Monteux)

Lehár: LUSTIGE WITWE – Hanna (Columbia)
ZAREWITSCH – Sonja (Querschnitt, Relief – V. Reinshagen)
Mozart: COSI FAN TUTTE – Fiordiligi (1955, Decca – K. Böhm)
DON GIOVANNI – Donna Elvira (1959, Decca – J. Krips)
id. (1956, Replica – D. Mitropoulos)
NOZZE DI FIGARO – Contessa Almaviva (1955, Decca – E. Kleiber)
id. (RCA – E. Leinsdorf)
ZAUBERFLÖTE – Pamina (1959, Melodram – G. Szell)
Offenbach: PARISER LEBEN – Metella (Ariola-Eurodisc – F. Allers)
Puccini: TOSCA – Floria Tosca (1959, Querschnitt, Electrola – B. Klobucar)
R. Strauss: ARABELLA – Zdenka (1947, Melodram – K. Böhm)
id. – Arabella (1957, Decca – G. Solti)
id. (1963, DGG – J. Keilberth)
ARIADNE AUF NAXOS – Ariadne (1954, Melodram – K. Böhm)
id. (1959, Auszüge, Electrola – A. Erede)
CAPRICCIO – Gräfin (1960, Melodram – R. Heger)
ELEKTRA – Chrysothemis (1957, Cetra – D. Mitropoulos)
ROSENKAVALIER – Marschallin/Octavian (Duette, Electrola)
Die großen Monologe aus CAPRICCIO, ARIADNE AUF NAXOS, ARABELLA (Decca)
Wagner: MEISTERSINGER VON NÜRNBERG – Eva (1952, Cetra – H. Knappertsbusch)
id. (1952, Melodram – H. Knappertsbusch)

Konzert

Haydn: NELSON-MESSE (Haydn-Society)
Mahler: 4. SYMPHONIE (RCA)
Mozart: REQUIEM (1956, Cetra)
Schumann: FRAUENLIEBE UND -LEBEN (EMI)
R. Strauss: LIEDER (RCA)
VIER LETZTE LIEDER – und Lieder von Brahms, Schubert, R. Strauss, Wolf (1958, Decca)
Arien von Händel und Mozart (Decca)
Lieder von Brahms, Dvořák, Mahler, R. Strauss, Wolf (1970, Relief)
Volkslieder aus der Schweiz mit Vico Torriani (Philips)

Film

Mozart: DON GIOVANNI – Donna Elvira (unter W. Furtwängler)

Verzeichnis der Abbildungen

Bildnachweis: Fayer, Wien: 89, 90 (oben), 107, 127, 128 (rechts), 145 (unten links), 181 (oben links), 217 (oben), 218 (oben), 218 (unten); Peter Zimmermann, Zürich: 35; Serda, Zürich: 36 (oben links), 36 (unten links); F. M. Kössler, Wien: 36 (oben rechts); Erio Piccagliani, Mailand: 36 (unten Mitte), 53 (oben); Photopress, Zürich: 53 (unten); Hertha Ramme, Zürich: 71, 72 (unten), 236 (oben links); Karl Ellinger, Salzburg: 72 (oben), 146 (unten links), 163 (oben), 164 (oben); Felicitas, München: 90 (unten); Elfriede Broneder, Wien: 108 (oben), 110 (oben); Ilse Buhs, Berlin: 108 (unten); Heini Mayr, New York: 109; Heinz Köster, Berlin: 110 (unten), 146 (unten rechts), 181 (oben rechts); Particam, Amsterdam: 128 (links); Sabine Toepffer, München: 145 (oben links), 145 (oben rechts), 145 (unten rechts), 181 (unten); Louis Mélancon, New York: 163 (unten), 182 (oben rechts), 199, 217 (unten); Klinsky: 164 (unten); Sedge Lebland, New York: 182 (unten); Nancy Sorensen, Chicago: 200; Filipp, München: 235; Canera-Nell, Genf: 236 (oben rechts); Comet, Zürich: 236 (unten). Alle diese Aufnahmen und auch diejenigen ohne Quellenvermerk stammen aus dem Fotoarchiv des Autors.

Inhalt